名师工程
创新语文教学系列

基于标准的语文教学

林荣凑 ◎ 著

西南师范大学出版社
国家一级出版社 全国百佳图书出版单位

图书在版编目(CIP)数据

基于标准的语文教学 / 林荣凑著. －－ 重庆：西南师范大学出版社，2019.12
ISBN 978-7-5697-0080-0

Ⅰ. ①基… Ⅱ. ①林… Ⅲ. ①语文课－教学研究－中小学 Ⅳ. ①G633.302

中国版本图书馆 CIP 数据核字(2019)第 288630 号

基于标准的语文教学
JIYU BIAOZHUN DE YUWEN JIAOXUE

林荣凑　著

责任编辑：	程晋　刘桂芳
责任校对：	李晓瑞
封面设计：	闻江文化
版式设计：	王玉菊
排　　版：	杜霖森
出版发行：	西南师范大学出版社
	地址：重庆市北碚区天生路 1 号
	网址：http://www.xscbs.com
经　　销：	全国新华书店
印　　刷：	重庆共创印务有限公司
幅面尺寸：	170mm×240mm
印　　张：	17.25
字　　数：	320 千字
版　　次：	2020 年 7 月第 1 版
印　　次：	2020 年 7 月第 1 次印刷
书　　号：	ISBN 978-7-5697-0080-0
定　　价：	49.00 元

序 言
XUYAN

认识阿凑是我一生的荣幸，与阿凑为友是苍天的恩赐。

2009年，杭州市"名师工程"启动，我的基地里就有名师"林荣凑"。那年12月第一次见到了这位著作等身的才子：言谈举止一派淡定谦冲气象，磨课评课不是我们一般语文老师的感性路子，条分缕析俨然是一位律师。

从那时起，表面上，我是名师基地的主持人，实际上，我们是最好的兄弟。我们的基地是杭州高中语文学科精英荟萃之地，有才华的自不必说，有个性的比比皆是，但阿凑以兄长般的温文尔雅，令所有成员心悦诚服。基地活动很辛苦，每次阿凑都以精湛的摄影技术全程拍摄活动照片，并收集大家拍摄的照片，然后分门别类发给每一位成员；亲自撰写活动通讯，每一篇通讯都充满暖暖的情味，更有理性的思考。在五年的基地日子里，阿凑精心呵护着基地，呵护着每一位成员，成了我们这个融洽家庭最主要的力量。

2014年，基地功德圆满之后，我忝列浙江省名师网络工作室的主持人，我自然会邀请最好的朋友加盟，阿凑自然也乐意。2014年下半年，阿凑主动申请支教贵州省台江县民族中学，任教两个班的语文，兼任校长助理，此后支教的一年半时间是阿凑生命里最精彩的日子。如果说在此之前，阿凑是一位充满书卷气的游走于教学和研究间的睿智的书生，到了台江后，他的生命之花就全方位盛开了，他充满情怀扶助民族教育，他一腔爱心发动苗岭助学活动，而今此项活动已经影响全国。情怀和爱心增加了阿凑生命的厚度，这是上苍的厚爱。2015年12月，我和工作室的核心成员与阿凑会师于黔东南，和黔东南一市四县的二十多所学校联动，影响深远，这不可谓非阿凑之功。

很多人都问我，为什么阿凑乐此不疲地做研究？为什么阿凑那么有思想？我告诉他们，乐此不疲是因为他热爱；那么有思想，是因为他会思想。

他律师证、导游证、教师证三证在身，使他的语文教和研感性与理性同在。我一直认为，文科老师要向理科老师学习科学思维，阿凑却是"天生丽质"，所以他的作品，趣味性和科学性相得益彰。

一般老师只是思考现象，阿凑不是。他的研究一开始就气度不凡。早年，他关注诗词赏析、校本课程、德育科研，专著一部接着一部；而后与华东师范大学崔允漷教授合作，致力于课堂观察，成果丰硕；而今研究"基于标准的语文教学"，又有了新的突破。读之受益良多。

认识阿凑是我一生的荣幸，因为他有着满满的情怀；与阿凑为友是苍天的恩赐，因为他的科学思维令人受益匪浅。

杭州第四中学　莫银火（特级教师）
2018年7月1日

目 录
MULU

第一章 语文教学需要课程视角 ··· 1
 第一节 当前语文教学中的"非课程"现象 ······························ 2
 第二节 课程与教学的基础知识 ·· 6
 第三节 语文课程标准的解读 ··· 10
 第四节 基于标准的语文教学 ··· 17

第二章 语文学习目标的确定 ··· 26
 第一节 学习目标的概述 ·· 27
 第二节 语文学习目标的来源 ··· 32
 第三节 语文学习目标的陈述 ··· 36
 第四节 语文学习目标若干问题的讨论 ································· 47

第三章 语文学习活动的设计与实施 ·· 52
 第一节 语文学习活动的概述 ··· 53
 第二节 阅读活动的设计与实施 ··· 63
 第三节 写作活动的设计与实施 ··· 84
 第四节 综合性学习的设计与实施 ······································· 106

第四章 基于目标的语文学习评价 ··· 118
 第一节 学业评价的基础知识 ··· 119
 第二节 课堂层面的评价 ··· 125
 第三节 作业设计 ·· 134
 第四节 校内考试与校外考试 ··· 140

第五章 语文教师的修炼 ………………………………………… 159
第一节 基于自我的成长 …………………………………… 160
第二节 基于合作的成长 …………………………………… 166
第三节 让自己成为研究者 ………………………………… 173
第四节 让自己成为自己 …………………………………… 179

第六章 案例分享 ……………………………………………… 184
案例1 语文版《〈论语〉选读》学程纲要 ………………… 185
案例2 澳洲八年级诗歌单元起始课 ……………………… 189
案例3 蒋军晶"楼兰消失之谜"想象作文设计 …………… 192
案例4 大单元设计案例 …………………………………… 197
案例5 《老王》主旨的十种解读 …………………………… 208
案例6 整本书阅读案例 …………………………………… 213
案例7 《论语》小论文的写作 ……………………………… 225
案例8 写作评分规则的运用 ……………………………… 227
案例9 "表现性评价案例研究"课题申报书 ……………… 232
案例10 课堂小诗创作（课例） …………………………… 237
案例11 例说选修课程开发的程序（论文） ……………… 242
案例12 《〈史记〉选读》校本课程纲要 …………………… 250

参考文献 ………………………………………………………… 255

后 记 …………………………………………………………… 263

第一章

语文教学需要课程视角

读前思考

也许你刚走上讲台,对语文教学有着无数诗意的憧憬;也许你正经历着"高原期",期待与人分享、破解教学困惑;也许你久经语文教学的"沙场",却依然痴心不改少年之志。不管你的经历如何,能抽出时间进入教学专业领域的探讨,你的"心理年龄"一定是年轻的,你一定是富有活力和追求的。

让我们置身于课程与教学的大背景,开始我们的思考与分享吧!

自 20 世纪 80 年代始,众多国家陆续采取了一系列课程改革举措,着力提高中小学教育质量,以应对 21 世纪的国际竞争。顺应国际性的课程改革大潮,2001 年 6 月,我国教育部颁布了新一轮课程改革的总纲——《基础教育课程改革纲要(试行)》(以下简称《纲要》),进入新中国成立以来第八次基础教育课程改革。

在阅读本章前,请你先花几分钟时间思考下面的问题:

- 《纲要》颁发后,国家、地方和学校陆续出台了一系列课程改革的政策或规范文本。在你的教学实践中,最常被关注的有哪些?你是怎样使用这些文本的?你的教学设计有多大程度考虑课程标准的要求?

对此,你不必窘迫,也无须追求"标准答案",重要的是你思考了(能与同伴分享更好),便有助于你"参与"本章讨论。本章将从讨论当前语文教学中的"非课程"现象开始,简要介绍有关"课程"的基本知识,解读语文课程标准,然后尝试从课程标准出发,重建语文教学的专业文本。

第一节 当前语文教学中的"非课程"现象

第八次课程改革自 2001 年启动,然而教学实践中悬置"课程标准"及相关文本,不从课程视角出发思考、解决问题的"非课程"现象比比皆是。

一、教师访谈:课程标准实施后的专业生活

A 老师:看课程标准已经是三年前的事了,当时我要评"中一"职称,教导处主任说:评职称要进行一次面试答辩,组委会老师可能会问到关于课程标准的问题,如果答不出来会有麻烦。经这位老师一提醒,我就从教导处借来中小学信息技术的课程标准看了看。当然,现在也都忘记了。

B 老师:教材(教科书)是由学科权威专家编制的,我的任务是负责教其中的内容,如果我没有在相应的时间内完成教材(教科书)中的内容,就等于我没有完成教学任务,所以每一学期一开始我就会计划每个单元需要多长时间,以确保学期结束时能讲完这些内容。[①]

C 老师:好老师就是要把书教好。和大多数老师一样,上课时我应该提什么问题,学生会提什么问题,在备课时我都会充分考虑的,我会采用多种教学方法来完成教学目标。

D 老师:我认为,根据语文学科的特点还是不能用单一的考试评价方式,但在目前的考试制度下,大家都唯分数论英雄,学校考评老师也以中考、高考的平均分、合格率、上线率为基本依据,这个时候我们就是想对学生多元评价,学校也没有相应的制度,社会、家长更是只盯着学生的成绩。多元评价实施起来还是困难重重的。[②]

A、B 两位老师为我国东部沿海义务教育阶段的信息技术教师,C、D 两位老师为我国中部的高中语文教师,访谈时间均在 2009—2010 年。尽管四位老师

[①] 李锋.基于标准的教学设计:理论、实践与案例[M].上海:华东师范大学出版社,2013:42,45.

[②] 杨慧莲.高中语文教师课程意识的现状与对策[D].桂林:广西师范大学,2011:45,48.

的地域、学科、接受访谈的背景不一,但真实地折射出了教学实践(不独语文教学)的基本状况。这种状况,大而言之,体现在三个方面。

二、状况分析:"关注"与"忽视"

1.片面关注教材,忽视课程标准的地位

教师的工作,俗称"教书"。教的是什么书?传统意义上,自然是指学科专家编制的"课本"(教材、教科书)。在日常教学中,如B老师那样,教师最关注的是教材,更多的是依据教材的内容安排教学,至于为何选择这些内容,如此安排教学顺序的缘由,通过教学要达成怎样的目标,教师却缺乏深入的思考。

大量的事实证明,我国语文教师备课的主要精力花在如下三方面:(1)"揣摩"教材编撰者的"意图";(2)按教参所提供的结论去"理解"课文;(3)"想出"具体的"教学内容"①。备课如此,课堂教学是备课成果(教案)的执行。这就不难理解,为何教材会成为教师教学、学生学习的"圣经"。

在没有"课程标准"这一上位概念②和实体的情况下,这种"基于教科书的教学"是可以理解和接受的。但如今我国中小学各科均有了本学科的"课程标准",且在明确"国家课程标准是教材编写、教学、评估和考试命题的依据"③的情况下,如果还是固守"教教材"的思维,就显得"县官不如现管"了。

教材,顾名思义就是教学材料,是用以达成目标的一种工具或手段。如此说来,"教教材"是一种将工具、手段当目标的做法。更进一步的是,在处理教材时,又以"考什么"作为关键取舍标准,从而形成了"考什么—教什么—学什么"的实践思维,极大地削减了原本应该作为目标来源——课程标准的地位和功能。这与"教师需要深刻理解课程标准,把握对学生的总体期望,将课程标准具体化为每一堂课的教学目标,并据此来确定教学内容,选择教学活动方式"④的要求相距甚远。

---

① 王荣生.语文科课程论基础(第2版)[M].上海:上海教育出版社,2005:225.
② 德、法等国如今还沿用"教学大纲"的这一名称,但其内涵已非"教与学的内容纲要",而是"学生学习结果纲要",因此两国的"教学大纲"实际等同于"课程标准"。
③ 中华人民共和国教育部.基础教育课程改革纲要(试行)[2001]17号[S/OL](2001-06-08)[2017-10-11].http:www.moegov.cn/was5/web/search? channelid=244081.
④ 崔允漷.课程实施的新取向:基于课程标准的教学[J].教育研究,2009(1):74-79.

如果课程标准只是在"师能测试"(如 A 老师所说)或者"论文写作"时才被注意,或只记住了一些时髦的名词,或视课程标准为教学理论书籍,与课堂教学关系不大,课程标准就被生生地悬置了。

2.片面关注教法,忽视活动的课程意义

在缺乏专业性和课程意识的视野下,教学的内容似乎是铁定的,"教教材""教要考的"是铁律,无须多动脑筋。于是,如 C 老师那样,备课、上课,我们将精力、智慧都集中于教法(怎么教)上。

其实,不独备课、上课,就是听、评课和教学研究等专业性活动,我们永远不缺对"怎么教"的关注、学习与争论。比如听课评课,我们往往侧重于教师怎么设计教案、怎么导入课文、怎么复习旧知、怎么讲解新知、怎么运用教学手段和方法、怎么突出知识的重点和难点等等。我们越来越注重"教的活动"设计是否出人意料,实施是否热闹,这可从我们习惯于坐在教室后排听课、习惯于将教师言说和板书内容记录于笔记本等现象中得到佐证。

我们热衷于"教的活动"的新颖、热闹,却常常忽略了对这些活动"要去哪里""有什么价值"的追问,忽略了课程教学中最为重要的因素——学生。明乎此,就不难理解语文教学何以屡屡被人指责"少慢差费",因为忽视"学的活动"的课程意义,缺少课程视野的观照和行动。这一点,学者有论[①]:

> 在我国,由于长期的一纲一本体制,尽管两位语文教师实际上在教的"语文"(从内容到教法)有很大的差异,但我们只能滞留在"教法"的圈子里来认识,至今没承认它们可能是两种不同形态的语文课程。比如颜振遥的"初中语文自学辅导教学",有自己的课程理念、有自编的教材、有自定的教学方式方法,它与常规的那种教师"讲课文"的语文课程有本质的差异,但过去我们(包括颜振遥老师本人)却一直把这种差异当成"教法改革",而没有从课程层面对之加以揭示。

3.片面关注考试成绩,忽视课程的终极价值

第八次基础教育课程改革倡导全面、和谐发展的教育,《纲要》提出六条具体的改革目标,旨在"调整和改革基础教育的课程体系、结构、内容,构建符合素

[①] 王荣生.语文科课程论基础(第 2 版)[M].上海:上海教育出版社,2009:24.

质教育要求的新的基础教育课程体系"。但毋庸讳言,《纲要》运行至今,D老师所说"应试教育"状况依然普遍存在,教师依然在"讲—练—考"单一模式中痛苦地行进着。这一切,与课程改革的宗旨相悖,也与课程乃至教育的终极价值相悖。因为,现有学业评估技术下的"分数",所体现的只是学生学习结果和表现极为有限的部分,有论者一针见血[①]:

> 课程是什么?在应试教育视野中,课程是使学生在中考、高考中获得成功的手段。至于课程本身的引人入胜之处、课程促使人发展的机制则被漠视或未得到应有的体现。这是诸多教育悲剧产生的根源。在基础教育的各门学科中,语文学科在这方面的问题应该是比较典型的。这已为前几年关于语文教育的社会大讨论所证明了的。

对此,钟启泉教授也说:"事实上,当下即便是名牌学校,大都把《课程标准》当作《教学大纲》处理,仍然是基于知识点的教学。本质上是应试教育的一套……"[②]"应试教育"让教师和学生的生活、经验、困惑、智慧、意愿、情感等统统被排斥在教学过程之外,原本十分丰富的教学过程缩减成为单一的传授书本知识和解题技能的过程,一种狭义的"双基"成为教和学的客观对象与目标,语文教学的诗意被消解殆尽。

三、"难为"与"可为"

三个"片面关注",三个"忽视",只就"非课程"现象主要方面说的。所以有如此多的"非课程"现象,有历史或现实、群体或个人等多方面原因。

各国课程改革均立足于全球人才竞争,提倡优秀,反对平庸。但反观当今中国校长和教师,出于对自身职业的保护,走平庸的"考试成绩"功利路线,从而悬置课程标准,忽视课程意义,这是每一个有良知的语文教师所不愿看到的,但又是绝大多数人难以改变的。

当然,从客观方面——课程改革本身来说,涉及学校课程的教育改革过程,通常包括三个阶段:第一阶段是做出使用课程计划的决定,亦称为"发起"或"动员"(initiation);第二阶段是实施或最初使用(use);第三阶段是常规化或制度化

[①] 巢宗祺.《普通高中语文课程标准(实验)》解读[M].武汉:湖北教育出版社,2003:159.
[②] 钟启泉.读懂课堂[M].上海:华东师范大学出版社,2015:26-27.

(institutionalization)①。我们正处于第一或第二阶段,要走入第三阶段,即常规化或制度化阶段,还有很长的路要走。在这一漫长的行程中,有"破"有"立",要剔除其中的痼疾,实施基于立德树人理念的课程,有太多的体制、技术、体系需要人们实践建构,皆不是一蹴而就的。

语文教师在课程改革的"现场",在语文教学的领域,当发挥"在场"的作用,以张扬我们的专业性和存在感,这是"可为"的!

第二节　课程与教学的基础知识

课程与教学是现代教育学中两个极为重要的概念。什么是课程？什么是教学？课程与教学的关系是怎样的？在教育理论语境中,由于"课程"与"教学"的内涵和外延并非单一而明确,因而这些问题看似简单而实际并不简单。谈论"语文教学需要课程视角"的话题,有必要对这些基本问题作必要的梳理。

一、"课程"与"教学"的词源分析

在我国,一般认为,"课程"连用始见于唐朝。唐代孔颖达疏"奕奕寝庙,君子作之。秩秩大猷,圣人莫之"(《诗经·小雅·巧言》)②云:"以教护课程,必君子监之,乃得依法制也。"教、护、课、程,均为单音节词,其基本含义都是监督。最早将课、程合在一起,通常认为是南宋的朱熹。如《朱子语类》卷十:"宽著期限,紧著课程。"在这里,"宽著期限",指完成特定学习任务的总时间应该尽可能地多给一些;"紧著课程",则指按照教学计划在规定的时间内应该完成的每一部分学习任务必须按时完成。这里"课程",指功课及其进程。

在英语世界,课程(curriculum)一词最早出现在英国教育家斯宾塞(Spencer)《什么知识最有价值?》(1859年)中。它是从拉丁语"currere"一词派生出来的,意为"跑道"(race-course)。根据这个词源,最常见的课程定义是作为名词形

---

① 施良方.课程理论:课程的基础、原理与问题[M].北京:教育科学出版社,1996:129.
② "奕奕寝庙"的出处,陈桂生《"课程"辨》、施良方《课程理论》均记为出自《诗经·小雅·小弁》,查多种《诗经》版本,两先生所记有误,当为《巧言》。

式使用的"学习的进程(course of study)",简称"学程",这一解释在各种英文字典中很普遍;而当人们将之理解成动词形式"奔跑"时,那么对课程的认识又会着眼于个体认识的独特性和经验重构。

教、学两字,在甲骨文中均已出现,如"丁酉卜,其呼以多方小子小臣其教戒""壬子卜,弗洒小求,学"。两字连用为一词,最早见之于《尚书·商书·兑命》,《学记》引之作为"教学相长"思想的经典依据:"……故曰:教学相长也。《兑命》曰:'教学半①。'其此之谓乎?"这是两个单音节词,指授、受两个相对的行为。后来该词双音节化,含义偏重"教",如《现代汉语词典》中"教学,jiào xué,教师把知识、技能传授给学生的过程",来源于此。

在英语世界,教与学指的是两种不同的活动,两种不同的概念,与之有关的词是 teaching、instructing 和 learning。teaching 与 instructing 的释义存在分歧,或以为前者包含后者,或以为反之,这里不作展开。

二、"课程"定义种种

时至今日,相比"教学"定义,"课程"定义要繁复得多。澳大利亚科林·马什(Colin Marsh)从学校的"课程"出发,列出他认为"只是一小部分对课程的定义",包括八种:(1)课程即学校所教的东西;(2)课程即科目;(3)课程即内容;(4)课程即教学材料;(5)课程即操作性目标;(6)课程即由学校指导、在学校内外所教的一切;(7)课程即学习者个体的教育经历;(8)课程即由学校人员所规划的一切。②

科林·马什逐一评点了这八种定义,然后介绍他首选的课程定义是"在学校指导下所制订并由学生来完成的一整套相互联系的计划和活动"。该定义特别强调学校有关人员的重要性及其所承担的课程决定权,强调课程的校本化、个性化,与我们的"校本课程"较为接近。

要得出一种精确的课程定义并为人公认,在学理上是极为困难的。现代课

---

① 一般注本"教学半"作"学学半",前一"学"音 xiào,本字"斆",教育别人之意;后一"学"音 xué,向别人学习之意。
② 科林·马什.初任教师手册(第 2 版)[M].吴刚平,何立群,译.北京:教育科学出版社,2005:70.

程理论奠基之作,泰勒(R. W. Tyler)的《课程与教学的基本原理》(1949年)也回避了课程定义。值得注意的是,泰勒提出了"制订任何课程及教学计划时都必须回答的"四个基本问题:(1)学校应力求达到何种教育目标?(2)要为学生提供怎样的教育经验才能达到这些教育目标?(3)如何有效地组织这些教育经验?(4)我们如何才能确定这些教育目标正在得以实现?[①]

我们可把这四个问题看作课程编制的四个步骤:(1)确定目标;(2)选择经验;(3)组织经验;(4)评价结果。更可看作课程的四个元素:(1)课程目标;(2)课程内容;(3)课程实施;(4)课程评价。这四个元素,可以用于不同课程层次的分析。

不同的课程定义,有时是指不同层次上起作用的课程。美国学者古德莱德(J. I. Goodlad)在《课程探究》一书中提出五种不同的课程:理想的课程(ideological curriculum)、正式的课程(formal curriculum)、领悟的课程(perceived curriculum)、运作的课程(operational curriculum)、经验的课程(experiential curriculum)。[②] 其与现有课程的运作系统对应如表1-1:

表1-1 课程层级与运作系统

课程层级的分析	课程运作系统
1.理想的课程	1.基础教育课程改革纲要
2.正式的课程	2.课程方案(如《普通高中课程方案》)
	3.课程标准
	4.教材
3.教师领悟的课程	5.学年/学期学程纲要
	6.单元/课时教学设计
4.师生互动的课程	7.课堂教学
5.学生经验的课程	8.纸笔测验—表现性评价

课程定义,因关注的层次不同而异。在每一层次上,"课程"是一个自足的

[①] 拉尔夫·泰勒.课程与教学的基本原理[M].罗康,张阅,译.北京:中国轻工业出版社,2014:1.

[②] 施良方.课程理论:课程的基础、原理与问题[M].北京:教育科学出版社,1996:9.

状态,因而可借助泰勒的课程四元素分析。其实,大到国家理想课程的层面,小到课堂的某一环节,都可利用课程四元素这一分析支架。如此,不同层面的课程元素,一并形成了多层级的嵌套关系。

三、"课程"与"教学"的关系

现在,我们可以来思考"课程"与"教学"两个概念之间的关系了。崔允漷教授《课程与教学》一文有详细的考辨,他认为两者关系有三种类型[①]:

1. 独立模式,即课程、教学相对独立,各接一端,互不交叉。这种观点在教育理论界的支持者颇多。

2. 包含模式,这有两种情形:(1)大教学小课程,即认为教学是上位概念,课程包含于其中,即把课程定义为"指学校教育科目及各科教材,也就是教学内容";(2)大课程小教学,即把课程理解为上位概念,课程是实现教育目标的蓝图和规划,教学就是这种规划的具体实施过程。

3. 循环模式,即两种系统虽相对独立,但存在互为反馈的延续关系,课程不断地对教学产生影响,反之亦然。美国学者塞勒(J. G. Saylor)等人提出的三个隐喻可以说明这种观点:

隐喻一:课程是一幢建筑的设计图纸,教学则是具体的施工。

隐喻二:课程是一场球赛的方案,教学则是球赛进行的过程。

隐喻三:课程可以被认为是一首乐谱,教学则是作品的演奏。

施良方先生对课程理论文献做了分析,提出有两类课程实施:一类是把课程实施界定为变革,另一类是把课程实施界定为教学。从我国传统的话语习惯和现实的可行性看,本书主张后者,也即"大课程小教学"。

为此,在课程语境下的语文教师,应从发展与提升学生语文学科核心素养这一根本目的出发,将语文教学放在"理想的课程"到"体验的课程"的系统中,综合思考课程目标、课程内容、课程实施、课程评价等课程的基本问题,并能从中寻求课程论的辩护,采取适切的行动而达致目标。

这,就是每位语文教师都需具备的"课程视角"!

---

① 崔允漷.课程与教学[J].华东师范大学学报,1997(1):54-60.

第三节 语文课程标准的解读

相比《基础教育课程改革纲要(试行)》《国家中长期教育改革和发展规划纲要(2010—2020年)》《关于全面深化课程改革落实立德树人根本任务的意见》等文本,于语文教师来说,课程与教学最切近的上位文本当数"课程标准"。

一、课程标准：性质和要素

"课程标准"在我国并不是一个新词,最早可追溯到清朝末年。在"废科举,兴学校"的近代普及教育运动初期,清政府颁布的各级学堂章程中就有《功课教法》和《学科程度及编制》章,这是课程标准的雏形。明确以"课程标准"命名教育指导性文件的,是1912年南京临时政府教育部公布的《普通教育暂行课程标准》。此后,"课程标准"一词沿用了40年。一直到1952年,在全面学习苏联的背景下,才把原来采用的"课程标准"改为"教学大纲"。

课程改革是教育改革的核心问题,世纪之交各国的课程改革多以"标准"和"评估"为核心,可称之为"标准本位教育改革"。基于比较研究和经验研究,结合我国的教育传统,课程标准的性质可概括如下[①]：

　　1. 课程标准主要是对学生在经过某一学段之后的学习结果的行为描述,而不是对教学内容的具体规定(如教学大纲、教科书),其范围涉及三个领域：认知、情感与动作技能；

　　2. 课程标准主要规定某一学段或年级所有学生在教师的帮助或在自己的努力下都能达到的共同的、统一的基本要求,而不是最高要求；

　　3. 课程标准隐含着"教师不是教科书的执行者,而是教学方案的开发者"这一层面,它使教师与学生等课程实施者作为独立的主体参与教育过程,使课程具有生成性、适应性；

　　4. 课程标准是国家基础教育课程质量的主要标志,它统领课程的管理、评价、督导与指导,具有一定的严肃性与正统性。

[①] 钟启泉,崔允漷.新课程的理念与创新：师范生读本(第2版)[M].北京：高等教育出版社,2008：69-70.

课程标准通常包括几种具有内在关联的标准(或称之为"要素"):(1)内容标准,反映的是学生应该知道什么和能够做什么,指明学生所要达到的目标;(2)成就标准(表现标准),指每一个学生应当达成的"基础学力""基本能力"或是"关键技能"目标规定,规定学生在某领域应达到的学习水平;(3)机会标准,旨在保障每一个学生"学习权"而制定的教学规范、关系规范、(课程资源)分配规范等[①]。

以我国第八次课改颁布的课程标准为例,义务教育的各科实验版、2011年版及普通高中各科实验版,"课程目标与内容"即内容标准,"实施建议"即机会标准。普通高中2017年版各科课程标准,新增的"学业质量"即为成就标准,在标准要素的完整性上,显示了我国课程标准制订技术正走向完善与成熟。

二、语文课程标准:最重要的五个关注点

第八次课程改革启动至今,教育部共出台四个语文课程标准:(1)《全日制义务教育语文课程标准(实验)》(2001,以下简称《义务教育实验版》);(2)《普通高中语文课程标准(实验)》(2003,以下简称《普通高中实验版》);(3)《全日制义务教育语文课程标准(2011年版)》(以下简称《义务教育2011年版》);(4)《普通高中语文课程标准(2017年版)》(以下简称《普通高中2017年版》)。

随着课程标准新版本的实施,旧版本自然废止。有关标准解读的论著、论文甚多,这里只就最新版本的五个关注点作一简要解读。

关注点一:整体框架

课程标准的框架,是指同一套课程标准的具体格式。尽管各国的课程标准框架是多种多样的,至今也没有一个国际公认的陈述形式,但是同一套标准的格式基本上还是一致的。当然,不同学科、不同教育阶段、不同版本(如实验版与修订版)的课程标准,其呈现的方式也有某些差异。因而,从整体框架上认知现行的语文《义务教育2011年版》《普通高中2017年版》是必要的。

[①] 钟启泉.读懂课堂[M].上海:华东师范大学出版社,2015:11-12.

表 1-2　语文课程标准框架比较列表

《义务教育 2011 年版》	《普通高中 2017 年版》
一、前言：课程性质，课程基本理念，课程设计思路。 二、课程目标与内容：总体目标与内容，阶段目标与内容（四个学段，均按识字与写字、阅读、写话/习作/写作、口语交际、综合性学习等五个领域陈述）。 三、实施建议：教学建议，评价建议，教材编写建议，课程资源开发与利用的建议。 四、附录：关于优秀诗文背诵推荐篇目的建议，关于课外读物的建议，语法修辞知识要点，识字、写字教学基本字表，义务教育语文课程常用字表。	一、课程性质与基本理念。 二、学科核心素养与课程目标。 三、课程结构：设计依据，结构，学分与选课。 四、课程内容：学习任务群（必修、选择性必修、选修三类课程共 18 个学习任务群），学习要求。 五、学业质量：学业质量内涵，学业质量水平（从学科核心素养四个维度描述五个学业质量水平），学业质量水平与考试评价的关系。 六、实施建议：教学与评价建议，学业水平考试与高考命题建议，教材编写建议，课程资源的利用与开发，地方和学校实施本课程的建议。 七、附录：古诗文背诵推荐篇目，关于课内外读物的建议。

从表 1-2 看，两相比较，同异参半。《普通高中 2017 年版》有两处异于《义务教育 2011 年版》，最值得注意的：一是学科核心素养的提出；二是学业质量水平的描述，实现学业质量标准与学考、高考三合一。这两处，体现了对语文课程认知的进步、标准制订技术的国际化，或将指引《义务教育 2011 年版》的更新。

关注点二：语文，课程性质，基本特点

何谓"语文"？语文课程性质和特点是什么？自 20 世纪 90 年代以来，争论一直未停。课程标准对此做出了必要的回答。课程标准的两个实验版，均明确提出"工具性与人文性的统一，是语文课程的基本特点"，此为性质之争的阶段性总结。《义务教育 2011 年版》《普通高中 2017 年版》均继续沿用这一表达，同时对"语文""语文课程"作了明确的界定：

　　语言文字是人类（社会）最重要的交际工具和信息载体，是人类文化的重要组成部分。语言文字的运用，包括生活、工作和学习中的听说读写活动以及文学活动，存在于人类生活[社会]的各个领域。

　　语文课程是一门学习（祖国）①语言文字运用的综合性、实践性课程。

---

① 圆括号内"社会""祖国"为《普通高中 2017 年版》新增，且以方括号内"社会"替换《义务教育 2011 年版》的"生活"。

工具性与人文性的统一,是语文课程的基本特点。

语文,向来有"语言与文字""语言与文学""语言与文章""语言与文化"之争,两个修订版统一表述为"语言文字",是止争之举。"语文课程是一门学习祖国语言文字运用的综合性、实践性课程"一语,被认为60多年来我国第一次对语文课程下的定义,其中"综合性、实践性"集中了全国语文界大多数同仁的认识,值得语文教师关注、研究和实践。"综合性"主要体现为语文知识的综合运用、听说读写能力的整体发展、语文课程与其他课程的沟通、书本学习与生活实践的紧密结合等方面,当然其课程目标、功能同样是综合性的。义务教育的实验版、2011年版均设置"综合性学习"这一领域。《普通高中实验版》无"综合性学习"说法,但《普通高中2017年版》"实施建议"有"创设综合性学习情境"一说,应当重视。

关注点三:双基,三维,语文核心素养

钟启泉教授认为,从"双基"(基础知识与基本技能)"三维"(知识和能力、过程和方法、情感态度和价值观)到"核心素养",是学力概念的转换,是学力目标从"知识量"到"实践力"的刷新与转型[①]。

"核心素养"(key competences/key competencies,亦译为"关键素养"或"关键能力")一说,并不是专家闭门造车的产物,而是世界教育发展的趋势。21世纪核心素养的浪潮开始席卷全球,许多国家或地区把培养21世纪核心素养作为国家发展的前瞻性战略问题,纷纷从各自国家或地区及公民发展需求的角度,提出了一批各具特色的核心素养框架或体系。

正是在这样的国际背景下,2014年3月,教育部发布了《关于全面深化课程改革落实立德树人根本任务的意见》,首次在国家课程改革的重要文件中明确使用"核心素养"一词。此后,由林崇德教授主持的研制团队,通过教育政策研究、国际比较研究、传统文化分析、课标分析以及实证调查等长达三年研究,建构了包括三大领域六个指标的中国学生核心素养体系总框架。2016年9月13日教育部发布了这项研究成果,如图1-1:

---

① 钟启泉.课堂研究[M].上海:华东师范大学出版社,2016:33.

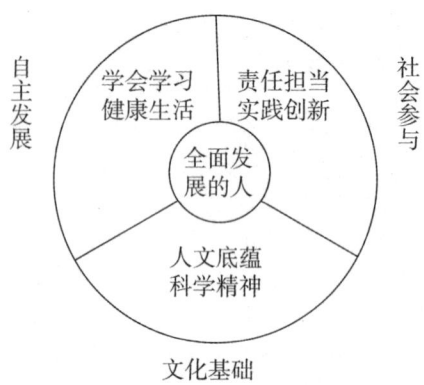

图 1-1 中国学生发展核心素养总框架

2014年12月8日,教育部启动普通高中课程标准修订工作。各科课程标准的修订,均将"学科核心素养"的遴选、界定与落实等作为重点。《普通高中2017年版》为"语文学科核心素养"给出了明确的界定和描述:

> 语文学科核心素养是学生在积极的语言实践活动中积累与构建起来,并在真实的语言运用情境中表现出来的语言能力及其品质;是学生在语文学习中获得的语言知识与语言能力,思维方法和思维品质,情感、态度与价值观的综合体现。主要包括"语言建构与运用""思维发展与提升""审美鉴赏与创造""文化传承与理解"四个方面。

四个方面的素养各有怎样的内涵?课标修订组王宁教授用几个主题词来使这四方面的内涵更为具体、清晰而便于理解把握,见表1-3[①]:

表1-3 语文核心素养的内涵

核心素养	内涵		
语言建构与运用	积累与语感	整合与语理	交流与语境
思维发展与提升	直觉与灵感	联想与想象 实证与推理	批判与发现
审美鉴赏与创造	体验与感悟	欣赏与评价	表现与创新
文化传承与理解	意识与态度	选择与继承 包容与借鉴	关注与参与

---

① 王宁,巢宗祺.《普通高中语文课程标准(2017年版)》解读[M].北京:高等教育出版社,2018:56.

四个方面的核心素养,贯穿《普通高中 2017 年版》的始终,在课程目标、课程结构、课程内容、学业质量、实施建议等方面,都坚持"以学科核心素养为纲",实现了核心素养、学业质量、内容标准等的一致性。

核心素养的发展具有阶段性。联合国教科文组织 2013 年确定了七大学习领域,其中"文字沟通"(能在社会生活世界中运用第一语言进行交流,包括听、说、读、写,并能听懂或读懂各种媒体的语言)领域,对 0—19 岁不同年龄段孩子应该具备的"文字沟通"素养进行更为详细的区分与界定①:

学前阶段(0—8 岁):接受语言、表达语言、词汇、认识图标;

小学阶段(5—15 岁):口语流畅、口语理解、阅读流畅、阅读理解、感受词汇、表达词汇、书面表达和写作;

中学阶段(10—19 岁):听、说、读、写。

从这个意义上来说,《普通高中 2017 年版》厘定"语文核心素养"四个方面,对义务教育阶段语文课程与教学也有借鉴价值。

双基、三维、语文核心素养是怎样的关系?有人曾以 $C=(K+S)A$ 的公式说明素养(Competence,C),包括知识(Knowledge,K)、技能(Skill,S)与态度(Attitude,A),且态度是使用乘法来连接知识与技能的②。崔允漷教授 2017 年 11 月 22 日在教育部课程中心常州会议上说,如果把 0 比作知识、教书,把 1 比作学生、育人,那么"双基"是 0.3,"三维目标"就是 0.6,"学科核心素养"就是 0.7。其间的关系,崔教授有一个很知名的"开车比喻"。首先是交通规则考试,这是"知识";之后考倒车、移库,这是"技能"。有了知识、技能,怎么达到"能力"?一定要提供情境,所以有了小路考、大路考、夜考,知识越多不一定能力越强,知识、技能学了之后要提供情境,才能表现出"能力"。能力怎么变成"素养"?还需要反思。驾驶员的驾驶素养里有"安全驾驶"的意识,这就是"关键能力";有"礼貌行车",叫"必备品格";有"尊重生命"的意识,就是"价值观念"。——崔允漷教授的这一比喻,生动地揭示了"核心素养"蕴含关键能力、必备品格、价值观念这一综合特征。

---

① 林崇德.21 世纪学生发展核心素养研究[M].北京:北京师范大学出版社,2016:44.
② 林崇德.21 世纪学生发展核心素养研究[M].北京:北京师范大学出版社,2016:27.

关注点四：学习领域，学习任务群

在内容标准上，《义务教育实验版》采用了"学段＋学习领域"陈述格式。将课程内容分为五个学习领域：识字与写字、阅读、写作（写话、习作）、口语交际、综合性学习。修订后的《义务教育2011年版》沿用了这一设计，只是将上位标目"课程目标"改为"课程目标与内容"。

《普通高中2017年版》从祖国语文的特点和高中生学习语文的规律出发，以语文学科核心素养为纲，以学生的语文实践为主线，为必修、选择性必修、选修三类课程分别安排7—9个学习任务群，共设置18个学习任务群。

表1-4　普通高中语文学习任务群

必修课程7个	整本书阅读与研讨，当代文化参与，跨媒介阅读与交流，语言积累、梳理与探究，文学阅读与写作，思辨性阅读与表达，实用性阅读与交流
选择性必修课程9个	整本书阅读与研讨，当代文化参与，跨媒介阅读与交流，语言积累、梳理与探究，中华传统文化经典研习，中国革命传统作品研习，中国现当代作家作品研习，外国作家作品研习，科学与文化论著研习
选修课程9个	整本书阅读与研讨，当代文化参与，跨媒介阅读与交流，汉字汉语专题研讨，中华传统文化专题研讨，中国革命传统作品专题研讨，中国现当代作家作品专题研讨，跨文化专题研讨，学术论著专题研讨

语文学习任务群，以任务为导向，以学习项目为载体（若干学习项目组成学习任务群），整合学习情境、学习内容、学习方法、学习资源。不同学习任务群体现不同的学习目标与内容、学习要求。必修课程的学习任务群构成高中语文课程目标、内容的基本框架，选择性必修、选修课程的学习任务群则是在此基础上的逐步延伸、拓展、提高和深化。

关注点五：情境，语文（语言）实践

为减少课程标准实施中的"失真"，有必要关注这一组关键词。

"情境"一词，在义务教育实验版、2011年版中出现的频数都是7次：作为"作品情境"使用的（如"想象诗歌描述的情境"），在前者中出现3次，在后者中出现4次；作为"学习情境"（含教学情境、交际情境）出现的，在前者中4次，在后者中3次。在《普通高中实验版》中出现3次，均属"学习情境"；而在《普通高中 2017 年版》中出现 33 次,除"学习情境"外,还有"语言(运用)情境""语文实践活动情境""历史文化情境"等。与"情境"相应的是"语文(语言)实践",在义务教育实验版、2011 年版分别出现 6 次、7 次,在《普通高中实验版》也只出现 3 次,然而在《普通高中 2017 年版》中出现 30 次。不仅如此,《普通高中 2017 年版》还在"命题思路与框架"中指出"语文实践活动情境主要包括个人体验情境、社会生活情境和学科认知情境",并对三种情境作了 160 余字的解释。

其实,修订后的普通高中 2017 年版课程标准,不只是语文,各学科都高度重视情境的作用,包括最为抽象的数学学科,也提倡要在教育教学中重视情境,启发学生思考,引导学生把握数学内容的本质。为什么要在教学中重视情境?这与不同年龄儿童的学习方式有关,与课标修订的指导思想(核心素养为本)有关,也与吸收"知识依存于情境"的学习观有关。与单纯的知识和技能相比,素养更强调在实际情境中的运用,即强调情境性、对情境的胜任力。

对"情境""实践"的强调,蕴含着对建构主义(情境脉络、活动理论)本土化的自信与行动,对深度学习等最新学习理论的吸收与消化。关于知识和学习,建构主义与行为主义、认知主义有不同的认知。行为主义认为"学习是反应的强化""教学就是操练",认知主义认为"学习是知识的获得""教学就是可以打包的知识产品的输入"。这两种学习理论,成为传统乃至现今学校课堂的主流文化。建构主义迥异于传统的学习理论和教学思想,认为"学习即感知与环境给养的互惠""教学即创设学习环境",知识不是通过教师传授得到的,而是学习者在一定的情境即社会文化背景下,借助其他人(包括教师和学习伙伴)的帮助,利用必要的学习资料,通过意义建构的方式而获得的。

语文的四个课程标准,尽管均未提及"建构主义"的概念,其思想却已蕴含其中。相比来说,《普通高中 2017 年版》更为明确地传达了建构主义的思想,如其"学习任务群"的相关表述。这种进步,其实是对"语文课程是一门学习祖国语言文字运用的综合性、实践性课程"更深刻的揭示,也更便于实践运作。

第四节 基于标准的语文教学

传统教学的一般程序,通常是教师根据经验或教材确定教学内容,根据教学内容设计教学活动,实施教学,设计并实施评价,得出学习质量的结论,进入下一主题。基于标准的教学则需要首先根据课程标准确定教学目标,根据教学目标确定内容主题及具体的内容材料,设计评价,确定达成目标的学习机会,实施教学、评价并获得反馈,进入下一主题[①]。

一、"基于标准的语文教学"的基本样貌

那么,何为"基于标准的语文教学"?下定义自然是一种简便的方式,然而简便简洁的结果常常会让下定义者的付出成为徒然。下面,我们试图用比较的方法,以便于读者认清与把握"基于标准的语文教学"的样貌,如表1-5。

表1-5 传统语文教学与基于标准的语文教学比较

传统语文教学	基于标准的语文教学
● 以语文教学大纲或教材为依据,以教学内容为逻辑起点思考教学。	● 以语文课程标准为依据,以期望学生的应知、能会(核心素养)为逻辑起点思考教学。
● 教学内容先于教学目标,不太重视目标在教学中的地位与作用,教案中的目标陈述来源于教材,极易形同虚设。	● 教学目标先于教学内容,教学目标来自课程标准的多重转换,目标引导评价与学习活动的设计与实施。
● 将教材视为"圣经",课文的处理多以是否考试篇目作为重要参考。	● 将教材视为目标达成的资源,课文的处理服从核心素养培养的需要。
● 虽有单元,但多立足单篇教学,阅读教学以课文(文本)为基本单位,思考"这篇文章教/学哪些内容",教学设计重视教/学什么、怎么教/学。	● 立足学的活动,以活动(或项目、问题)为基本单位,即使是单篇教学,也更多考虑"设计哪些活动",教学设计更重视为什么教/学、教/学到什么程度。
● 教师以教完教材规定的课文(特别是精读文本)作为任务完成的标志,评价是在任务结束时才被考虑。	● 教师以达成标准规定的学段或学期领域目标作为任务完成的标志,评价在目标确定时就被考虑,并贯穿始终。
● 教学研讨关注教学过程、教学/学习方式的新颖有趣,不追问背后的理念,片面关注学生的学习成绩。	● 教学研讨关注学生的学习行为,并追问教师教学行为背后的理念,关注学生多方面的学习结果。

表1-5显示了两种教学在逻辑起点、思维特征、行为方式、评价认知等方面

---

① 崔允漷,王少非,夏雪梅.基于标准的学生学业成就评价[M].上海:华东师范大学出版社,2008:214.

的主要差异,当然两者并非绝对对立的。"基于标准的语文教学"不是口号,我们需要为之建立一个操作模型。

二、"基于标准的语文教学"的操作模型

下面参考著名的"系统化教学设计"(Theory of Systematic Designing)AD-DIE要素模型[①](ADDIE分别是分析、设计、开发、实施、评价五个英文单词的首字母),建立一个操作模型,见图1-2。

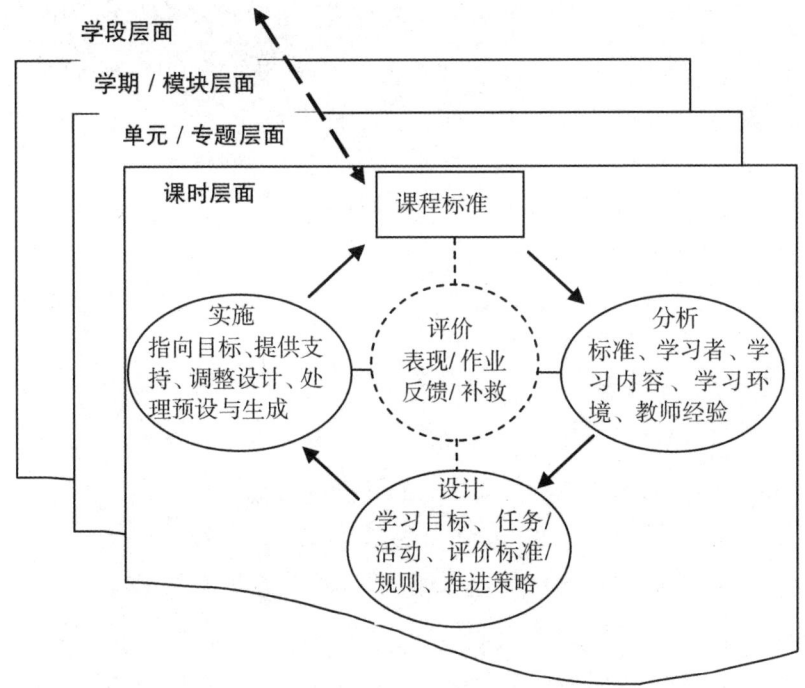

图1-2 "基于标准的语文教学"的操作模型

上图显示的学段→学期/模块→单元/专题→课时等不同层面的语文课程与教学,均要基于"课程标准"(Curriculum standard),就"分析"(Analysis)、"设计"(Design)、"实施"(Implement)、"评价"(Evaluate)等要素、步骤、程序做出反应。下面在单元、课时层面对此操作模型作简要说明。

---

① R.M.加涅,等.教学设计原理(第五版)[M].王小明,等,译.上海:华东师范大学出版社,2007:21-22.

19

1. 课程标准：教学的依据是什么

课程标准是教学、评价的依据。尽管课程标准中的内容标准、成就标准的规定比较概括，难以直接对应于课堂教学，但还是应从学习领域（义务教育各学段的识字与写字、阅读、写作、口语交际、综合性学习）、学习任务群（普通高中的必修、选择性必修、选修等18个学习任务群）中选择最相接近的"应知"和"能会"表述，然后逐级转换为具体的教学目标。

2. 分析：学习起点是什么

"分析"阶段的任务是为了确定学习目标，具体需要：(1)对已选的课程标准条文做分解以使之更加具体、清晰；(2)学习者分析，明确学习者需求、学习困难，以确定学习起点；(3)学习内容分析，分析本单元、本课时的学习内容在课程标准、教材序列中的安排；(4)学习环境分析，确定学习环境中的问题；(5)分析执教者自身的经验、特长。其中，学习者分析的技术难度较大，一般应以学习基础、学习状态、学习结果为分析单位，使学生在课前、课中和课后的学习情况都进入教师的学情分析范畴，并将分析的结果融入"目标—活动—评价"的过程中，即所谓"以学定教"。

3. 设计：终点及怎么到达终点

设计，是操作模型中的"核心要素"，应着力做好：(1)确定单元、课时学习目标（预期的学生学习结果）；(2)将目标分解为具体、前后相续的任务（任务是达成学习目标的方式）；(3)为学习者能达到预期表现作出安排（成果形式）；(4)制订评价标准或开发评分规则；(5)围绕任务与评价，确定具体的学习活动（动作或操作）；(6)准备各种形式的活动材料；(7)开发活动推进的策略。这一设计程序，即格兰特·威金斯和杰伊·麦克泰格（Grant Wiggins & Jay McTighe）提出的"逆向设计三阶段"（UbD）：确定预期结果→确定合适的评估证据→设计学习体验和教学[1]。

4. 实施：学习状态如何

实施，即将设计好后的方案付诸现实。需要注意：(1)自始至终把目标当作一个单元或一节课的灵魂，关键教、学行为都应指向目标的达成；(2)为学生的

---

[1] 格兰特·威金斯,杰伊·麦克泰格.追求理解的教学设计(第2版)[M].闫寒冰,等,译.上海：华东师范大学出版社,2017:19.

学习提供预设中或预设外的支持;(3)通过观察、提问、练习、作品等掌握学情,评估是否需要调整设计、进入下一环节或补救教学;(4)判断生成问题的价值和处理。

5.评价:如何判断学生表现

评价,在图 1-2 中处于中心地位,意在说明评价不只在教学、学习终结之后实施(终结性评价),还发生在教/学活动的准备(诊断性评价)与教/学的过程中(形成性评价),评价镶嵌于学习活动的始终。

三、专业文本之一:学期/模块课程纲要

基于标准的语文教学,不仅要重建基本概念、基本程序,还要有与之相应的专业文本。这是课程改革的需要,也是提升"教师专业性"的需要,否则就不必奢求与医疗、建筑、法律等领域的专业服务者一样成为"专业人员"。

从表 1-1 看,由学段(2—3 年)到学期,再到单元/专题、课时,我们都需要有表现教师专业性的证据,主要有:(1)学期/模块课程纲要;(2)单元/专题教学计划;(3)课时教学设计(教案)。这里介绍这些专业文本的学理与框架,具体样本参见第六章"案例分享"。

学期/模块课程纲要(或称"学程纲要"),以提纲的形式一致性地呈现某一学期/模块语文课程各种元素(即目标、内容、实施和评价),它是教师对学期/模块课程教学的总体规划,它的基本框架包括三个部分。

1.一般项目,最少应包括课程名称、设计者、课程类型、教学材料、适用年级、课时与学分等。

2.课程元素。

(1)背景:说明该课程与前后课程内容的关系,课程标准的有关表述,相关学生已有知识与认知特点。

(2)目标:源于课程标准(学段领域目标或学习任务群)与学生研究,描述通过一定课时学习后的关键结果的表现——学科素养或关键能力。

(3)内容:依据目标合理安排单元与课时,体现综合性、模块化(任务群),第一课时分享纲要,课时数包括复习、测试时间。

(4)实施:所选择的教/学的方法与目标、内容匹配,创设有利于学习的

情境；以项目、任务、活动或资源来陈述，体现语文综合性、实践性。

（5）评价：评价框架（评价任务、评价方式等）的设计与结果的解释，要与目标、内容、实施体现一致性。

3.所需条件：有特殊要求的课程须说明，如教师开发的校本课程，以便于学校的审议和管理。

需要说明的是，在实际操作中，鉴于"课程元素"中"内容"与"实施"有比较大的关联性，两者可以整合表述。如本书第六章案例之《〈论语〉选读》学程纲要，便是两者整合为"学习活动"来表述的。

在课程层级系统中，学期/模块课程纲要，处在"正式的课程"与"教师领悟的课程"的过渡位置，用以替代传统的学期教学计划或教学进度表，有利于教师整体把握某门课程的内容和要求，更好地实施教学；也有利于学生明确某门课程的目标和内容框架，更好地进行学习。

四、专业文本之二：单元（专题、项目）教学设计

单元作为一种课程开发的基础单位，并非新课程的产物[①]，只是在新课程特别是在"学科核心素养"的背景下，单元教学设计显得十分重要。

钟启泉教授认为，核心素养→课程标准（学科素养/跨学科素养）→单元设计→课时计划，这是课程发展与教学实践中环环相扣的链条，学校的课程开发与课堂转型，必须从单元设计做起，以打破"课时主义"的束缚，基于"学科素养"的单元设计是一线教师的基本功[②]。

传统的语文教学设计，从我们所擅长的教法、教材和活动出发，多局限于一堂课或一篇课文的设计；基于"学科素养"的语文教学设计，应从学生想要达到的学习目的出发，着眼于多堂课、多个活动、多个文本的整合，这就是钟教授所说的打破"课时主义"的束缚。

因而，这里的"单元"不一定对应教材中"单元"，可以是专题、项目。本书第

---

① 单元设计源于19世纪赫尔巴特学派的戚勒（T. Ziller），后传入美国，发展出基于思维过程组织教材单元的编制原理，开发了项目单元、问题单元、课题单元、作业单元、活动单元、经验单元等多种多样的单元。更多有关"单元"的知识参见：钟启泉.读懂课堂[M].上海：华东师范大学出版社，2015：20-23.

② 钟启泉.课堂研究[M].上海：华东师范大学出版社，2016：113-123.

三章第二节美国大卫老师的《麦田里的守望者》阅读案例,第六章案例所介绍的澳洲八年级诗歌单元起始课、蒋军晶"楼兰消失之谜"想象作文设计,就是这样的"单元(专题、项目)教学设计"。

为此,我们借鉴格兰特·威金斯和杰伊·麦克泰格的逆向设计模板[1],创制一个适合语文教学的单元(专题、项目)设计框架。

1. 一般项目:包括单元名称、设计者、适用年级与班级、课时等。

2. 单元目标:从课程标准/学科素养、学习任务群、学期/模块课程纲要出发,描述学生通过单元学习预期达成什么目标。

3. 情境任务:设置真实的语言运用情境,描述学生在情境中的表现性任务,与预期的单元目标一致。

4. 评估设计:通过什么标准评判学生达成预期的目标,为此设计评价任务(即学习成果与言语实践表现记录,如笔记、作文、演讲、测验)与评价方式(如表现性评价、交流式评价),与预期的单元目标一致。

5. 学习计划:设计语文学习活动,帮助学生完成情境中的任务,达成预期的目标。其中包括有效活动的适当顺序,知识与方法的提示,阅读文本的清单与要求,获取资源的类型及途径,用于评估的证据收集、整理与提交,学生自我评价与反馈要求,教师所需要的教学和辅导,等等。

6. 学后反思:引导学生回顾学习过程与学习结果,梳理单元学习的收获与问题。

其呈现方式(表格式、列举式),可以依据学校的要求、自己的爱好和不同单元(专题、项目)的需要而定。

五、专业文本之三:课时教学设计(教案)

传统的教案通常是教师根据教材、教参或经验确定教学内容,设计教学活动、课堂练习或课后作业的结果。它呈现的主要是教学内容和方法,也即"教什么""怎么教",一般包括:(1)课题;(2)教学目标;(3)教学重难点(通常是目标中某点的重复);(4)教学过程(复习引入,讲授新课……)。基于标准的教案提倡

---

[1] 格兰特·威金斯,杰伊·麦克泰格.追求理解的教学设计(第2版)[M].闫寒冰,等,译.上海:华东师范大学出版社,2017:23.

运用逆向设计,即依据标准、结合教材和学情等确定目标之后,先设计评价任务,再来设计教学活动。其大致框架如下:

  1. 一般项目,最少应包括课题名称、设计者、适用年级与班级、课时等;

  2. 相关标准陈述:课时内容对应的课程标准(学段领域目标、学习任务群)要求,只需列举最主要的;

  3. 教学目标——学生学习结果:描述这一堂课的教学中可观察到的学生表现行为或结果,是单元(专题、项目)目标的具体化;

  4. 检测这些表现或成果的评价活动方案:评价的手段和工具要能检测学生是否达到预期的学习结果;

  5. 教学活动方案:着眼于"学的活动",其安排应该能指引学生去证明自己的学习结果。

如有必要,可以在"教学目标"前列入"背景分析",在"教学活动方案"后补充"所需条件"。怎样的课程纲要、教案是好的,其评议要点可参考《基于标准的课程纲要和教案》[1]一书,书中有义务教育、高中等各学段案例供研读。如何编制、设计,本书后文将结合实例深度介绍。

为更进一步突出学生学习立场,可将"教学目标"改为"学习目标",将"教学活动方案"改为"学习过程"或"学习活动",另增加"检测与作业"(包括课前、课中与课后作业)、"课后反思"(引导学生梳理知识与技能、后续探讨问题等)。如此,则"课时教学设计"将递进为"课时学历案"。怎样设计学历案,可参考《教案的革命:基于课程标准的学历案》[2]一书。

读后反思

  本章为全书总纲,从学理角度介绍课程与教学、语文课程标准,重点介绍"基于标准的语文教学"的基本样貌、操作模型和与之配套的专业文本。

---

[1] 崔允漷,周文胜,周文叶. 基于标准的课程纲要和教案[M]. 上海:华东师范大学出版社,2014:3-4.

[2] 卢明,崔允漷. 教案的革命:基于课程标准的学历案[M]. 上海:华东师范大学出版社,2016.

读完本章,不知道你有哪些收获,还存在哪些疑问?把它们记录在本页的空白处,并可与同伴分享你的收获和疑问。请你进一步思考下面的问题:

• 对照语文课程标准的实验版、修订版,找出其中你认为最重要的修改处,想一想修改文字背后的理念是什么?

• 检讨自己的课程与教学行为,对照"基于标准的语文教学"的要求,你可以从哪些方面进行改进?

你可以深度思考与研究,做一些书面成文的表达。

建议进一步阅读的书目

[1] 施良方.课程理论:课程的基础、原理与问题[M].北京:教育科学出版社,1996.

[2] 拉尔夫·泰勒.课程与教学的基本原理[M].罗康,张阅,译.北京:中国轻工业出版社,2014.

[3] 格兰特·威金斯,杰伊·麦克泰格.追求理解的教学设计(第 2 版)[M].闫寒冰,等,译.上海:华东师范大学出版社,2017.

[4] 钟启泉,崔允漷.新课程的理念与创新:师范生读本(第 2 版)[M].北京:高等教育出版社,2008.

[5] 崔允漷,周文胜,周文叶.基于标准的课程纲要和教案[M].上海:华东师范大学出版社,2014.

第二章

语文学习目标的确定

读前思考

很多教育计划都没有清楚地定义过教育目标。在某些情况下,如果你去问一位教授科学、英语、社会学科或者其他学科的教师要达到什么教育目标,很可能得不到满意的答案。这位教师可能会说,他的目标是培养一个受到良好教育的人,而他之所以会教授英语、社会学科或者其他学科,是因为它对于全面教育是不可或缺的。

上面的文字,来自泰勒的《课程与教学的基本原理》一书第一章"学校应力求达到何种教育目标"的开首。现在假设,我们都是泰勒教授的学生,走进他的教室,找着位子坐了下来。泰勒教授扫视了一下教室,估摸着选他课的学生该到齐了,就慢悠悠地抛出两个问题:

• 走出家门的那一刻,你想过出门要去哪儿,做什么吗?如果你是正常人,具有正常思维活动的话。

• 作为一名语文老师,你想过一个学期你这一门课程要教给学生什么最有价值的东西吗?一个单元呢?一节课呢?

学习目标,在传统的教学视野下并不为人所重,然而泰勒的《课程与教学的基本原理》,却旗帜鲜明地提出"目标将成为选择教学材料、勾勒教学内容、形成教学步骤以及准备测验和考试的标准"。本章就从"罗马在哪儿"说起,介绍学习目标的有关知识,结合实例说明目标确定的方法、陈述的技术等。

第一节 学习目标的概述

也许你会跳过这一节,理由很简单:学习目标或教学目标,是每一个接受过师范教育的教师都非常熟悉的,也是写教案时第一个被写下的。

然而,我们还是希望你读一读,如果你不想把学习目标作为教学设计中的"摆设"的话。让我们接着"读前反思"第一问,看上海师范大学郑桂华教授(曾任华东师范大学第二附属中学语文教师)的一段话①。

一、"罗马在哪里":学习目标的隐喻

语文教师喜欢说语文教育是"条条大路通罗马",但是,"罗马在哪里"?"罗马是什么样子"?语文教师对此常常是讲不清楚的。这实在很不正常。

一般情况下,一个人想到哪里——不管是到单位上班还是去超市购物,在走出家门之前,他总是很明确自己要到哪里去,又通过什么样的方式去。如果不想好,他不仅可能误点,甚至还可能会闹出南辕北辙的笑话,这就是有目标和没有目标的差别。可是,这种在生活中人人都懂的常识,到了中学语文教学那里,却变得模糊难辨了。许多在第一线从事教学的语文教师,常常为这样一些问题所苦:面对一堆学习材料,他不能确定哪些知识是有意义的,哪些是无意义的;在选定了某一知识做学习目标后,也不知道如何去描述清楚什么样的教学活动是合适的,当然,更不知道他所采用的教学活动是否能带来预期的效果。

引文所涉的"这样一些问题",无论阅读、写作,还是综合性学习,许多(其实说"所有"也不过分)语文教师总是"遭遇"过的。

"罗马在哪里",是学习目标的生动隐喻。美国课程论专家安德森(L. W. Anderson)等人,在《学习、教学和评估的分类学——布卢姆教育目标分类学修

---

① 郑桂华.罗马在哪里:语文教师不可回避的追问——《学习、教学和评估的分类学》导读[J].语文学习,2012(6):73-74.

订版》(以下简称《修订版》)一书中,也有类似的表达[①]:

> 在生活中,目标帮助我们集中注意和精力,并表明我们想要完成的任务。在教育中,目标表明了我们想要学生学习的结果。他们是"期望学生通过教育过程后获得改变的方式的明确表达"。在教学中目标尤其重要,这是因为教学是一种有目的的和合理的行为。

期望学生通过学习学到什么,这"什么"就是学习目标。学习目标就是希望学生经历一定时间的学习以后形成的结果。如此,站在学习者的视角来看,任何课程、教学和评价都是学生经历的学习旅程。

二、学习目标的重要性:从有效教学出发思考

有一种耗散结构理论说,初始细小的变化能在以后产生极大的差别,即所谓"失之毫厘,谬以千里"。语文课堂教学,十分普遍的问题是,课堂师生活动热热闹闹,学生却不知道要去哪里,从而头脑空空如也。

其实"罗马在哪里"是一个通俗而深刻的隐喻。深入一步思考,郑桂华教授"这样一些问题"涉及三个疑惑,恰是L.W.安德森等编著的《修订版》一书所贯穿的,实现有效教学必须回答的三个问题:(1)"罗马在哪里"——你把学生带到哪里——学习目标的问题;(2)"如何去罗马"——你怎样把学生带到那里——学习过程与方法的问题;(3)"究竟是否已经到达罗马"(罗马是什么样子)——如何确信你已经把学生带到那里——学习结果评估的问题。

当然,"从哪里去罗马"——学习起点问题也很重要。按着苏联著名心理学家维果茨基(Lev Vygotsky)的"最近发展区"之说,"现有发展区"就是"学习起点"问题,而"最近发展区"则是"学习目标"问题。

顺次,语文教学的基本问题有四个,如图2-1:

---

① L.W.安德森,等.学习、教学和评估的分类学:布卢姆教育目标分类学修订版[M].皮连生,主译.上海:华东师范大学出版社,2008:3.

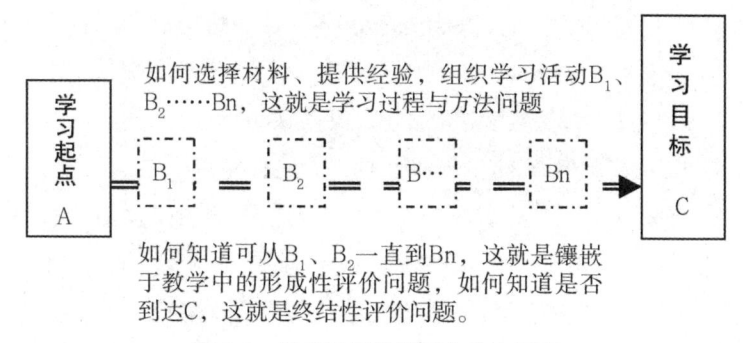

图 2-1 教学要思考的四个基本问题

美国著名学者琳达·达林－哈蒙德(Linda Darling－Hammond)认为,教学要注意若干关键问题:什么类型的情境值得学生花费他们的时间学习,学习的目标是什么,学习评价是否与目标一致,教授对象是谁,教学技术如何为具有不同先前技能和知识的学生而改变[①]。这与我们所说的四个基本问题是相通的。

在传统教学的背景下,语文教师站在教育者的角度,经常思考的两个问题是"教什么""怎么教",很少追问"为什么教"(学习目标),更少追问"我教了,学生会了吗"(学习评价)。在课程标准的背景下,教师要能以学习者的视角,一致性地追问图 2-1 中的关键问题。个中,首先应当思考的,就是郑桂华教授所说"罗马在哪里"的问题,即学习目标的问题。

当然,并非国内外的所有学者都主张目标预定,如亚里士多德(Aristotle)和卢森博格(Harold Rosenberg)都认为,目标未必先于行为出现,它可能在行为中产生[②],"后现代课程论"也认为课程目标应是通过师生等参与者的行为和相互作用而形成的,具有建构性、非线性,其表述是描述性而非说明性的。杜查斯特和布朗(Duchastel and Brown)通过实验研究得出结论:学习目标对学生的学习产生聚焦效应,但过多地关注目标会限制其他重要内容的学习。

[①] 琳达·达林－哈蒙德,等.高效学习:我们所知道的理解性教学[M].冯锐,等,译.上海:华东师范大学出版社,2010:6.
[②] E.W.艾斯纳.教育想象:学校课程设计与评价[M].李雁冰,主译.北京:教育科学出版社,2008:121.

尽管如此,中外诸多学者还是十分看重学习目标的价值,美国学者理查德·I.阿兰兹(Richard I. Arends)认为,清晰的教学目标,能为教学提供方向,为学生指出学习内容和学习重点,使教学顺利推进,提供评价学生学习的方法[①]。罗伯特·J.马扎诺(Robert J. Marzano)等通过对实验和控制两个小组的上千种对比研究,提出的"有效课堂"的教学策略有九项,其中一项是"设定目标和提供反馈"[②]。华东师范大学崔允漷教授在其建立的"有效教学的策略框架"中,将"明确教学目标"作为重要的内容。福建师范大学余文森教授分析无效和低效的教学后提出,要"为每一节课制订切合实际的课程目标,使每一节课都有明确清晰的教学方向,这是提升教学有效性的前提"[③]。

三、怎样的学习目标是好的:表述的通则

知晓学习目标的重要性,并不意味着能写出足够好的目标,"知"与"会"是两个层次的。在进入"如何写"之前,概略地了解"足够好的学习目标"表述通则是必要的。有关论述,在近些年出版的教学论著中均有介绍,概括而言:

1. 应陈述预期的学生学习的结果;
2. 目标的陈述应有助于导学、导教、测评;
3. 应选择适当的分类框架设置;
4. 行为主体是学生,不是教师;
5. 用经过心理学界定的动词和名词陈述目标;
6. 应力求明确、具体,可操作、观察与测量。

每一通则,各有其学理依据,各家或有争议,此不赘述,容后穿插言之。此外,学习目标的表达还涉及目标密度问题。伊劳特(M. R. Eraut)认为,鉴于目标通常是分条列举的,密度指数计算公式为:所列举的目标的数目÷列举出来的目标所涵盖的课时=密度指数。假定高中三年语文的总课时是为320课时,列举的目标有8条,那么其密度为1/40。在伊劳特看来,一般目标(学段目标)

[①] 理查德·I.阿兰兹.学会教学:第6版[M].丛立新,等,译.上海:华东师范大学出版社,2007:74.
[②] 罗伯特·J.马扎诺,等.有效的课堂教学手册[M].杨永华,周佳萍,译.北京:教育科学出版社,2008:前言.
[③] 余文森.有效性是课堂教学的"命脉"[N].中国教育报,2007-05-08(6).

以不到 1/50 为好,课程目标(学期目标)以 1/5 左右为适中,学习目标(一课时)则在 1/2 到 1/6 之间不等[①]。这里所说的"条",不是简单的条文定量,而是对指向学习结果的行为、问题或活动的定量。

四、一个最基础的认知:目标是有层级的

在学习目标的表述上,最常见的问题是采用过于一般化的、概括化的方式来表述课时学习目标,如一两课时的教学却要"培养……习惯""学会……写作技巧"。这与缺乏"目标是有层级的"基本认知有关。我们知道课程是有层级的,从教育目的的范畴观之,学习目标也是有层级的,如表 2-1[②]:

表 2-1 教育目的范畴的层级关系

层级	陈述名称	制定者	特点	举例
一级(教育目的)	教育方针或培养目标	政府/国家	抽象笼统,比较关注"应该如何"	在德智体美几方面都得到发展
二级(培养目标)	各类学校的培养目标	政府/国家	对教育目的的具体化	如九年义务教育培养目标
三级(课程标准)	九年义务教育课程目标	学科专家	从"抽象"逐步过渡到"具体"	具有适应终身学习的基础知识、基本技能
	九年义务教育语文课程目标			具有独立阅读的能力,学会运用多种阅读方法
	一至二年级语文课程目标(阅读领域课程)			结合上下文和生活实际了解课文中词句的意思,在阅读中积累词语
四级(学习目标)	学年(学期)目标或单元(专题)目标或课时目标	教师	比较具体;比较关注实际状态	《沁园春·雪》的学习目标:感情充沛的吟诵;当堂背诵;体会诗人的豪情壮志

---

① 施良方.课程理论:课程的基础、原理与问题[M].北京:教育科学出版社,1996:96-97.
② 崔允漷.有效教学[M].上海:华东师范大学出版社,2009:110.

"教育目的""培养目标""课程目标""学习目标"是一组从一般到具体的连续体。教育目的、培养目标的具体化是课程目标，课程目标的具体化就是学习目标，学习目标处于具体一侧的顶端。即使是学习目标，也有不同的层级：由学年（学期）目标到单元（专题、项目）目标，再到课时目标。

将课程标准具体化为不同层级的学习目标，这需要语文教师的教学创造。为尊重概念的使用习惯，我们将学年、学期、模块目标称为"课程目标"，将单元（专题、项目）、课时目标称为"学习目标"或"教学目标"（学习目标、教学目标，仅仅是主体视角的差异，本书同义使用）。

第二节 语文学习目标的来源

语文学习目标的表述，最关键的问题有两个：一是如何确定语文学习目标，讨论的是目标来源，即内容上的"写什么"；二是如何用合宜的技术来表述，讨论的是陈述方式，即形式上的"怎么写"。本节谈来源。

一、纵向来源：上位目标

从表2-1看，由于上位目标决定下位目标，在确定学习目标时，教师必须弄清楚它的上位目标是什么，才能准确定位下位目标。基于课程标准的教学，"课程目标"与"学习目标"，它们最主要的来源首先要考虑课程标准。

但是，确定目标，不是简单地搬用课程标准的表述。我国的语文课程标准，《义务教育2011年版》以"总体目标与内容""学段目标与内容"呈现，《普通高中2017年版》以"学科核心素养与课程目标""（学习任务群）学习目标与内容"呈现，显得宏观而概括，不如其他许多学科明确而清晰。其实，即使是其他学科课程标准，也需要借助课程标准分解的策略[1]，而不是可以直接搬用的。

---

[1] 将课程标准分解成各学期、单元或每节课的学习目标，在对应数量上，其对应关系有三种情形：一对一（一条学习目标达成一条课程内容标准）、一对多（设计出多条学习目标以达成某项内容标准）、多对一（设计可实现多项内容标准的学习目标）。为此，应运用替代、拆解、组合等策略，按寻找关键词、扩展或剖析关键词、形成剖析图等程序实现分解，从语文课程与教学的情况看，三种策略较难使用，但分解程序可以参考。参见：崔允漷.有效教学[M].上海：华东师范大学出版社，2009：111-113.

或许有读者会说,课程标准的制订者,为何不列出学习目标,这样可以大量减轻一线教师的劳动量？对此,安德森《修订版》解释道:"对于课堂教学的细节来说,提出州或全国范围的意见是困难的,以标准为基础的方法把开发教学目标的任务留给课堂教师。"[1]课程标准不包括"教学目标",这是课程标准的国际通例,确定教学目标是标准留给每一科教师的任务。为此,学习目标的确定,必须经过多重转换:课程标准(学科核心素养)→学年/学期目标→单元(专题、项目)目标→课时目标。

例如,在写作教学中,"修改"是一项重要的语文能力,课程标准要求从第二学段(3—4年级)开始训练,直到高中阶段。揣摩课程标准的相关表达,可以梳理出三条梯级线索:一是修改主体,由自改到互改;二是修改项目,由明显的词句到全文;三是修改后处理,由"交换"到"交流心得""切磋交流"等。

普通高中写作教学中的"修改",其课程标准的表述是:"能独立修改自己的文章,乐于相互展示和评价写作成果。"这是一般性的目标。怎样算"能独立修改"？有哪些外显的标志？修改之后,后续要求是什么？课程标准的表述是概括而模糊的,教师需要结合学情,依次确定有关"修改"的学年/学期目标→单元(专题、项目)目标→课时目标。下面是"修改"目标分层设计的节录:

  高中三年总目标:能运用常用的修改符号,全面而有重点地自改、互改,写出眉批和总评,并在自改、互改后获得感悟,写出理想的修改稿。

  第一学年(上)目标:能运用常用的修改符号,学写眉批和总评,在自改、互改后写出某一方面有明显改善的修改稿。

  • 第一次训练:了解常用的修改符号,修改作文中的常规问题(格式、错别字、标点符号、明显的病句等);就习作的某一方面(内容、结构、语言等)写出不少于3处的眉批、不少于50字的总评;修改稿做到格式正确,减少常规上的错误,对自改、互改发现的突出问题做出必要的处理。

  • 第二次训练:能运用常用的修改符号,修改作文常规问题;就习作的某一方面(内容、结构、语言等)写出不少于5处的眉批、不少于50字的总评;修改稿能减少常规上的错误,对自改、互改发现的突出问题做出合理的处理。

---

[1] L.W.安德森,等.学习、教学和评估的分类学:布卢姆教育目标分类学修订版[M].皮连生,主译.上海:华东师范大学出版社,2008:17.

对此,你是否"发现教学目标像地图一样:能帮助教师和学生认清努力的方向和到达目的地的时间"[①]? 就语文来说,如果没有基于上位目标的具体化,将能力分解、表现程度的情境细化,就未必有"像地图一样"的清晰感。

二、横向来源: 教材、文本、学生、教师、教育环境等

说到目标的来源,泰勒的《课程与教学的基本原理》不能不提。在该书第一章,泰勒分两层次列举课程目标的五个来源:第一层次,学生、社会、学科;第二层次,教育哲学、学习理论。借助泰勒的思路,学习目标的来源,除了纵向的上位目标外,还有横向的教材、文本、学生状况、教师经验、教育环境等。这些因素,既是来源,也是"筛子",它们共同影响了学习目标的定位。

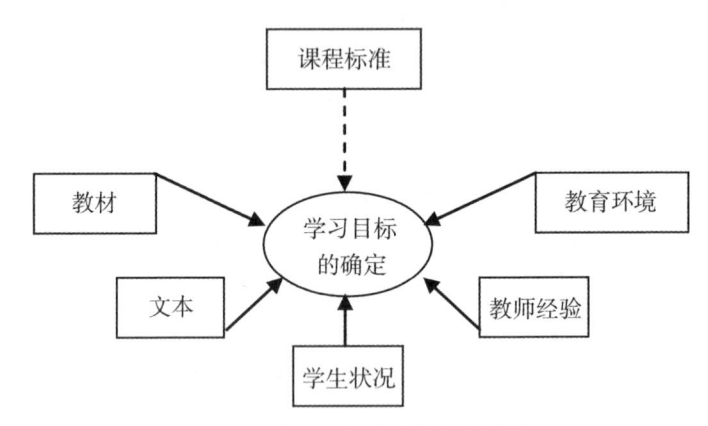

图 2-2 学习目标的来源与"筛子"

图 2-2 中,"课程标准"给"学习目标"的影响,即上文所说的"纵向来源"。下面,简单介绍横向的来源与"筛子"。

1. **教材**。 考查我国一百余年来语文教材的结构类型,形式上有(听、说、读、写)综合型与分编型;内容上有文选型与知识型,文体型、训练型与主题型,另有单篇型与单元型[②]。综合型、文选型、主题型是当前我国中小学语文教材的一种主要模式。尽管教材是依据课程标准编制的,但教师有权加以改编(增、

---

① 理查德·I.阿兰兹.学会教学:第 6 版[M].丛立新,等,译.上海:华东师范大学出版社,2007:84.
② 刘永康.语文课程与教学新论[M].北京:高等教育出版社,2011:437-439.

删、换、合、立),以确定自己所教学生学习的结果。然而,既然选用某一套教材,自然要接受某一套教材这一"筛子"的筛选。

2. 文本。 不管教材编写思路怎么改变,语文教材总不能缺少文本(单篇或整本书)。在阅读教学中,每个文本有普遍意义的教学价值。文本的价值,需要从人文内容、篇章结构、写作技巧、言语形式、学习方法等多个视角去开掘。一个文本可以教、学的内容很多,可以作为学习目标的项目也很多,但我们要甄选出其普遍意义价值基础上的独特的学习价值。如《金岳霖先生》一文,不同的阅读定位可能获得不同的意义:研读课文,意在深层理解作品中人物的名士风度,获得"作品意义";通过文本研读、配话外音、旁白或解说词以求深意,获得"读者意义";循迹索隐,实现从课内到课外的拓展,可以挖掘文本的"作者意义";关注文中的细节描写,先读后写,可求获得"范本意义";运用文章学的阅读原理解读课文,可能获得"文章意义"[①]。

3. 学生状况。 "如果要使得教学有效,必须重视学生的先前知识。"这是美国国家科学院提出的有效教学三条原则之一[②]。这个原理教师都懂,但实际操作缺乏实证与科学。就阅读教学来说,李海林教授提出了"问题化"的方式,即设想学生在阅读这篇文章(作品)时遇到的困难和疑惑,可以问:(1)什么是学生已经懂了的;(2)什么是学生不懂但自己读教材可以懂的;(3)什么是学生读教材也搞不懂但通过合作学习可以弄懂的;(4)什么是老师必须讲授、非讲授不知的;(5)什么是老师讲了也弄不懂、需要通过活动才能掌握的[③]。理想的教学需要分析学生的前备经验和能力,"五问"是一个较实在的分析支架。

4. 教师经验。 教师的经验永远决定着学习目标的选择、确定。近如教师的兴趣爱好、专业知识、所掌握的教学模式,远如教师的教育观、教学观、学生观、哲学观,都是学习目标确定的"筛子"。因此,照搬教学参考书、教学指导意见、他人设计的做法都是不可取的。著名特级教师余映潮老师《余映潮的中学语文教学主张》[④]一书中"别出心裁读课文""教学创意的美妙角度""教材处理的生动手法",正是余老师自身的智慧展示,因而有不同凡响的目标确定。

---

① 林荣凑.阅读教学目标的定位艺术[J].语文教学与研究,2013(8):17-19.
② 琳达·达林-哈蒙德,等.高效学习:我们所知道的理解性教学[M].冯锐,等,译.上海:华东师范大学出版社,2010:2.
③ 李海林.如何构建一个可用的阅读教学内容体系[J].中学语文教学,2010(11):4-8.
④ 余映潮.余映潮的中学语文教学主张[M].北京:中国轻工业出版社,2012.

5. 教育环境。 教育环境是外延不定的概念。小至班级组织、学校管理,大至社区价值观和资源、社会期望都是学习目标陈述的教育环境。在当今情形下,不考虑应试是危险的,但语文教师没有必要成为应试教学的奴隶,美国教师Halley 给《新闻周刊》写信说"21 世纪的教师面临的挑战是,在教给学生掌握必要的应试技巧的同时,又不忘记我们更为深远的使命"[1],值得记取。

经纵横两个角度定位课程目标、学习目标,尽管缺少具体的程序支持,但至少这种分析性思维的运用,适切的学习目标会露出水面。请谨记《修订版》中的一句警言:"教学的合理性方面与教师为学生选择什么目标有关。"[2]

在纵横定向中选择、确定目标,需要施瓦布(J. J. Schwab)所说的"择宜的艺术"(eclectic arts)。

第三节 语文学习目标的陈述

这一节试图讨论两个问题:一是"三维目标",有关语文学习目标的架构问题;二是"行为目标",有关语文学习目标的陈述模式问题[3]。在讨论基础上,提出三类目标的陈述方式。

一、三维目标:适合语文目标陈述吗?

无论是学期(模块)、单元(专题、项目)还是课时学习目标,其陈述均需考虑前文"表述的通则"之"应选择适当的分类框架设置"。课程改革前,语文教师常用的陈述架构是"旧三维":知识目标、能力目标、德育目标。自课程标准提出知识和能力、过程和方法、情感态度和价值观后,学习目标的陈述多按"新三维"。试以义务教育一年级课文《小壁虎借尾巴》为例加以说明。

《小壁虎借尾巴》是一篇童话故事。作者林颂英,1930 年 3 月生于上海,我国著名童话作家、上海作家协会会员。该文多次入选小学语文教材,人教版收

---

[1] L. W. 安德森,等.学习、教学和评估的分类学:布卢姆教育目标分类学修订版[M].皮连生,主译.上海:华东师范大学出版社,2008:208.
[2] L. W. 安德森,等.学习、教学和评估的分类学:布卢姆教育目标分类学修订版[M].皮连生,主译.上海:华东师范大学出版社,2008:1.
[3] 林荣凑.语文教学目标叙写的三种模式[J].语文教学与研究,2013(2):35-37.

于一年级下册,配画并给生字如"壁""借"等注了音;2017年版统编本也收于一年级下册,配画但未对生字注音。有教师以"新三维"陈述目标如下:

[知识和能力]

1.在阅读的基础上,认识本课生字及词语,会写"河"字。

2.通过阅读课文,了解小壁虎尾巴可以再生的特点及小鱼、老牛、燕子尾巴的用途。

[过程和方法]

1.学生分角色朗读,激发朗读兴趣。

2.学生通过查资料,了解其他小动物尾巴的用途。

[情感态度价值观]

1.通过朗读课文,知道与别人交流要有礼貌。

2.培养学生认识事物的能力和观察、分析、理解的能力。

这份学习目标存在诸多问题——不合"表述的通则",这里只是机械罗列"三维目标"。从《义务教育实验版》《普通高中实验版》到《义务教育2011年版》均提出从知识和能力、过程和方法、情感态度和价值观三个维度(方面)设计课程目标("过程和方法"是否属于目标,争议颇大)。其实,标准制定者最初的意图,并未倡导学习目标的陈述用三维的框架,语文课程标准的"目标"本身也没有按三维来表述。三维就像一个立方体的长、宽、高一样,三者相互渗透,融为一体,硬生生地拆开陈述,无异于刻舟求剑。为此,有学者认为:"从理论与实践两方面看,'三维目标'框架都不适合指导教师陈述良好的教学目标。"[①]也许出于纠偏,《普通高中2017年版》只在"教学建议"中提到一处"实现知识与能力,过程与方法,情感、态度与价值观的整合"。

值得注意的是,《普通高中2017年版》"前言"提出:"各学科基于学科本质凝练了本学科的核心素养,明确了学生学习该学科课程后应达成的正确价值观念、必备品格和关键能力,对知识与技能、过程与方法、情感态度价值观三维目标进行了整合。"崔允漷教授将学科核心素养称之为三维目标的升级版。尽管如此,语文教学目标是不宜用"价值观念""品格""能力"或以四大核心素养来陈述的。

那么,怎样设置语文目标的分析框架呢?杭州曹宝龙老师提出基于素养发

---

① 皮连生.学与教的心理学(第5版)[M].上海:华东师范大学出版社,2009:198.

展的课堂教学目标,可以用知识、能力和态度来表示[1],与第一章所述"素养是知识、技能(能力)、态度的乘积关系"相通,这是一个普适性的目标框架。华中师范大学雷实教授依据 S. 拉塞克和 G. 维迪努的分析,提出了"态度和技能""实用技术""知识"的目标框架[2],也可作为参考。我们推荐上海程红兵、胡根林等老师领衔的"高中语文质量目标研究"项目组构建的目标陈述框架:知识目标、行为技能目标、学习经历与文化素养目标[3]。据此设置语文学期(模块)→单元(专题、项目)→课时学习目标的分类框架,或将更为适当。

下面是杭州缪佳丽老师为统编本《小壁虎借尾巴》陈述的学习目标:

　　1.认识 12 个生字和户字头、车字旁两个偏旁,正确书写 7 个生字;

　　2.通过多种方法猜生字字音、字义,把课文读正确流利;

　　3.借助连环画课文特点,读懂故事内容,说说故事主要情节;

　　4.了解壁虎、鱼、牛、燕子的尾巴的不同作用。

目标 1 是知识目标,目标 2、3 是行为技能目标,目标 4 是学习经历与文化素养目标,陈述简明、清晰,有助于导学、导教、测评。陈述的目标,考虑了课程标准第一学段领域目标中的"识字与写字"(1、2)、"阅读"(2、4)、"口语交流"(3),其中"猜生字字音、字义"顾及统编本无注音的编写情况。

二、行为目标:目标陈述的基本选择

多年来,无论是国际还是国内,在课程编制、教学设计中比较流行的是以行为方式来陈述的目标,即"行为目标"(behavioral objectives)。行为目标,是指可以观察和可以测量的、用预期学生学习后的行为变化来陈述的目标。

　　1.行为目标的陈述方式。 尽管博比特(F. Bobbitt,1924 年)、泰勒(1949 年)、布卢姆(B. S. Bloom,1956 年)、马杰(R. F. Mager,1962 年)、波帕姆(W. J. Popham,1968 年)具体阐述各有差异,但都主张用学生外显或内隐的行为[4]来陈述目标。行为目标的课程论依据,是泰勒的课程编制目标模式。在泰勒看

---

[1] 曹宝龙.基于素养发展的课堂教学目标体系[J].课程•教材•教法,2018(1):49-53.
[2] 雷实.语文学科目标的再认识[J].教育研究与实践,1998(1):4-9.
[3] 程红兵,胡根林.高中语文质量目标手册[M].桂林:漓江出版社,2013.
[4] 行为主义者所讲的"行为",通常只是指外显的反应。泰勒的《课程与教学的基本原理》一书中,"行为"是广义上的,包括人的思维、情感以及外显的行动。见:[美]拉尔夫•泰勒.课程与教学的基本原理[M].罗康,张阅,译.北京:中国轻工业出版社,2014:6.

来,陈述目标最有效的形式,是"既指出应培养学生的哪种行为,又指出该行为可运用于哪种生活领域或内容中"①。人们把泰勒称为"行为目标之父",行为目标几乎成了课程目标的同义词。行为目标的陈述方式,受泰勒"陈述目标的最有用形式是按行为类别和内容两个维度陈述"观点的影响,又有多种表达形态,最典型的几种陈述方式,见表2-2②:

表 2-2 行为目标的几种陈述方式

陈述方式	目标构成
1.马杰陈述式	行为＋条件＋标准
2.加涅陈述式	情景＋性能动词＋对象＋行动动词＋工具＋限制和特殊条件
3.布卢姆—安德森陈述式	动词（认知过程）＋名词（知识）
4.格伦兰陈述式	概括性教学目标＋行为实例
5.麦克阿瑟陈述式	目的陈述（总体要求）＋评价陈述（具体行为）

2.行为目标的陈述。 以我们多年的实践看,对于语文教学目标的陈述,比较适合的是马杰陈述式、布卢姆－安德森陈述式、格伦兰陈述式。

马杰陈述式,由美国学者罗伯特·马杰在1962年出版的《准备教学目标》一书中提出,认为要克服传统教学目标表述的含糊性,必须用描述行为的术语代替描述内在心理状态的术语,表述清楚三个要素:行为、条件和标准。加上常常省略的"行为主体"(学生),即对象(audience)、行为(behavior)、条件(condition)、标准(degree),有人将之称为 ABCD 模式,如:

学生(行为主体)在默诵或朗诵《荷塘月色》的基础上(行为条件),能依据课文的自然顺序列出(行为动词)作者抒发的主要感情,其中应有"幻想""沉醉""现实"等关键词(行为标准)。

这里最关键的是"行为动词"。这一陈述式强调,要用可以观察的行为来表述教学目标,在目标表述时要避免使用描述内部心理过程的动词,如"知道""理

---

① 拉尔夫·泰勒.课程与教学的基本原理[M].罗康,张阅,译.北京:中国轻工业出版社,2014:47.
② 肖锋.五种课堂教学目标编写模式述评[J].杭州师范学院学报,2000(4):112-115.

解""欣赏""记住"等等。因此,这对语文学习中大量的内隐的认知、情感活动,其局限性是很明显的。

布卢姆—安德森陈述式,见于安德森等人的《修订版》。与马杰陈述式不同,修订版主张用"动词"代替"行为动词",采用"学生将能或者学会+动词+名词"的标准格式来陈述目标,如:

> 学生能找出(动词)《荷塘月色》第四、五段中运用比喻、通感的句子和精心选用的动词、叠词(名词),赏析(动词)其细腻传神的表达效果(名词)。

对于语文学习目标的陈述来说,从"行为动词"到"动词",这是一个很大的松绑。上例中的"找出"是一个外显的行为动词,具有可操作性、可测量等优势,而"赏析"则是比较复杂的认知活动,具有内隐性。从形式上来说,布卢姆—安德森陈述式比较适合语文学科。

但是,真要从实质上借用此陈述式来表达语文学习目标,却有一个很大障碍,个中原因在于该陈述式对"动词"和"名词"有严格的限定(即"用经过心理学界定的动词和名词"表述通则)。《修订版》中所说的"动词一般描述我们意欲实现的认知过程,名词一般描述预期学生要学习或建构的知识"[①],且将认知过程由低级到高级分为记忆、理解、运用、分析、评价和创造六种水平,知识被分为事实性知识、概念性知识、程序性知识和反省认知知识四种类型。要求每个教师熟练运用这一陈述式,在语文课程标准和教学实践对"动词"的垂直水平层级缺乏系统话语的当前,是勉为其难的。

"行为目标"的陈述,最切合语文学科特质的是格伦兰陈述式。格伦兰(N. E. Gronlund)在《课堂教学目标的表述》(1978年)中提出了内外结合目标陈述法,即先用描述内部过程的术语陈述概括性教学目标,然后用可观察的行为作例子使这个目标具体化。如:

> 品味《荷塘月色》的语言(概括性教学目标),找出第四、五自然段中运用比喻、通感的句子和精心选用的动词、叠词(行为实例),赏析其细腻传神的表达效果(行为实例)。

本例与前例比较,目标陈述上相差一句话——"品味《荷塘月色》的语言"。这一句话,恰是传统的目标陈述方式,揭示出了语文学科学习的特质。"品味"

[①] L.W.安德森,等.学习、教学和评估的分类学:布卢姆教育目标分类学修订版[M].皮连生,主译.上海:华东师范大学出版社,2008:11.

是一个内部心理过程,每个人掌握的标准不一,难以直接观察和测量,对教师的教、学生的学不能起到很好的导向作用。所以需要用可以证明"品味"水平的行为实例进一步说明,而有了"找出……,赏析……"两个实例的补充,概括性教学目标就不再是不可捉摸的了。

3. 行为目标的适用。 行为目标,避免了传统教学目标表述的含糊性,使教师的教、学生的学有了明确的指向和路径,为获取课堂教学评估的证据提供了参照。行为目标适用于知识和技能学习,行为目标明确"学什么",由此决定的教学设计就是"学什么—怎么学—学得如何"。

然而,行为目标有较大的限制性。就"品味《荷塘月色》的语言"来说,"找出第四、五段中……"提供了教、学的指向和路径,也制约了师、生的生成,限制个性化阅读的实现。更大的问题,如马扎诺所说,"过细的学习目标可能限制学生的学习行为……然而如果目标知识太狭窄,或者目标只专注于某一种学习技巧,他们就不能专心于学习"①。《修订版》不仅认为"这样的具体化可能导致大量自动化的、狭窄的目标",而且认为用行为目标来"陈述创造性写作、诗歌和艺术理解的目标可能是困难的"②。

三、艾斯纳:应准备三类课程目标

正是因为行为目标存在的问题,美国斯坦福大学埃利奥特·W艾斯纳(Eliot W. Eisner)声明:"人们不应该尝试把我们所有的目标都简化为这样一种形式。这种做法,剥夺的恰恰是人们一直试图培养的思维品质。"

艾斯纳提出,在设计和评价课程时,应该准备三类课程目标:行为目标、问题解决目标、表现性活动,如图 2-3③:

---

① 罗伯特·J.马扎诺,等.有效的课堂教学手册[M].杨永华,周佳萍,译.北京:教育科学出版社,2008:139.
② L. W.安德森,等.学习、教学和评估的分类学:布卢姆教育目标分类学修订版[M].皮连生,主译.上海:华东师范大学出版社,2008:18,20.
③ E. W.艾斯纳.教育想象:学校课程设计与评价[M].李雁冰,主译.北京:教育科学出版社,2008:122.

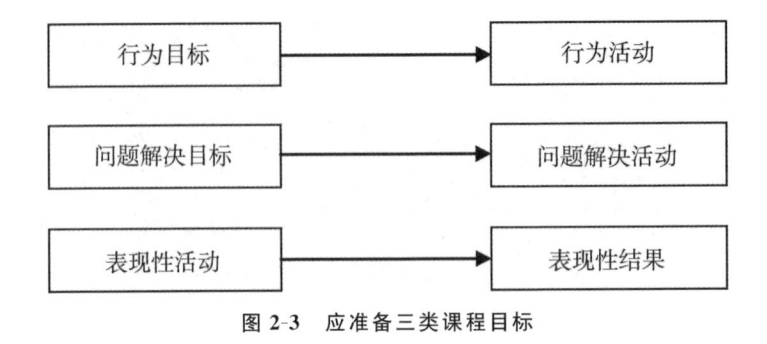

```
行为目标        →   行为活动
问题解决目标    →   问题解决活动
表现性活动      →   表现性结果
```

图 2-3　应准备三类课程目标

尽管艾斯纳所说的三类课程目标,属于"学校课程设计"层面,而非"教师课程实施"层面,但以我们的实践看,艾斯纳提出的问题解决目标、表现性活动,能成为我们行为目标之外新的选择。

四、问题解决目标：关注学习的过程与方法

问题解决目标(problem－solving objectives),是指用预期要解决的问题来陈述目标。如果说行为目标更关注"学什么"(知识和技能),其结果在形式和内容上都是预先确定的,那么问题解决目标,更关注的是"如何去学习",其结果是多样的、开放的。

1. 对"问题解决"的基本认知。"问题解决"并不是艾斯纳新创的概念。问题解决可以追溯到杜威(J. Dewey)《民主主义与教育》(1916 年)书中的有关阐述,华莱士(G. Hallas)、罗斯曼(J. Rrossman)、吉尔福特(Guilford)、加涅(R. M. Gagne)都曾对其进行研究[①]。奥苏贝尔(D. P. Ausubel)所谓"发现学习",即学习内容以问题的形式呈现,学习者必须通过自己的发现得出结论,也与"问题解决"不可分割。某种意义上,与斯滕豪斯(L. Stenhouse)、罗杰斯(C. Rogers)所主张的"展开性目的"(evolving purpose)也很相近,它们都关注学习的过程与方法,并以此作为目标表达的中心。

何谓"问题解决"？不同的学派有不同的解说,行为派认为是"联结的激起",格式塔认为是"知觉的重组",现代认知派认为是"探求的过程"。李镜流认为,"所谓问题解决,就是运用先前习得的知识去探索新情境问题答案的心理过

---

① 李镜流.教育心理学新论[M].北京:光明日报出版社,1987:101-109.

程,或者说是在新情境下通过思考去实现学习目标的活动"[①]。

2. 问题解决目标的陈述。 艾斯纳认为,教育目标的形式化并不存在一种唯一合法的方式。在《教育想象》一书中,作者举了三个典型的问题解决目标之例[②]:

◎如何更为有效地查明吸烟到底会有多大危害?

◎如何设计一个能在桌面上支持高达16英寸的两块砖的纸结构?

◎在现有预算下如何使学校的自助餐厅提供的食物的多样性和质量进一步提高?

从中可见其基本陈述结构:问题解决目标＝问题情境＋问题＋解决标准。

其中,"问题情境"可以暗含,但"问题""解决标准"必须清晰表达。如第一例"如何……查明吸烟到底会有多大危害"是"问题",而"更为有效地"是"解决标准","情境"没有明确表达,但不影响目标的清晰表达。第二例"一个能在桌面上"、第三例"在现有预算下"均为"问题情境"的明确表达。

运用于语文,如:

　　文眼是我国散文创作的经验总结,《荷塘月色》的文眼是什么?为什么?(问题)请结合文本,从结构营建、景物描写、情感抒发等方面予以分析说明(解决标准)。

本例的"问题情境"就是《荷塘月色》课文,"问题"是找出文眼、分析说明"为什么",并从三个方面规定了"解决标准"。注意,这里的"问题"可以是辐合的(求固定答案)、发散的(求多样答案)。能引发文学作品个性和多元解读的"问题",最好是发散的,即结构不良的、答案开放的问题,问题要有足够的思维含量,足以引发学生的知识学习和运用。"解决标准",可以是要求运用的知识,可以是问题解决的方法,可以是问题解决的满意程度。此外还要注意"问题"的量,以我们的实践经验,学习一篇课文的问题解决目标,要有全局性的主干问题(一般不超过3个),研读时再将主干问题分解为若干问题。

3. 问题解决目标的适用。 问题解决目标之长可以补行为目标之短。艾斯纳认为,问题解决目标使学生"将带着更大的兴趣投入问题的解决"。尽管

---

① 李镜流.教育心理学新论[M].北京:光明日报出版社,1987:101.
② E.W.艾斯纳.教育想象:学校课程设计与评价[M].李雁冰,主译.北京:教育科学出版社,2008:122.

"如何更为有效地查明吸烟到底会有多大危害?"完全可以写成"能用证据证明吸烟的危害性"或"通过撰写研究方案,并实施该方案,证明……",但是它将减损学生"更大的兴趣投入"。因此,"在认知灵活性中,在智力开发中,在高级脑力劳动中,问题解决目标的使用是一种额外的补充"[1]。如施良方《课程理论》所说"这类目标不是把重点放在特定的行为之上,而是放在认知灵活性、理智探索和高级心理过程上"[2]。这种目标最适合高阶认知能力的培养,就语文学科来说,宜于陈述培养鉴赏评价、探究等高层次能力的目标。

值得一提的是,适用问题解决目标,可以借助"抛锚式教学"的研究成果。抛锚式教学与支架式教学、随机进入教学,同为建构主义教学设计模式中的使用策略,它以真实事例或问题为基础(作为"锚"),也称为"实例式教学"或"基于问题的教学",一般包括创设情境、确定问题、自主学习、协作学习、效果评价等环节。"创设情境"和"确定问题"处于抛锚式教学的"目标"地位,"自主学习"和"协作学习"处于教学的"实施"阶段,"效果评价"需要借助问题解决的"标准"。如将语文实践活动分阅读与鉴赏、表达与交流、梳理与探究,那么问题解决目标于阅读与鉴赏、梳理与探究等最为适用。

五、表现性活动:广泛适用于语文综合性、实践性活动

艾斯纳为我们提供的第三种目标,不以"xx 目标"出现。他认为,目标未必先于活动,它们可以在行动自身的过程中规划[3]。"表现性活动"(expressive activity)目标模式,应明确规定学生参加的活动及情境,但不精确规定学生应从这些活动中习得什么。这种目标模式,教学设计的重要任务是设置表现性活动,让学生参与到那些活动中去,以求产生大量有效的以及具有教育价值的成果,即"表现性结果"(expressive outcomes)。

1.对"表现性活动"的基本认知。 何谓"表现性活动",学界还缺乏公认的解释。艾斯纳认为,"任何活动,只要是能够引发惊奇、培养发现能力和寻求

---

[1] E.W.艾斯纳.教育想象:学校课程设计与评价[M].李雁冰,主译.北京:教育科学出版社,2008:124.
[2] 施良方.课程理论:课程的基础、原理与问题[M].北京:教育科学出版社,1996:88.
[3] E.W.艾斯纳.教育想象:学校课程设计与评价[M].李雁冰,主译.北京:教育科学出版社,2008:125.

新的经验形式,其特征就都是表现性的"[1]。格兰特·威金斯曾列举智力表现的种类,可为我们理解表现性活动提供参考,见表2-3[2]:

表 2-3 智力表现的种类

口头	演讲、背诵、扮演、报告、模拟、劝告、提议、讨论、指挥、辩论
书面	短文/分析、描述、诗歌、书信、讲稿、日志、评论、提议、法律/政策、叙述、报告、计划
展示	演示、艺术的表现媒介、艺术的视觉媒介、图解/图表、表格、电子媒介、广告、展览、模型、蓝图

钟启泉、崔允漷主编的《新课程的理念与创新》将"表现性目标"与"结果性目标""体验性目标"并列为课程标准三种基本的目标陈述方式,厘定了复制与创作两个目标水平(参考本章第4节)。尽管他们认为,这种方式主要用在艺术类课程,但语文课程有其与艺术类课程(其核心素养包括艺术感知、创意表达、审美情趣、文化理解)相通的特质,可为我们理解"表现性活动"提供参考。

2. **表现性活动的陈述。** 先看施良方先生的《课程理论》在介绍这一目标模式时所举之例[3]:

◎在一个星期里读完《红与黑》,讨论时列出对您印象最深刻的五件事情。

◎考查和评估《老人与海》的重要意义。

◎参观动物园,讨论在那里看到的最有趣的几件事。

从上述三例看,我们可以提炼这一目标模式的基本陈述方式,它由两部分构成:表现性活动+活动要求。如第一例"读完《红与黑》,讨论"是"表现性活动","在一个星期里""列出对您印象最深刻的五件事情"是活动要求。

按此,用表现性活动陈述《荷塘月色》,示例如下:

《荷塘月色》堪称"白话美文的经典之作",那么"美"在何处呢?在阅读全文的基础上,自选一个你认为最"美"的点,写一篇500字左右的鉴赏

---

[1] E.W.艾斯纳.教育想象:学校课程设计与评价[M].李雁冰,主译.北京:教育科学出版社,2008:126.

[2] 格兰特·威金斯.教育性评价[M].促进教师发展与学生成长的评价研究项目组,译.北京:中国轻工业出版社,2005:117.

[3] 施良方.课程理论:课程的基础、原理与问题[M].北京:教育科学出版社,1996:88.

小品。

做一个小视频或PPT，用声像和文字表现朱自清笔下"荷塘月色"的意境，在班级交流分享，时间不超过五分钟。（需要学生掌握小视频或PPT制作技术）

以上两例，均是基于"表现"的目标设计。与"表现性活动"相应的评估是"表现性评价"，因而在设计和布置表现性活动时，可一并开发评分规则和表现样例。如此，表现性活动的拓展陈述方式为"表现性活动＋活动要求＋评分规则"，能附上表现样例（如写作时的样例）更好。

3. 表现性活动的适用。 如果说行为目标只适合于掌握知识、技能等低认知水平的活动，那么表现性活动则适用于具有动态性、创造性的高认知水平活动。表现性活动切合语文工具性、人文性的特点，可广泛运用于听说读写做等综合性、实践性活动。我们认为，有的表现性活动（如上例做小视频或PPT）未必适合于当今的应试教学，却能实现语文课程的本质和价值的回归。

近几年来，我们曾广泛运用"表现性活动"陈述目标。其中不仅包括演讲、辩论、课本剧写作和表演、读书报告会等传统语文活动，还运用于综合性学习、选修课程的教学，如撰写《论语》《史记》探究小论文、创作小小说等。

六、三类目标互为补充，各有所长

我们需要把行为目标、问题解决目标、表现性活动视为互为补充的关系，而不是互为对立面。至于具体采取什么形式的教学目标，这取决于课程所要解决的具体问题。就一般而言，若重点放在掌握基础知识、低阶能力上，行为目标比较有效；若要培养学生语文鉴赏评价与探究能力，问题解决目标比较有效；若要组织具有综合性、实践性的语文活动，表现性活动最为适合。

施良方先生在介绍"行为目标""展开性目的""表现性目标"后，曾有一段经典的评述："每一种目标形式在解决某类问题比较有效的同时，也都产生了一些难以避免的副作用。我们不可能像在超市里购物那样，只挑选对我们有用的东西。这些目标取向的优缺点是并存的，而且支撑各种目标取向的哲学、心理学和社会学的基本假设是有矛盾的，甚至是有冲突的。所以，在采取某些课程目标形式时需要特别注意扬长避短的问题。"[1]

---

[1] 施良方.课程理论：课程的基础、原理与问题[M].北京：教育科学出版社，1996：88.

对此,课程标准制定参与人、华中师范大学雷实教授也说:"在确定语文教学目标时,我们宜将这三者统一起来。……至于展开性目标和表现性目标,则一向被忽视。看看现行中小学语文教材课后思考题就可以发现,绝大多数是封闭性(系指完全按作者、编者意图去理解)的问题,只要求学生按作者或编者的认识作为标准答案来回答。可以说把语文教死了,不应归罪于老师,首先归咎于教材中这类问题的大量充斥和刻板的考试。"[1]

第四节 语文学习目标若干问题的讨论

有必要设置专节,讨论若干问题:一是目标中的动词使用,二是预设目标与生成目标的关系,三是目标的课堂传递。

一、目标中的动词使用

"合格的目标陈述必须一个动词和一个名词(或名词词组)。"此说,一般不会引起语文教师的太多反感。确乎,不管你采用行为目标的哪种模式,或是问题解决目标、表现性活动,要陈述一个目标或活动,总离不开动词的运用。

但是紧跟前说之后的"**应尽量避免用未经心理学界定的动词陈述目标**"则会让你为难了。更让你窘迫的,或许是下面的举例[2]:

> 例如,一本普通高校教材用了9个动词陈述全书的目标,其中"了解"和"掌握"出现的次数最多,分别为20次和18次,"领会"3次,"理解"2次,其余"明确""明晰""懂得""深入理解""学会"各出现1次。这些动词的含义未经教学心理学严格界定,只能传达常识性意义,不能进行任务分析,也难以起到三个导向作用。

"三个导向"就是导学、导教、导测评,这是目标存在的价值。含糊不清的目标陈述,确乎会影响目标的作用。但对语文教师来说,我们习见、习用的"了解""掌握"如果弃而不用,那该用怎样的动词才算经心理学界定的呢?最理想的,当是课程标准能提供目标陈述所用的动词序列。而当课程标准无以提供时,退

---

[1] 雷实.语文学科目标的再认识[J].教育研究与实践,1998(1):4-9.
[2] 皮连生.学与教的心理学(第5版)[M].上海:华东师范大学出版社,2009:199.

而求其次,便是课程与教学理论研究者的成果,如表 2-4[①]:

表 2-4　三类目标使用的行为动词

分类		学习水平	行为动词
结果性目标	知识	了解	说出、背诵、辨认、回忆、选出、举例、列举、复述、描述、识别、再认等
		理解	解释、说明、阐明、比较、分类、归纳、概述、概括、判断、区别、提供、转换、猜测、预测、估计、推断、检索、收集、整理等
		应用	应用、使用、质疑、辩护、设计、解决、撰写、拟定、检验、计划、总结、推广、证明、评价等
	技能	模仿	模拟、重复、再现、模仿、例证、临摹、扩展、缩写等。
		独立操作	完成、表现、制定、解决、拟定、安装、绘制、测量、尝试、试验等
		迁移	联系、转换、灵活运用、举一反三、触类旁通等
体验性目标		经历/感受	经历、感受、参加、参与、尝试、寻找、讨论、交流、合作、分享、参观、访问、考察、接触、体验等
		反应/认同	遵守、拒绝、认可、认同、承认、接受、同意、反对、愿意、欣赏、称赞、喜欢、讨厌、感兴趣、关心、关注、重视、采用、采纳、支持、尊重、爱护、珍惜、蔑视、怀疑、摒弃、抵制、克服、拥护、帮助等
		领悟/内化	形成、养成、具有、热爱、树立、建立、坚持、保持、确立、追求等
表现性目标		复制	从事、做、说、画、写、表演、模仿、表达、演唱、展示、复述等
		创作	设计、制作、描绘、涂饰、折叠、编织、雕塑、拓印、收藏、表演、编演、编写、编曲、扮演、创作等

这是一个普适性的行为动词体系,对语文学科具有借鉴价值。

---

① 钟启泉、崔允漷.新课程的理念与创新:师范生读本(第 2 版)[M].北京:高等教育出版社,2008:74-76.

我们并不赞成"行为动词"的说法。行为主义者所讲的"行为",通常只是指外显的反应,窄化了"行为目标之父"泰勒《课程与教学的基本原理》中的"行为"。泰勒的"行为"包括人的思维、情感以及外显的行动。因此,我们建议,袭用《修订版》的做法,用"动词"(动作行为动词和心理活动动词)①来描述目标,以免误解动词必须"外显的"。

二、预设目标与生成目标

上述讨论的只是预期的学习结果,它不是教学结果的全部。真正的教学结果一定是预设的目标(也有可能改变)加上生成的目标。在课程与教学设计的过程中,教师考虑最多的是预期的学习结果,而不是生成性目标。我们要重视学习目标、活动的预设,这是教学的底线。

但在实际教学中,教师必须充分发挥教学机智,利用生成性课程资源,实现非预期的教学目标。在实际教学中的"生成",有学习目标的生成、课程资源的生成、学习内容的生成、学习策略的生成、学习结果的生成。否则,如布卢姆所说的"没有预料不到的成果,教学也就不称其为一种艺术了"。

目标预设与生成的辩证处理,体现教师的机智和专业深度。死守或拘泥预设的目标,忽视课堂的生成性;或轻视目标预设,一味讲究课堂生成,都是不可取的。因为这会导致教学活动走向极端——要么变成"教师中心",要么变成"学生中心",这都不符合教育教学工作的规律。

三、目标的课堂传递

陈述学习目标,不单是为教师自己的,它需要通过合宜的方式传递给学生,否则目标就失去对学生学习导引、调控、评价的作用。

安德森等的《修订版》[②]和马扎诺等的《有效的课堂教学手册》[③]十分重视目

---

① 汉语一般将动词分为五种:动作动词(如"说、看")、趋向动词(如"上来、回来")、存在动词(如"有、存在")、判断动词(如"是、等于")、能愿动词(如"能够、应该"),其中"动作动词"还可以分动作行为动词(如"说、听")、心理活动动词(如"想、觉得")。见:张静.新编现代汉语(上)[M].上海:上海教育出版社,1980:103-104.

② L.W.安德森,等.学习、教学和评估的分类学:布卢姆教育目标分类学修订版[M].皮连生,主译.上海:华东师范大学出版社,2008:203.

③ 罗伯特·J.马扎诺,等.有效的课堂教学手册[M].杨永华,周佳萍,译.北京:教育科学出版社,2008:138-145.

标传递给学生的过程。综合《修订版》和马扎诺提供的方法,加上我们的理解和实践,可以归纳出八种方法:

1. 目标叙写尽可能具备动词和名词,要用学生能理解的语言去表达;

2. 课堂目标应尽可能是特殊的、有吸引力的,以激发学习热情,目标可以表现为"动词+名词"一般样式,也可以转化为一个有挑战性的问题或一个特殊的任务;

3. 根据需要,可将课堂教学目标视为总目标,并切分为若干子目标,教学活动围绕子目标展开,以最终达成课堂总目标;

4. 课堂教学的目标可与学生协商、对话,课堂教学可从师生合作商订目标开始,以期学生愉快地理解目标并愿意为之努力;

5. 在展示、协商目标时,必要时可以展示给学生评估任务的样例或评分规则等;

6. 课堂目标的理解、协商,可与新课导入、问题和任务展示结合进行;

7. 学期/单元的目标,可以张贴或印发给学生,并作适当的解读;

8. 要留给学生制订个性目标的机会,如在学程纲要上留出能让学生订立个性目标的空白区(必要时用一些句子结构来引导)。

确定了学习目标,教师和学生都知道自己的"罗马"在哪里了,接下去的事儿,便是基于目标的学习活动、基于目标的评价了。

读后反思

教学是一种复杂的、多义的、不稳定的、高度情境化的专业活动(美国麻省理工学院舍恩教授喻之为"泥泞的低洼湿地"),教学又是目标定向的事件。本章从目标的来源、陈述两个视角回答了语文学习目标的"写什么""怎么写"的问题,并讨论了与之相关的三个问题。

读完本章,你有哪些收获,还存在哪些疑问?把它们记录在空白处,并可与同伴分享你的收获和疑问。请你进一步思考下面的问题:

• 有关语文学习目标的框架,本章评述了"三维目标",你能否对其他的框架做点评述? 当然,你可以建构自己的新表述框架。

• 本章评述了"行为目标",你可试着评述"问题解决目标""表现性活动",看这两种目标陈述模式是否需要改进。

你可以深度思考与研究,做一些书面成文的表达。

建议进一步阅读的书目

[1] 崔允漷.有效教学[M].上海:华东师范大学出版社,2009.

[2] L. W.安德森,等.学习、教学和评估的分类学:布卢姆教育目标分类学修订版[M].皮连生,主译.上海:华东师范大学出版社,2008.

[3] 黎加厚.新教育目标分类学概论[M].上海:上海教育出版社,2010.

[4] 皮连生,学与教的心理学(第5版)[M].上海:华东师范大学出版社,2009.

[5] 程红兵,胡根林.高中语文质量目标手册[M].桂林:漓江出版社,2013.

第三章

语文学习活动的设计与实施

读前思考

　　教师上课的理念与我们的完全不同，教师在课堂上不怎么讲课。

　　首先，把学习的任务用多媒体展示出来，或教师板书在白板上，对这节课的学习任务与之前课程相关之处略讲几句，然后发给每个学生一个电脑(Ipad)。接下来，学生对照教师今天给出的任务，就在电脑上查找一些资料，说说笑笑地开始学习，教师就在学生各个小组之间走动，偶尔说几句。最后，教师会对这节课学生存在的问题集中讲一讲（其实不一定有这一步骤）。

　　不一定每节课都是这样，但大体上，学生在课堂上自己学的多，教师主要是任务设计，对有问题的学生个别指导。

上面的文字，引自一位我国高中生的英国游学日记，描述的是一堂化学课。让我们花几分钟时间，借此思考下面的问题：

　　• 与中国常见的课堂状态比较，你从这一则游学日记中看出英国中学课堂的哪些特色？

　　• 如果我们的语文课堂也常常这样做，你设想一下，你的阅读、写作、综合性学习教学将如何设计与操作，能确保学习目标的达成？

本章从勾勒"语文学习活动"一般要求开始，然后分别就阅读、写作、综合学习的活动设计与实施，结合案例进行介绍。

第一节　语文学习活动的概述

"读前思考"——游学日记描述的场景,随着我国与域外交流的不断发展,早就证明这不是孤例。数学、物理、化学等学科的课堂,尚且将大部分时间"让渡"给学生,理应在实践中学习的语文课,难道还不能放弃喋喋不休的讲授、琐琐碎碎的问答吗?语文教师似乎可以先行一步,从传统课堂中抽身而出。

一、我国传统课堂存在的问题

无须用太多的笔墨来描述中国传统课堂,《中国教师报》编辑梁恕俭的博文《传统课堂的十大弊端》已对其弊端做了深刻而清晰的揭示[①]:

单调的"标准化"导致故步自封;统一的"程式化"导致创新匮乏;纯粹的"应试化"导致枯燥乏味;极端的"功利化"导致压抑人性;流行的"填鸭式"导致疲于应付;"重结果轻过程"导致舍本逐末;"重教法轻学法"导致南辕北辙;"重灌输轻探究"导致浅尝辄止;"重教材轻学生"导致兴趣丧失;"重知识轻能力"导致眼高手低。

或曰我国课堂有授受、导学和对话三种范式。确乎,我国语文教师习惯于"授—受型"教学,采用"师—生"信息传递方式,视学生为"听者""模仿者""接受—理解者",而不是"知识的建构者"。学者郑太年称之为"异化的学习",认为其严重的后果就是怀特海(A. N. Whitehead)所说的:"'呆滞的思想'——这种思想仅为大脑所接受却不加以利用,或不进行检验,或没有与其他新颖的思想有机地融为一体。"[②]

这种课堂形态的效果无须多言。试想,一年、两年、三年都在语文教师主导的课堂里,就算是"审美",安有不疲劳的可能?怪不得,我们要勉励学生"学海无涯苦作舟"了。其实,语文教师何尝"乐"过?!

[①] 梁恕俭.传统课堂的十大弊端[DB/OL].
([2010-10-25][2015-07-23])http://blog.sina.com.cn/s/blog_565f618e0100mjxr.html

[②] 怀特海.教育的目的[M].徐汝舟,译.北京:三联书店,2002:2.

二、教师要封住自己的嘴：以"学的活动"为基点的教学

如果文字记录与实际状况一致，从《论语》"不愤不启，不悱不发。举一隅不以三隅反，则不复也"和《学记》"善教者，使人继其志。其言也，约而达，微而臧"等推测，孔子当时授徒大约是不会口干舌燥的。

"教育史上的哥白尼"——捷克教育家夸美纽斯（Jan Amos Komensky，1592—1670)在《大教学论》题记上，认为该书"主要目的在于寻求并找出一种教学的方法，使教员因此可以少教，但是学生可以多学，使学校因此可以少些喧嚣、厌恶和无益的劳苦，多具闲暇、快乐和坚实的进步"[1]。

据传，1999年8月25日，新基础学校第一次教学研讨会上，华东师范大学叶澜教授曾说："课堂上，教师要封住自己的嘴，让自己少说一点，留出时间和空间给学生。"大教授的大实话，通俗而深刻。于是，有人感叹：有一种爱叫作放手，让学生成为课堂主角。

教师封住了自己的嘴后，应该做什么呢？王荣生教授提出要开展以"学的活动"为基点的教学[2]。"学的活动"就是"学习活动"，开展以"学的活动"为基点的教学，这是由语文课程的实践性乃至教育的本质所决定的。法国自然主义教育家卢梭说："我们只主张我们的学生从实践中去学习。"[3]杜威曾指责传统的学校是"静听的学校"，主张开展有利于儿童生活的各种类型的活动，他的"从做中学"思想影响着整个20世纪。我国教育家陶行知先生主张"教学做合一"，深得杜威的真传，是我国提出"活动教学"的奠基人。

钟启泉教授坚信，在课堂中一旦引进三种活动——学生作业自主活动、小组讨论、全班交流分享，就一定能够打破教师一言堂的格局，给予学生活动与思考的时间，形成活动式学习、合作式学习、反思性学习[4]。其实，学者的观点已融入课程标准，《义务教育2011年版》提出"给学生创设语文实践的环境，开展多种形式的语文学习活动"，《普通高中2017年版》有着更多类似的表达。

---

[1] 夸美纽斯.大教学论[M].傅任敢,译.北京:教育科学出版社,1999.
[2] 王荣生.以"学的活动"为基点的教学[J].教育科学论坛,2009(12):17-18.
[3] 卢梭.爱弥儿[M].李平沤,译.北京:商务印书馆,2015:123.
[4] 钟启泉.课堂研究[M].上海:华东师范大学出版社,2016:107.

三、语文学习活动：内容与类型

《普通高中 2017 年版》厘定了语文学科核心素养并揭示其内在关系：

> 语言建构与运用是语文学科核心素养的基础，在语文课程中，学生的思维发展与提升、审美鉴赏与创造、文化传承与理解，都是以语言的建构与运用为基础，并在学生个体言语经验发展过程中得以实现的。

依照夏特(Kathy G. Short,1997)的观点，语文课程包括学习语言、关于语言的学习、通过语言来学习三个组成部分[①]。"语言建构与运用"素养，与"学习语言"(具有实践意义的听、说、读、写的语言运用)、"关于语言的学习"(有关语文知识与策略)相应，而思维、审美、文化等素养与"通过语言来学习"相应。

有关核心素养的获得，《普通高中 2017 年版》有多处表达且前后一致，如"学科核心素养与课程目标"：

> 通过阅读与鉴赏、表达与交流、梳理与探究等语文学习活动，在语言建构与运用、思维发展与提升、审美鉴赏与创造、文化传承与理解几个方面都获得进一步的发展。
>
> 语文学科核心素养是学生在积极的语言实践活动中积累与构建起来，并在真实的语言运用情境中表现出来的语言能力及其品质。

在《普通高中 2017 年版》中，"阅读与鉴赏、表达与交流、梳理与探究"作为"语文实践""语文实践活动""语文学习活动""学习活动""语文活动"的方式被提及 12 次，可以确认为是除"学科核心素养"外的"大观念"[②]。

需要注意的是，"阅读与鉴赏、表达与交流"即为《普通高中实验版》提及，"梳理与探究"是《普通高中 2017 年版》新增的。"阅读与鉴赏、表达与交流、梳理与探究"仅仅是学理上的一种处理。在语文教学实践中，依据不同的分类标准，语文学习活动有不同的划分，比较普通的有[③]：

---

① 转引自：倪文锦，谢锡金. 新编语文课程与教学论[M]. 上海：华东师范大学出版社，2006：82.
② 学习科学通过对"专家与新手"的比较研究发现，专家的知识不仅仅是对相关领域的事实和公式的罗列，相反它是围绕核心概念或"大观点"(big ideas)组织的，这些概念和观点引导他们去思考自己的领域。既然专家的知识是围绕重要观点或概念来组织的，这就意味着课程也应按概念理解的方式组织。参见：约翰·D. 布兰思福特，等. 人是如何学习的：大脑、心理、经验及学校(扩展版)[M]. 程可拉，等，译. 上海：华东师范大学出版社，2013：33，37.
③ 林荣凑. 高中语文学习活动的设计与实施[M]. 北京：科学出版社，2014：12-17.

1."课堂—课外"维度,有课堂学习活动、课外学习活动;

2."方式或能力"维度,有读、写、听、说四种类型;

3."口头—书面"维度,有口头活动(听、说)和书面活动(读、写);

4."单一—综合"维度,有单纯地听、说、读、写和四者之间的结合;

5."个人—合作"维度,有个人学习、合作学习、共同体学习;

6.活动性质维度,有认知型、体验型、探究型,或语言实务运用(通常称为"语文运用")、审美运用、探究运用,等等。

方式或能力维度的分类——听、说、读、写,既是四种言语实践类型、活动方式,也是四种言语能力。将"听说读写"视为语文核心能力的,不独是中国。1983年美国在《国家在危急中》的报告中,提出中学英语的教学应该使毕业生具备:(1)理解、解释、评价和使用他们阅读过的东西;(2)写作结构严谨、有力度的文章;(3)顺利地倾听并颇有见解地讨论一些观念;(4)理解我们的文学遗产,以及这些遗产如何增强想象力和对伦理的理解,它怎样与今天生活和文化中的风俗习惯、观念和价值发生关系[1]。前三条正是读、写、听与说。

美国加州也将学生成为"流利的阅读者、熟练的写作者、自信的演讲者和积极思考的听众"视为英语学习最基本的素养。美国宾夕法尼亚州制定的《阅读与写作学术标准》、密苏里州堪萨斯制定的《英语课程标准》,还有英格兰及威尔士地区《英语教学大纲》、韩国的高中母语课程,你会发现异乎寻常的一致,均关注读、写、听、说等母语核心能力。正如斯卡特金指出的,与数学、历史、地理等其他科目不同,语文科(subject)所对应的不是一门或几门学科(discipline),而是听说读写的活动[2]。联合国教科文2013年给"文字沟通"做的解释是"能在社会生活世界中运用第一语言进行交流,包括听、说、读、写,并能听懂和读懂各种媒体的语言"(参见本书第一章,正与此相应)。

《义务教育2011年版》延续了实验稿的分类,每一学段目标与内容均按识字与写字、阅读、写作(写话、习作)、口语交际、综合性学习等学习领域来陈述。《普通高中2017年版》之所以强调"阅读与鉴赏、表达与交流、梳理与探究",是为重建课程组织方式——学习任务群的需要,它没有放弃"听、说、读、写"。如

---

[1] 巢宗祺,雷实,陆志平.《普通高中语文课程标准(实验)》解读[M].武汉:湖北教育出版社,2003:2.

[2] M.H.斯卡特金.现代教学论问题[M].张天恩,译.北京:教育科学出版社,1982:31.

同《义务教育 2011 年版》,《普通高中 2017 年版》明确表述:"语言文字的运用,包括生活、工作和学习中的听、说、读、写活动以及文学活动。"句中"听、说、读、写活动"与"文学活动",按本意为并列关系,即实用与非实用(文学)[①];也可理解为包含关系,即听、说、读、写活动包括实用的、非实用的(文学)两种适用情境,因为文学活动也离不开听说读写。不管哪种理解,均可作为"听说读写"为语文核心活动与能力的旁证。或许有鉴于此,褚树荣老师用图 3-1 表明核心素养与语文学习活动的关系[②]:

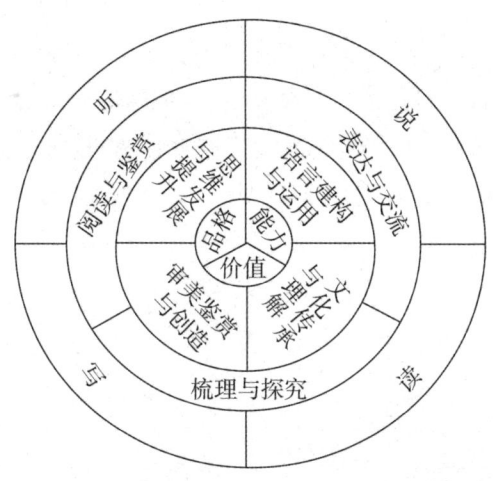

图 3-1 核心素养与语文学习活动的关系

为兼顾义务教育、普通高中语文教学,尊重语文教学的传统习惯,综合考量活动实施的重点以及策略等,本章第二至第四节,分论阅读、写作、综合性学习的设计与实施。为便于大家理解,略作说明。

从实践的情况看,义务教育阶段"识字与写字"已积累了丰富的经验,但义务教育阶段的"阅读""写作(写话、习作)",高中阶段的"阅读与鉴赏(阅读)"和"书面表达与交流(写作)"依然是重点与难点所在。"阅读""写作"内在机理、设计与实施策略也有较大的不同,这就是本书安排阅读、写作的缘由所在。

义务教育阶段的"口语交际",高中阶段的"口头表达与交流",不仅是听、说

---

① 夏丏尊先生"文章普通有两种体式,一是实用的,一是趣味的",其分类与此同。参见:夏丏尊.夏丏尊教育名篇[M].教育科学出版社,2007:110.
② 褚树荣.《普通高中语文课程标准》亮点管窥[J].语文学习,2018(1):39.

的结合,也需要与读、写等结合。杜威曾说:"我们并没有所谓的一般的看、听或记忆的能力;我们只有看、听或记忆某种东西的能力。离开训练所用的材料,一般的心理的和身体的训练全是废话。"①因而"口语交际"其实是一种狭义的"综合性学习"。"梳理与探究"如同"口语交际"无法脱离具体的材料,且和阅读与鉴赏、表达与交流相联系,在各学习任务群中都有体现,其实施操作,也是一种"综合性学习"。基于此,我们将义务教育阶段的"口语交际""综合性学习",高中阶段的"口头表达与交流""梳理与探究"合置为"综合性学习"。

四、语文学习活动:设计与实施的学理

课标修订组郑桂华老师说:"理解积极的语言实践活动的特点,掌握一些学习情境、学习任务、学习活动设计的基本原则和技巧,也应该是一线教师的基本能力。"②我们试着从学理入手分析,以便读者更大程度地运用与生成。

首先,不能为活动而活动,学习活动设计与实施的合理性,取决于学习内容的特点、学习者的特征与学习过程的目标,以及相应的评价,此可从詹姆士·金肯斯(James Jenkins)"学习的四面体模型"③清楚认知,如图3-2。

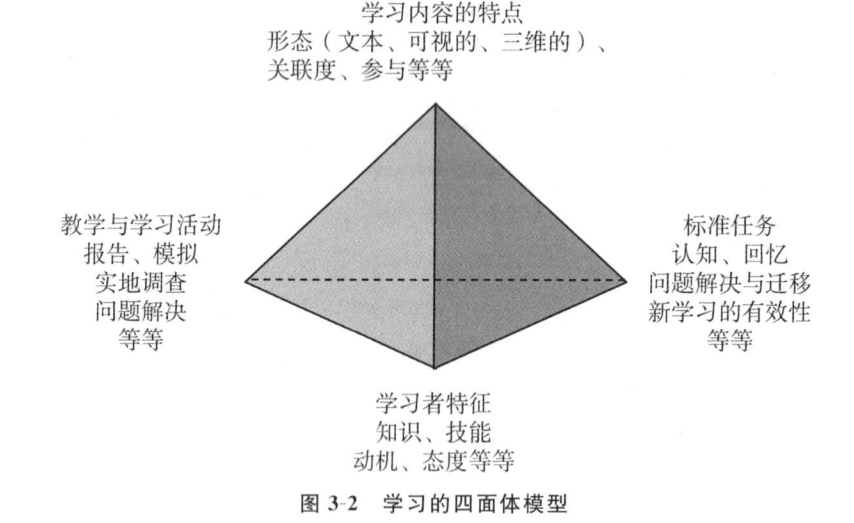

学习内容的特点
形态(文本、可视的、三维的)、
关联度、参与等等

教学与学习活动
报告、模拟
实地调查
问题解决
等等

标准任务
认知、回忆
问题解决与迁移
新学习的有效性
等等

学习者特征
知识、技能
动机、态度等等

图3-2 学习的四面体模型

---

① 约翰·杜威.民主主义与教育[M].王承绪,译.北京:人民教育出版社,1990:69-70.
② 郑桂华.理解并开展"积极的语言实践活动"[J].语文学习,2018(1):12.
③ 琳达·达林-哈蒙德,等.高效学习:我们所知道的理解性教学[M].冯锐,等,译.上海:华东师范大学出版社,2010:4.

日本学者欢喜隆司曾说:"借助活动理论把握人格及其发展;借助活动理论推进教育与教学的重建。——这就是现代教学改革最适当的方策。"①美国的乔纳森(David H. Jonassen)也指出:"在大多数组织境脉中,教学设计是一个丰富的社会文化过程,用活动理论去理解教学设计要大大强于用分析程序图表的方法。"②设计与实施语文学习活动,"活动理论"不可不知。

"活动理论"源于康德和黑格尔的古典德国哲学、马克思的辩证唯物主义和维果茨基、列昂节夫、鲁利亚等俄国心理学家的社会文化和社会历史传统。芬兰学者恩格斯托姆(Y. Engestrom)对活动理论进行了研究并加以发展,认为活动理论分为三代。第一代(即维果茨基、列昂节夫)认为人的心理发展,是在人与人(主体)之间、在完成某种活动(对象)的过程中、通过中介或工具(机器、书面文字、口头语言、手势、建筑、音乐等)发展起来的。

恩格斯托姆拓展了第一代活动理论,使对活动的分析能够在集体和共同体的宏观层面上进行,并在理论架构中增加了规则、共同体和分工这三个重要的社会要素,从而凸显个体与共同体的互动,如图 3-3③。

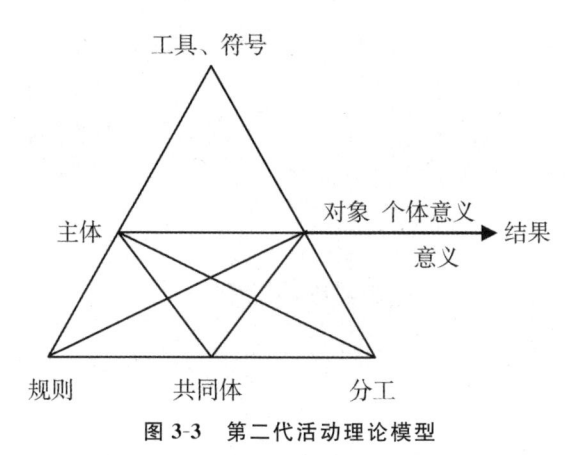

图 3-3 第二代活动理论模型

第二代活动理论对文化的多样性缺乏敏感性,并没有注意到不同文化、不

---

① 钟启泉.学科教学论基础[M].上海:华东师范大学出版社,2001:244.
② 戴维·H.乔纳森.学习环境的理论基础[M].郑太年,任友群,等,译.上海:华东师范大学出版社,2002:92.
③ 戴维·H.乔纳森.学习环境的理论基础[M].郑太年,任友群,等,译.上海:华东师范大学出版社,2002:169.

同观点之间的对话问题。为此,恩格斯托姆在反思学校封闭状态造成的种种弊端的基础上,提出以"学习者集体"和"高级学习网络"来超越学校制度的限制,从而发展出第三代活动理论,如图 3-4①,以强调学习过程中对象和动机的协商与转换、不同观念和声音的碰撞等。

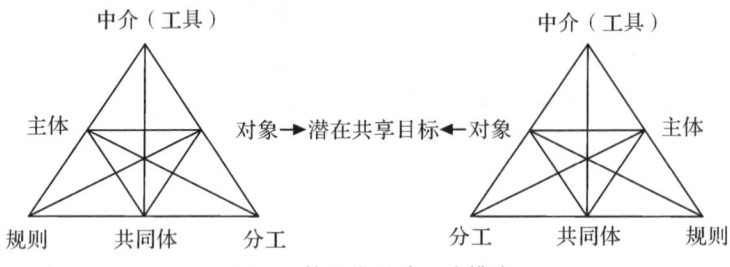

图 3-4 第三代活动理论模式

用第三代活动理论来建构崭新的语文学习活动,以改变"异化"学习的状况,已为课程标准所注意。《普通高中 2017 年版》引入"共同体"概念,提及"各类语文学习共同体(如文学社团、新闻社、读书会等)""教学共同体""学习与评价的共同体"等。为此,在构建语文学习活动时,我们应当注意:(1)共享的愿景,学生基于自己的基础和经验的语文能力发展;(2)丰富的活动,学生作为共同体成员,全员、全程参与学习活动;(3)民主的规则,在学习活动的目标与任务体系、参与体系、奖励体系中,行为和学习体现社会公平;(4)广泛的身份认同,成员既有自我的身份认同,又有共同体的身份认同;(5)良好的人际关系,每个成员具有充分的安全感②。

五、语文学习活动:设计与实施的模型

现在,再让我们从教学设计的视角思考。美国著名教学设计专家、赛布鲁克研究生院巴纳锡(Banathy)教授,从研究聚焦点、研究范围及与其他系统的关系等,概括了四种教育系统模式,其一就是"学习活动系统"③:

1. 学习目标:学习结果陈述的是学习者知道和将能够做到的内容。这种陈述用来指导学习者以及辅助学习者的人。

---

① 于璐.恩格斯托姆的活动理论[J].北方文学,2012(1):224.
② 林荣凑.语文学习共同体研究[J].浙江教育学院学报,2009(1):70-75.
③ 裴新宁.面向学习者的教学设计[M].北京:教育科学出版社,2005:169-170.

2.学习者地位:学习者参与到指导他们自己的学习以及评价他们自己的进步的活动中。他们参与自己学习任务的选择。学习者直接参与且在学习阶段成为主要演员。教师管理学习资源,成为学习活动的给养。

3.活动安排:学习者被提供了多种学习经验来选择。不同的学生可以获得不同的学习条件和不同类型的学习安排,包括自主学习、有指导学习、合作学习、个别辅导、使用技术等。

4.任务场景:学习者在最适于完成特殊学习任务的场景中工作,如有时自学,有时在实验室学,有时在小组里,有时在大组里。

5.学习评价:学习者的进步,主要由自己和小组评价以及学习管理者(如教师或其他学生领导)的意见判定。学习者对他们自己的学习拥有更多的责任,评价主要用于激励。

这五个方面,可为我们建构"学习活动"的模型提供有力的参考。为便于语文学习三个核心领域(阅读、写作、综合性学习)活动的设计与实施,需要建立一个运行模型,如图 3-5[①]。下面就该模式关键点做一简单说明。

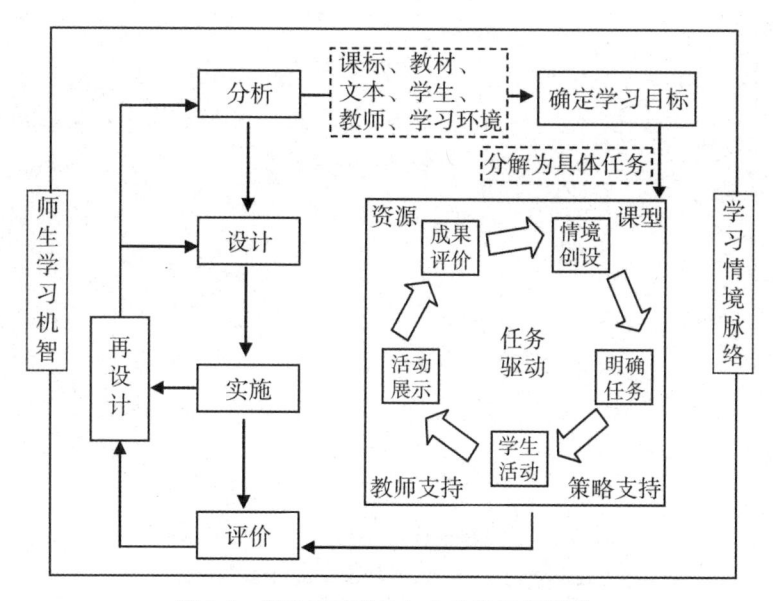

图 3-5 学习活动设计与实施的运行模型

1.分解任务,形成任务链条。 在"目标—活动—评价"中,要将"目标"转

---

① 林荣凑.高中语文学习活动的设计与实施[M].北京:科学出版社,2014:22.

换与分解为"任务",这是活动设计的关键。操作时要注意:(1)根据"学生学的思路"确定达成目标的诸任务;(2)目标与活动的对应关系,包括一(1个目标)对一(1个任务)、一对多、多对一以及实现高价认知目标时的多对多等;(3)任务的多寡,一般一节课以2—3个为宜;(4)明确任务间的关系(并列、递进及其他关系),成为任务链条(或学习项目)。另需注意,采用"表现性活动/任务"模式叙写目标而又无须分解时,可略过转换与分解。

2. 由任务驱动学习活动。 为完成一个任务的活动,在课堂教学中体现为一个教学环节。一课时完成2—3个任务,就意味着2—3个环节(或称为块状教学),外加导入、总结,一般不超过5个,否则会使学习活动零乱、浅表化、碎片化。学习活动的展开,就是"任务1→任务2→任务3"的阶段性推进。

3. 每个任务是一个自足的学习活动。 图3—5中呈现的"情境创设→明确任务→学生活动→活动展示→成果评价",就是这样一个自足的学习活动。"情境创设"是为了激发学生的动机,或为了设置具有表现性的任务,或展示预期学习结果可能的形态,可只在"任务1"前(位于"导入",为几个连续任务的总情境)使用,而任务之间可用其他方式过渡。

4. 课型选择,要依据"任务"性质。 阅读、写作、口语交际,基于问题的学习、项目学习、抛锚式学习……其活动的表现各有不同,因此并不能拘泥于图中示例的这一种课型。基于核心素养的语文教学,更强调"项目设计",此举可避免"课时主义"学习内容、学习过程的碎片化。

这里需说明"情境创设"。《普通高中2017年版》强调核心素养的形成、发展、表现和测评都要借助"真实的语言运用情境"(真实、富有意义的语文实践活动情境)[①]这一载体。如何理解"真实的"?格兰特·威金斯等对"真实世界的问题"作了这样的解释:"我们为学生设计的问题应该尽可能地接近学者、艺术家、工程师或其他专家人员将要面对的问题情境。"

---

① 《普通高中2017年版》的"语文实践活动情境"分三类:个人体验情境、社会生活情境和学科认知情境。就阅读来说,国际教育成就评价协会的国际阅读能力进展研究项目(PIRLS)将阅读情境分两类:为文学体验而阅读、为获取实用信息而阅读。PISA阅读评估区分四类情境:个人的阅读(个人阅读)、用于公众的阅读、用于工作的阅读(职业阅读)、用于教育的阅读。欧洲语言共同体参考框架将语言应用的领域分个人的、公共的、职场的、教育的,与PISA分类相同,参见:欧洲理事会文化合作教育委员会.欧洲语言共同体参考框架:学习、教学、评估[M].刘骏,傅荣,主译.北京:外语教学与研究出版社,2008:48.

语文学习活动提倡将学习者置于真实的生活环境中,而现代学校教育机制下的语文学习则处在一种非真实的语言实践活动模式中,这就构成了一个突出的悖论。郑桂华老师提出一种"平衡之法":

  在不打破学校和课堂为主要学习环境的前提下,通过对学习内容的整合、学习任务的设计以及学习活动的优化,赋予课堂语文学习活动一定的"真实性",使学生的语文学习活动比较接近于社会生活中真实的语言实践活动。……它应该有社会生活中的语言实践活动所具有的突出特点,如情境有真实性、内容是综合的、与学生自己的生活经验紧密联系、服务于语言运用目的等特点;同时,又应该具有课程性或课堂教学组织所需要的特点,如学习内容是经过精心挑选有价值的,学习任务是有焦点、能引起学生认知冲突的,学习过程是整合连贯且有支架或教师指导的,学习结果是能预见或可检测的综合素养。

这种"平衡之法",或可称为"模拟的"。如英国一次全国试题[1]:

  在《罗密欧与朱丽叶》第四幕中,想象你就是朱丽叶,写一篇文章谈谈你的想法和感受,解释为什么你要采取如此孤注一掷的做法。

这种做法,我国语文教师不乏尝试者。如杭州蒋军晶老师让学生读《草房子》,学生家长告诉蒋老师,学生读得一会儿哭一会儿笑的。蒋老师知道后,就请学生给书中某一人物写一封信,这是基于模拟情境的读写结合设计。学生有给敏感而富有同情心的桑桑写的,有给长着一颗秃脑袋、渴望得到别人尊重的陆鹤写的,有给生活在单亲家庭的心思细腻的纸月写的。"看着孩子们写的信,我发现自己也一会儿想哭一会儿又想笑的。"[2]

第二节 阅读活动的设计与实施

  阅读是搜集处理信息、认识世界、发展思维、获得审美体验、积累文化底蕴的重要途径,阅读能力是语文学习能力的主要构成因素。

---

[1] 格兰特·威金斯,杰伊·麦克泰格.追求理解的教学设计(第2版)[M].闫寒冰,等,译.上海:华东师范大学出版社,2017:111.
[2] 蒋军晶.课堂打磨[M].北京:北京师范大学出版社,2009:143.

一、阅读的一般过程和阅读理解的条件[①]

阅读有广义、狭义之分。广义的阅读，是指人们用于获取文本内容的阅读，如人们每天看报、阅读杂志及书籍；狭义的阅读，是指中小学生在语文学科上的阅读，包括课内阅读与课外阅读。这里所谈的，主要是狭义的阅读。

心理学家认为，阅读过程中有两种加工：一是自下而上的加工，二是自上而下的加工。前者，音形刺激的感知激活学习者认知结构中所储存的字、词、句的意义，从而感知文本中每一个字、词和句子，从句意到段意和篇的意义。后者，学习者通过感知部分课文信息，如大标题、小标题或开头、结尾的关键句子，便能激活认知结构中有关篇章结构的图式，利用篇章结构图式预测文本内容，补充某些文本中未直接交代的部分内容，从而迅速理解文本。

一般来说，学生在学习语文课文时，会反复从事这两种形式的加工。当阅读能力较低或遇到比较陌生的课文时，前一种加工为多。

从现代认知心理学的广义知识观来看，阅读理解有三个条件：(1)有关文本内容的知识，即所谓的生活或百科知识；(2)通过对字、词、句的解码从中获得意义的技能，这是阅读基本技能，可在短时间内学会并达到自动化；(3)理解作者的思路、构思与表达技巧的技能，这是阅读高级技能，不能在短时间内学会且很难自动化。

按此，组织阅读活动以发展学生的阅读能力，就应包括三个方面：(1)丰富学生的生活内容，包括参与社会生活获得的和通过阅读间接获得的；(2)获得语文基本技能，即通过某一特定文本的阅读掌握一些字、词或句式，日积月累，技能逐渐自动化；(3)获得语文高级技能，这种技能属于认知策略和元认知能力范畴，受儿童认知发展阶段制约，且伴随儿童思维发展逐渐形成。

二、有关阅读能力构成的讨论

培养学生的阅读能力，特别是阅读高级技能，应成为阅读活动的核心。然而，如叶圣陶先生所说，"写作程度有迹象可寻，阅读程度比较难以捉摸"，阅读的能力层级、发展梯级难以科学而清晰地加以描述，自然也是众说纷纭。

---

① 皮连生.学与教的心理学(第5版)[M].上海:华东师范大学出版社,2009:108-109.

有关阅读能力的本质与构成,从已有的研究成果来看,大致有四种观点:阅读能力即阅读的知识;阅读能力即阅读的技能和策略;阅读能力即阅读知识与阅读智力活动的结合;阅读能力是一般能力和特殊能力的综合。

这里,我们试将章熊①、龙剑明②、程翔③、美国"国家教育进步评价"(NAEP)阅读评价框架④、经济合作与发展组织(OECD)组织的"国际学生评价项目"(PISA)阅读素养测试⑤等有关阅读能力、层次等构架做一个对应性列举(对应只是大致的),见表3-1:

表3-1 几种阅读能力、层次构架的比较

章熊	龙剑明	程翔	美国NAEP	PISA阅读
一、认知能力 二、筛选能力	一、认读感知	一、习惯,积累和了解	一、整体感知	一、信息定位(访问和检索文本信息;搜索和选择相关文本)
三、阐释能力	二、推理解释	二、体验,感悟和揣摩	二、形成解释	二、文本理解(形成文本整体理解;整合和解释、推论)
四、组合能力				
五、鉴赏、评价、创造能力	四、质疑探究	三、评价,鉴赏和探究	三、联系自身	三、评价与反思(评价质量和信度;反思内容和形式;发现和处理冲突)
	三、评价鉴赏		四、作出评价	
	五、拓展应用			

表3-1所列的构架,各家均有其阅读学、解释学的学理基础,有其合理性和教学、评估的操作性。将我国学者的构架与美国NAEP、PISA的构架比较,还

---

① 章熊.中国当代写作与阅读测试[M].成都:四川教育出版社,2000:306-310.
② 龙剑明.中学生阅读能力层级体系及评定系统[J].贵阳学院学报(社会科学版),2010(3):110-116.
③ 程翔.简述中学语文课堂阅读教学内容的三个层级[J].现代语文,2004(1,2).
④ 于燕.NAEP阅读评价体系述评[J].中学语文教学,2006(1):3-9.
⑤ 俞向军,宋乃庆,王雁玲.PISA2018阅读素养测试内容变化与对我国语文阅读教学的借鉴[J].比较教育研究,2017(5):3-10.

可发现阅读取向的传统差异,我们比较侧重于阅读鉴赏,而后者比较侧重于解释运用。

我们从阅读过程、能力、层次等综合考虑,吸收上述各家的构架,结合我国语文课程标准的表述,构建了如表3-2的阅读能力与层次框架:

表 3-2　阅读能力与层次框架

阅读层次	基本含义	内容概括	重要评价方式
1.认读感知 (是什么—初步理解)	对文章的字词句、内容、观点的最初的直接的理解,属于复述性理解。	(1)对词句语义的辨析;(2)迅速捕捉关键性词、句、段,以求获取最基本的信息和一般的理解。	1.选择式反应:选择题,正误判断题,匹配和填空题
2.阐释整合 (为什么—深度理解)	根据一定要求,将读物的内容转化为自己的语言(解码),属于解释性理解。	(1)挖掘重要词句含义(表层、深层);(2)解释读物各局部与整体的关系(结构、思路等);(3)概括主旨和观点态度(内容要点、中心意思等);(4)对文中信息的筛选和重组。	2.论述式评价:简答题、论述题
3.评价鉴赏 (怎么样—评判理解)	在分析基础上对读物的内容、表达形式鉴别、欣赏和评价,属于评价性和鉴赏性理解。	(1)辨析实用性、思辨性文本的文体特征、主要表现手法和语言特色;(2)鉴赏文学文本的形象、语言、表达技巧等;(3)评价文章思想内容和作者观点态度、价值判断和审美取向。	3.交流式评价:提问、讨论、朗诵、演讲、辩论
4.探究应用 (如何用—实践应用)	超越文本,对读物进行扩展,属于创造性理解和运用。	(1)对某个问题进行探究;(2)对阅读内容和阅读形式的拓展应用;(3)复制或创作。	4.表现性评价:过程、成果

表3-2适合中小学语文教学的各个学段、各种文类,当然各学段、文类的重心并不一致。在实际运用中,依据教材单元序列、文本特征、学情等确定学习目标时,均可有不同阅读层次的追求,因而它是一个普适性的框架。

三、有关阅读类型的讨论

从普适性的框架出发,可以甄别出不同的阅读类型。如"基础性阅读""理解性阅读""检视性阅读""鉴赏性阅读""研究性阅读""批判性阅读"就是一种常见的分类。这种分类既是阅读能力层级的,也是阅读目的和重心的,还可以理解为阅读方法的分类。就一本书的阅读来说,莫提默·J·艾德勒等分为基础阅读、检视阅读、分析阅读、主题阅读[①],是一种方式性的分类。

图 3-6 功能分类模型是一种综合而又侧重于读物内容与阅读目的的分类,可为阅读教学的目标、内容的确定提供思考的支架。

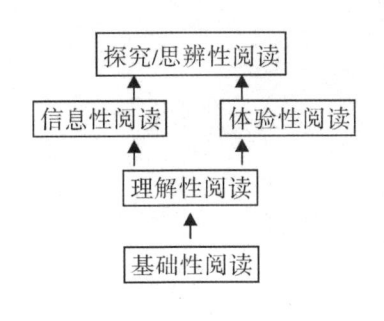

- 探究/思辨性阅读:着眼于问题解决与评断扬弃的研读,是最高能力层次的深度阅读。
- 体验性阅读:着眼于娱乐、审美、鉴赏等个人体验,多用于文学类文本阅读。
- 信息性阅读:着眼于信息的整合、解释和推论,多用于实用类、论述类文本阅读。
- 理解性阅读:着眼于理解文本所传达的意义,形成文本整体理解,是各种深度阅读的基础。
- 基础性阅读:着眼于词句识别,运用或获得基本阅读技能,是所有阅读类型的基础。

图 3-6 阅读的功能分类模型

在基于核心素养的课程语境下,探究性阅读、思辨性阅读(或称为批判性阅读)得到前所未有的重视。两者阅读目的与重心各有不同。探究性阅读,以"问题"为中心,着眼于文本阅读情境中问题的发现、分析与解决;思辨性阅读,以"异议"为特征,着眼于文本阅读情境中文本的分析、评价(我同意、我不同意、我暂缓评论)。

然而,两者均以理解性阅读为基础、指向深度学习,均源于好奇心,如 M·尼尔·布朗(M. Neil Browne)和斯图尔特·M·基利(Stuart M. Keeley)所说,"好奇心促使我们盘桓于发现、创造以及思维的评价功能之间"[②]。在具体的阅读实践中,两者还可能产生"纠缠",探究阅读的结果,或取得对文本意义的通达、与作者意义的一致,或可导向对文本、作者意义的不认同,自然生发评价,从而进入思辨性阅读。

---

① 莫提默·J·艾德勒,查尔斯·范多伦.如何阅读一本书[M].郝明义,朱衣,译.北京:商务印书馆,2004:18-21.
② M·尼尔·布朗,斯图尔特·M·基利.走出思维的误区[M].张晓辉,王全杰,译.北京:中央编译出版社,1994:中译本序言.

不独如此,探究性阅读、思辨性阅读的思维过程,均可借助杜威的思维五步来认知,即"(1)感受到的困难、难题;(2)它的定位和定义;(3)想到可能的答案或解决办法;(4)对联想进行推理;(5)通过进一步观察和实验肯定或否定自己的结论,即树立信念或放弃信念"[①]。具体到阅读,可以简化为"阅读与质疑""搜集与分析""权衡与创造"三个步骤,可从文本、作者与读者三个视角切入,且为此建立了其一般模型,如图3-7。

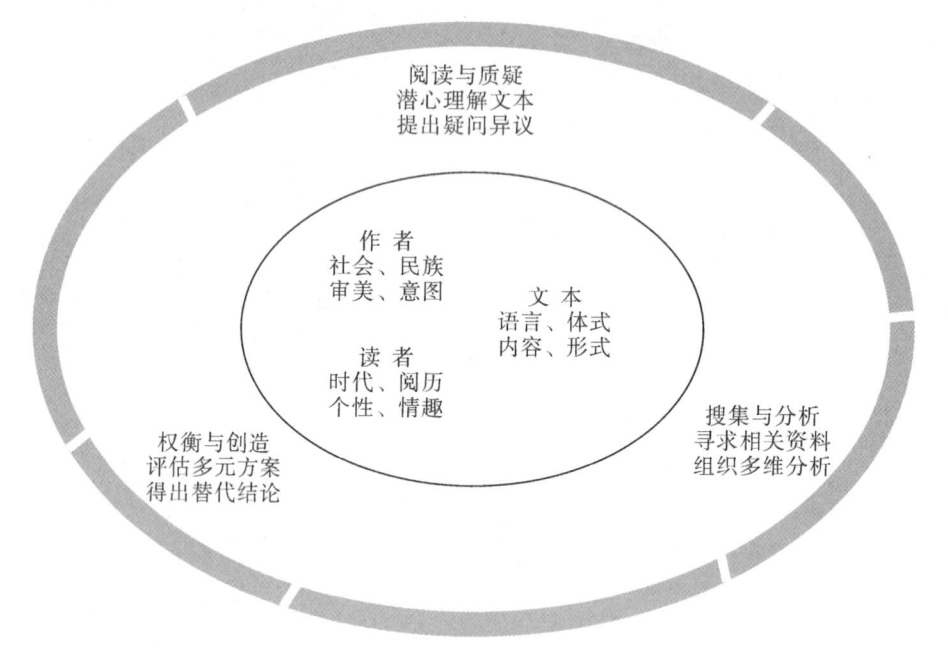

图3-7 探究/思辨性阅读的模型

其中"思辨性阅读与表达"在《普通高中2017年版》中作为学习任务群出现。有关的知识,可参见被称为"美国第一部思维技巧指南"的《走出思维的误区》(原名《批判性思维指南》)。该书开列了包括14个问题的清单,可为思辨性阅读提供引导[②]:

1.问题和结论是什么?

2.理由是什么?

---

① 约翰·杜威.我们如何思维[M].伍中友,译.北京:新华出版社,2014:60.

② M·尼尔·布朗,斯图尔特·M·基利.走出思维的误区[M].张晓辉,王全杰,译.北京:中央编译出版社,1994:13.

3. 哪些词句的意义模糊不清？

4. 价值冲突和假设是什么？

5. 描述性假设是什么？

6. 证据是什么？

7. 抽样选择是否典型，衡量标准是否有效？

8. 是否存在竞争性假说？

9. 统计推理是否错误？

10. 类比是否贴切中肯？

11. 推理中是否存在错误？

12. 重要的信息资料有没有疏漏？

13. 哪些结论能与有力的论据相容不悖？

14. 争论中你的价值偏好如何？

以上思辨性阅读的问题清单，适用于各类文本，但最适合论述类文本与实用类文本的阅读。更多相关知识，请参阅董毓的《批判性思维原理和方法：走向新的认知和实践（第2版）》[1]、莎伦·白琳（Shason Bailin）和马克·巴特斯比（Mark Battersby）的《权衡：批判性思维之探究途径》[2]、理查德·保罗（Richard Poul）和琳达·埃尔德（Linda Elder）的《批判性思维工具（修订扩展版）》[3]等。

四、不同文类阅读目标与内容的确定

无论基于何种阅读学、解释学理论，某些阅读教学的原则是必须得到尊重的。程翔老师所谈的文本教学原则、尊重文体规律原则、亲身体验原则、培养能力原则、注重过程原则等[4]，其中尤以"尊重文体规律原则"为要，这是因为文体与思维、语言、结构、表现手法等方面先天性的关系。

---

[1] 董毓.批判性思维原理和方法：走向新的认知和实践（第2版）[M].北京：高等教育出版社，2017.

[2] 莎伦·白琳，马克·巴特斯比.权衡：批判性思维之探究途径[M].仲海霞，译.北京：中国人民大学，2014.

[3] 理查德·保罗，琳达·埃尔德.批判性思维工具（修订扩展版）[M].焦方芳，译.北京：人民邮电出版社，2014.

[4] 程翔.试论语文课堂阅读教学的原则[J].中小学教材教学，2004(9)：2-8.

然而，由于文类（文体分类）的复杂性、发展性和使用者的不同取向等，至今还无法取得共识。20世纪50年代，汉语、文学分科，文学教材注重文学体裁，即使是议论文，也侧重选入"富有文学风趣的论文"。分科教学废除后，记叙文、说明文、议论文三大文体教学取而代之。三大文体分类有其历史合理性，但也造成了阅读、写作教学的固定套路乃至僵化的地步。

我国的课程标准似乎有意淡化三大文体，找寻新的文类表述。《义务教育实验版》在阅读上文类划分是多元的，"写实作品与虚构作品""文学作品""科技作品""简单的议论文""古代诗词""浅易文言文"并列使用，写作上则有"写记叙文，做到内容具体；写简单的说明文，做到明白清楚；写简单的议论文，努力做到有理有据；根据生活需要，写日常应用文"（7—9年级）。《义务教育2011年版》阅读上沿用《义务教育实验版》提法，增加"非连续性文本"（借鉴了PISA的分类），写作上表述为"写记叙性文章……写简单的说明性文章……写简单的议论性文章……根据生活需要，写常见应用文"。

《普通高中实验版》在必修课程"阅读与鉴赏"上要求"能阅读论述类、实用类、文学类等多种文本""诵读古代诗词和文言文"；"表达与交流"上要求"进一步提高叙述、说明、描写、议论、抒情等基本表达能力，并努力学习运用多种表达方式"。《普通高中2017年版》在阅读、写作上，继续使用论述类（思辨性）、实用类（实用性）、文学类的分类[1]而有所完善，突出的是明确了"实用性文本"包括社会交往类、新闻传媒类、知识性读物类。

阅读思维需要文体思维，阅读不同的文体需要不同的"阅读思维"，自然也会有不同的阅读目标与内容，相对于"语文学什么"（语文课程内部最顶层目标与内容）、"阅读活动学什么"（第二层面目标与内容），"不同文类的阅读目标与内容"为第三层面的目标与内容。

第三层面目标与内容的确定，如第二章"语文学习目标的来源"所说，当从课程标准、教材序列、学生、教师经验、教育环境等角度考虑，又要十分重视文类

---

[1] 这一分类或基于建构主义学习和思维理论而提出的。该思维理论认为，人的智力是分析的、创造的、实用的信息加工过程三者的平衡，"批判—分析性思维""创造—综合性思维""实用—情境性思维"分别对应论述类、文学类、实用类。可参见：巢宗祺，雷实，陆志平.《普通高中语文课程标准（实验）》解读[M].武汉：湖北教育出版社，2003：96.

特征。某些文本,要基于教材序列思考其文类归属,如周晓枫的《斑纹》可以作为散文处理,也可以作为文艺性说明文处理;钱锺书的《谈中国诗》可以作为学术演讲处理,也可以作为学术论文来处理。

第三层面的目标与内容,2010年来讨论甚多,特别是散文,各有卓见也各有偏颇。我们建议参考《高中语文质量目标手册》一书,其目标体系的构建颇为细致。如高中现当代散文,梳理了五个方面的目标与内容[①]:

1.要能了解散文的文体分类、主要特点以及常见表现手法;

2.要能概括内容,把握作者观点,理解散文创作的背景和作者的情感倾向、作品主旨;

3.要能赏析作品的表现手法对表情达意的作用,能赏析作品在选材、组材上的特点,把握作者的情感脉络和作品主旨,赏析其结构特点和语言风格;

4.要能结合作品内容的人文情怀和作品的表现力,丰富文化视野,能评价作品内容和表现形式,培养创造性思维能力和人文素养;

5.要能进行散文创作,组织文学社团,交流体会和认识。

当然,第5条已是写作的要求了。该书概括文类的目标与内容后,即从知识目标、行为技能目标、学习经历与文化素养目标等三个角度将目标具体化,并将目标进行综合化、等级化处理,便于语文教师依据文类、学情等思考学习目标。尽管等级描述不尽如人意,但应充分肯定这种探索,它是课程标准到教学设计的有效过渡,具有很大的参考价值。

在不同文类这一层面,文言文的阅读教学值得特别一说。文言文与现代文两种语体并存于一套教材(从现有统编本看,除却古代诗歌,四年级即已选入文言文)中,这是世界母语学习中较为特殊的一种现象。

文言文有时俗称"古文",但"古文"是从时间角度来界定的,说的是古代的书面语作品,包括"文言文"和古代白话文(如《三国演义》《红楼梦》)。文言文,是以"文言"这种古代书面语写成的文章,包括先秦时期的作品,以及后世历代文人模仿先秦书面语写成的作品。

---

① 程红兵,胡根林.高中语文质量目标手册[M].桂林:漓江出版社,2013:86-87.

文言文篇目值得学习的内容，大体可以归为四种，即文言、文学、文章和文化，这也是文言文阅读教学的四种价值取向，所谓"一体四面"。在文言文阅读目标、内容确定上，如何对四种价值做取舍，如何处理其有无、先后和轻重关系，向来有争论。郑桂华老师为此作了梳理，如表3-3[①]。

表3-3　文言文四种学习取向的具体内容

学习观	出发点	主要内容	积极意义	问题
重文言派	当作古汉语词汇、语法集成学习	造字法、实词、虚词、句式	有利于掌握文言工具，以便更多、更好地学文言文	容易导致机械、枯燥，影响兴趣，为学文言文而学文言文
重文学派	当作文学作品学习	人物形象、环境描写、细节、画面、意境、审美趣味	了解生活、提高文学修养；激发学习兴趣	需要解决文字障碍，有些文言文经典不是文学作品
重文章派	当作表达范文来学习	选材、叙述手法、修辞手法、结构形式、节奏控制、读者意识	借助丰富多样的文体，提高表达技巧和谋篇布局能力	并不是所有文章在文体、章法上都有典型特点，容易机械套用
重文化派	当作文化典籍来学习	价值观、哲学观、世界观、生命意识、生活观	理解先哲思想、继承传统文化、提高人文素养	易被视为说教，有的文章存在糟粕

如表3-3所分析的，单一取向的定位必然导致定位的偏颇。我们主张采用择宜的艺术，即分析课程标准、学段、文本与学情特点等变量，确定合宜的阅读目标与内容。其中，解决文字理解的障碍、把握文本的基本内容是文言文学习的基础性阅读，舍此而追求文学、文章、文化价值只能是"空中楼阁"。

---

① 郑桂华.中学语文教学设计[M].北京:高等教育出版社,2019:189.

五、特定文本阅读目标与内容的确定

这是第四层面的目标与内容，它与第三层面是"个体"与"类"的关系。每个文本都是具有"个性"的，而解读者是富有"个性"的人，于是就有"一千个读者有一千个哈姆雷特"之说。21世纪初，"文学文本的个性化解读"的讨论甚多，对同一文本的解读结果各呈异彩，如杨绛先生的《老王》，其主旨有十多种解读。按照王先霈教授"圆形批评"理论，文本是一个连贯的、浑然的"圆形"整体，而其"每一个点、每一段弧是独特的"，当读者"从这一个切入点进入的时候，他意识到还有其他切入点可供别人选择"[①]。

但是，并非某一文本每一种解读的成果，都具有教学价值的，其间要经得起课程标准、教材序列、学生、教师经验、教育环境等"筛子"（当然也包括"文类"，还包括单元/专题/项目目标）筛选。个中重要的原则，就是"守正出新"。比如，文学文本的个性化解读就当关注[②]：

一个基点：发展阅读能力；

两个关键：紧扣"语言"和"学情"；

三个抓手：文本、作者、读者的视界融合；

四个侧面：形象、主题、技巧、风格；

五个视角：语义学、文体论、社会学、文化学、接受美学。

文本解读要求教师以更开阔的视野、更灵活的立场去面对本来就无限丰富的文本世界，需要教师在备课时经历"直面文本的素读→博采众长的研读→指向教学的悟读"三个阶段的磨砺，最后达成具有"自洽性"的文本解读结论，借助"筛子"与"择宜"，转换为合宜的某一文本阅读目标与内容，以突出其"语文核心价值"，让"语文课"具有"语文味"。这就是"守正出新"！

六、阅读活动的设计与实施

教学设计与实施，需要一系列极为复杂的专业技能，其整体的运行模型图3-5已做介绍。这里只谈若干关键点。

[①] 王先霈.文学批评原理[M].武汉：华中师范大学出版社，2002：282.
[②] 林荣凑.守正出新：文学文本的个性化解读[J].江苏教育，2014(9)：11-14.

1. 计划最佳的读者角色

阅读教学最需要的是"沉浸",即读者、文本、作者的视界融合,心灵相通相融。在建构主义学习理论中,情境创设屡被论及。一个好的问题情境,在阿兰兹看来,应该是"真实、令人困惑、开放、便于合作,并对学生有意义"[①]的。

在阅读教学中,如何找到一个好的问题情境,让学生"沉浸"其中呢?在阅读活动的设计上,可选择创设尽可能真实的阅读情境,澳洲的读者角色模型可以借鉴。该模型认为,一个文本至少需要转换四种"必要但又不充分的角色"——密码破解者、意义建构者、文本使用者、文本评论者[②]。其实,这就是阅读姿态(或阅读取向、阅读方式、阅读方法)的选择,在平时自由的阅读中常常是无意识的,在阅读教学中,为有效达成目标,教师需要依据先前确定的目标与内容,计划出学生最佳的"读者角色"。

比如,恩格斯的《在马克思墓前的讲话》是一篇传统课文,1949年以来入选诸多高中教材版本。其目标与内容的确定,可以有多种选择——演讲词(悼词)的写法、论述类文本观点与材料的剖析、语言风格揣摩、逻辑结构之美、马克思的伟大成就等。不同的选择或某一两种选择的组合,常用的方式是教师提问学生回答,这确实是一种"文本研习"的方式,但总是"隔"的,如果从读者角色模型的角度去思考,或许能进入一种"沉浸"。

以"密码破解者"定位,可设计"初读这篇文章后,会发现很多疑点,假设作者恩格斯(或译者)就在你面前,请你提出这些疑点,与作者(或译者)探讨",让学生就文本的字词、标点符号、句子、篇章结构等作探究性学习。这一设计,学习目标是思辨性文本基础阅读能力的培养,还有语言与结构揣摩。

以"意义建构者"定位,可设计"有人说,恩格斯是马克思的挚友,但悼词中似乎没有那种痛失挚友的感觉,情感并不浓烈。你是否赞同此说,请与持上一观点的人分享你的文本发现"。这一设计,学习目标是揣摩平实语言中的深情,体悟何谓"最崇高的友情"。

---

① 理查德·I.阿兰兹.学会教学(第6版)[M].丛立新,等,译.上海:华东师范大学出版社,2007:345.
② 琳达·达林-哈蒙德,等.高效学习:我们所知道的理解性教学[M].冯锐,等,译.上海:华东师范大学出版社,2010:54-55.

以"文本使用者"定位,可设计"假设你就是恩格斯,置身于海格特公墓送别马克思,请你致悼词"。学生要将《在马克思墓前的讲话》用声音传递出来,以求最佳效果,势必深入研读文本。这一设计,学习活动可能涉及上两种定位的活动。

以"文本评论者"定位,可设计"在马克思墓前悼念马克思,有很多种表达,恩格斯的表达仅是其中之一,或许未必是最好的。请你以修改者的身份,就这篇悼词可以商榷的地方提出修改意见"。这一设计,其难度不亚于前三者,需要学生有较好的文本解读能力、质疑探究能力。

当然,《在马克思墓前的讲话》不止这四个角度。阅读情境的设计,其实是将"学习目标"转化为"表现性任务",即以真实的生活阅读为"模板"去设计阅读教学活动和任务。此外,某一宏观的表现性任务,还可以分解为更小的任务并将之逐一完成,否则将陷入空泛的"自由发挥",就无法实现"思考投入"。

"计划最佳的读者角色"也适用于文言文教学。学习吴均《与朱元思书》,山西省运城张建文老师让学生将其改写为七言诗歌;学习林觉民《与妻书》,杭州周黎霞老师设计了这样的阅读任务:"从林觉民的妻子陈意映、当时一普通民众、00后的'我'等三个身份中任选一身份,给林觉民烈士写一封信。"两个设计采用的都是"文本使用者"定位。

2. 确保学生"思考投入""充分讨论"的时间

课堂效率不是以教师讲了多少作为评价标准的,而是以学生理解、发现、感悟、创新的多少等为评价标准的。当今课堂常见的,如课堂上没读几分钟就让学生分组讨论,没讨论几分钟又让学生各抒己见,他们哪里说得出?

"文本对话中读者的角色""培养思考投入"(mindful engagement)"对文本充分的讨论"是斯坦福大学哈蒙德教授所极力倡导的"理解性阅读"[1]最为重要的三个概念。要让学生沉浸文本,除了计划最佳的读者角色,便是给学生以充裕的时间读文本、作思考,并组织学生围绕文本作充分的讨论。

对此,杭州莫银火老师举了一个实例,全录于下[2]:

---

[1] 琳达·达林－哈蒙德,等.高效学习:我们所知道的理解性教学[M].冯锐,等,译.上海:华东师范大学出版社,2010:53-84.

[2] 莫银火,林荣凑.基于"基地模式"的名师培养及高中语文教学探索[M].北京:科学出版社,2015:108-109.

教学《渔父》一般翻译一下就过去了,而我却是先让学生自己翻译理解,我再让他们说自己的理解,到文本快结束时,有学生提出:屈原都说要投河自尽了,而渔父却"莞尔而笑,鼓枻而去,乃歌曰:'沧浪之水清兮,可以濯吾缨;沧浪之水浊兮,可以濯吾足。'遂去,不复与言。"这到底是什么意思呢?

我觉得这是引导学生把握全文的重要机会,于是我就引导学生从上文来寻找和渔父之言之行的关联点。慢慢地,有学生说,"沧浪之水"是比喻天下的整体局势。"水浊"是比喻动乱之时,相当于"举世皆浊"和"众人皆醉";"水清"与之相对,比喻太平盛世。

缨是帽子上的璎珞,借代帽子,古代男子的帽子是地位的象征,所以"濯我缨"当然就是比喻做官封爵,参与政事。而与之相对的,"濯我足"就是指保全自身,不问世事。这就是孟子"达则兼济天下,穷则独善其身"的另一种说法。

这也看出,从孔子的"知其不可而为之",到孟子的"达则兼济天下,穷则独善其身",儒道两家是互相影响、互不为敌、善意相对的。渔父的出现和规劝是一种善意,他的笑是对屈原执着的无奈,他的歌是他最后的规劝,希望屈原"与世推移",不要"深思高举",自找苦吃。多说已然无益,所以"不复与言",这也正是渔父的处世哲学。

该案例中,"先让学生自己翻译理解,我再让他们说自己的理解",看似"慢工",由于给了学生充裕的时间阅读,就出了"细活"——屈原都说要投河自尽了,而渔父为何却"莞尔而笑,鼓枻而去"。面对这一质疑,教师也不是直接回答,而是引导学生从上文来寻找和渔父之言之行的关联点。自然这关联点不是一下子能找出来的,需要"慢慢地"。

3.为活动选择最佳的策略

阅读活动,不能只是说留时间给学生读就可以的,哈蒙德在"理解性阅读"中曾描述了三类普遍的情境——围绕文本的社会互动(即上文提及的"对文本的充分讨论",互惠教学)、策略教学和整合教学。简单地理解,其实就是选择最佳的策略,实现深度学习,以解决阅读"一英里宽一英寸深"的问题。

这里包括两个方面的问题:一是有哪些策略可供选择,二是如何选择。

前一个问题,几乎所有的普通教学类和学科教学类书上都有介绍。阿兰兹《学会教学》中梳理了两类六种模式:传统的、以教师为中心的,有讲授模式、直接教学模式、概念教学模式;建构主义的、以学生为中心的,有合作学习模式、基于问题的学习模式、课堂讨论模式[1],可为语文教师的教学提供认识和操作上的启发与参考。

这里介绍一种视野更为开阔的模型,见于被称为"学习科学这个新兴的跨学科研究领域第一本集大成的论著"的《人是如何学习的:大脑、心理、经验及学校(扩展版)》一书。如图 3-8[2],利用人是如何学习的知识,教师可以从完成特定目标的方法中更有目的地进行选择。

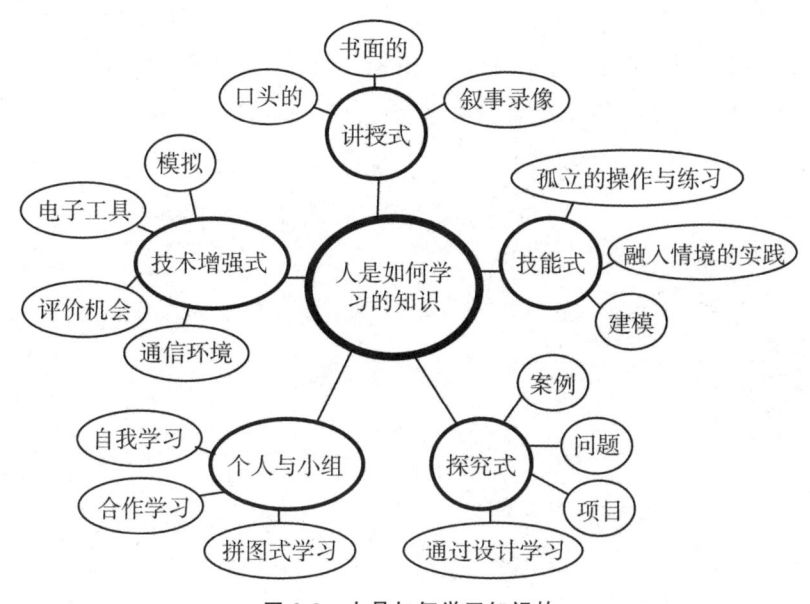

图 3-8　人是如何学习知识的

图 3-8 是个庞大的模型,如何进行选择,可借助前文詹姆士·金肯斯的"学习的四面体模型"(如图 3-2)进行。将图 3-2 中"学习内容的特点""学习者特征"

---

[1] 理查德·I.阿兰兹.学会教学(第 6 版)[M].丛立新,等,译.上海:华东师范大学出版社,2007:248-396.

[2] 约翰·D.布兰思福特,等.人是如何学习的:大脑、心理、经验及学校(扩展版)[M].程可拉,等,译.上海:华东师范大学出版社,2013:20.

"标准任务"等概念置换为"文类或文本""学情""阅读目标和任务"等易于理解的概念,如此"教学与学习活动"便是"教与学的策略"。

比如苏轼的《念奴娇·赤壁怀古》,一般将目标定位于"分析写景、咏史、抒情的结合,体会作者抒发的复杂感情",传统的教学,通过诵读、师生问答来达成学习目标。然而,杭州陈欢老师却另辟蹊径[①]:

【学习目标】尝试运用"置身诗境""知人论世"等鉴赏方法,理解《念奴娇·赤壁怀古》的词意和作者所抒发的情感;通过探究活动,体会苏轼在词中体现的"文学之境"对"现实之境"的超越(文学的超越)。

这是学生进入高中学习的第一首古诗,陈老师要让学生"通过探究活动,体会……'文学之境'对'现实之境'的超越",其读者角色定位是"文本探究者"。接着,为实现目标(预期学生学习《念奴娇·赤壁怀古》的结果)设置:

【表现性任务】首先,学生结合课文注释,结合自己的阅读和生活经验,置身诗境,把握词作最基本的内容和情感,当然也包括字词、标点等相关的基础浅易问题。如:(1)为何称赤壁为"故国"?(2)"浪淘尽"和"千古风流人物"之间为何使用顿号?

而要深入体会情感和词作的"文学超越",又当借助两个活动。(1)资料、文本细读活动:学生通过研读教师提供的资料及文本,生成学习问题;对问题进行筛选,保留共同问题及有难度、有探究价值的问题作为课堂学习的主要内容。(2)课堂文本探究活动:围绕问题进行小组合作学习,并通过小组汇报、组际交流、教师引导点拨等方式得出对问题的结论,完成对文本的分析鉴赏及批判质疑。

提供的资料有:(1)苏轼生平及创作背景简介;(2)"文赤壁"与"武赤壁";(3)范成大《吴船录》中关于赤壁的记载;(4)《苕溪渔隐丛话后集·卷第二十八·东坡三》中关于赤壁的记载;(5)周瑜相关生平简介。

尽管提供了这些资料,但要让学生"生成问题""小组对整合问题进行探究""在班级口头汇报探究结果"每一项任务难度不小,相关的"教/学策略"得以运用,很重要的一个前提是学生,她的学生是全省最优秀的。下面五个问题,足见

---

① 林荣凑.高中语文学习活动的设计与实施[M].北京:科学出版社,2014:61-67.

学生质疑探究的深度,当然离不开教师提供的资料"支架":

1. 苏轼认为自己所游的黄州赤壁是三国时的古战场赤壁吗?如果他并不确定,那为什么仍把它当作"武赤壁"写?

2. 苏轼为什么把一座"小赤土山"夸张成"乱石穿空,惊涛拍岸"那样"武赤壁"才有的景色?

3. 三国英雄人物众多,为何苏轼独写周瑜?赞周瑜为何又不顾实际提"小乔初嫁了"?

4. 苏轼何以说自己"多情"?"人间如梦"一句表达的情感是消沉悲凉的还是豁达超脱的?

5. 作品中的情与景是否存在不和谐?

接下来,小组合作探究、班级交流汇报、教师适时点拨,一般来说似懂非懂"轻轻滑过"的《念奴娇·赤壁怀古》就在学生心中留下了深深的印迹。其选择运用教与学的策略,正符合《高效学习》中提出的五条建议:(1)在教学中起到一种指导、建模和促进作用;(2)强调学习中学生的大量责任,即教师少讲而让学生多说;(3)使用与文本相关的高层次问题;(4)引发学生更积极的反应——除了听之外,还进行阅读、写作和实践活动;(5)同伴协作。[①]

六、开展课外阅读活动的若干建议

上文所谈,偏重于课堂阅读教学。课外阅读,在第二层面目标与内容上,与课内阅读是一致的,都是发展学生的阅读能力。但与课内阅读比较,具有其自身的特点。课外阅读在提升语文素养的作用,论者也甚多,这里不再饶舌,只提供与课外阅读"活动策略"相关的若干建议。

1. 限量、限程阅读

广泛的课外阅读,学生的家庭环境很重要。家庭环境或有缺欠,学校要尽早创设浓厚的课外阅读氛围。对此,《义务教育 2011 年版》要求"九年课外阅读总量应在 400 万字以上",《普通高中 2017 年版》要求"必修阶段各类文本的阅读量不低于 150 万字""选择性必修阶段各类文本的阅读总量不低于 150 万

---

① 琳达·达林-哈蒙德,等.高效学习:我们所知道的理解性教学[M].冯锐,等,译.上海:华东师范大学出版社,2010:57.

字"。如何执行课程标准？教材、教师都在为此探索。朱自清先生的"限程阅读"值得注意。他在《中等学校国文教学的几个问题》中说①：

> 既规定各学级应阅的书，便当限程督促；我以为有两法可并行：(1)每周指定一时，专供报告本周所读书的梗概之用……(2)每八周中，令各学生交读书笔记一次，即作为一次作文。笔记中或就读的全部批评，或就一端批评，或仅录梗概，均无不可。

规定某一阶段应读的书，配以相关的分享活动，督促学生读写听说结合，是为"规定读物类"课外阅读。在课外阅读成为学生自觉积极的行为之前，这一方法值得肯定，实际也为诸多学校所用。当然，也可不规定具体应读哪些书，让学生根据推荐书目、家校藏书自由选择，是为"自选读物类"课外阅读，也应有限量限程的要求、读写听说的多式配合等②。

2.共读一本书

《普通高中2017年版》设置了"整本书阅读与研讨"这一学习任务群。其实，在义务教育阶段，如果课堂教学富余，或者语文教师愿意挤出课内时间，安排一个阶段全体同学共读一本书，是一种不错的选择。

如何共读？美国九年级教师大卫·格兰特(David Grant)设计的《麦田里的守望者》阅读案例③，值得推荐。

大卫老师是把阅读该书作为一个单元来设计的，用时十一(或十二)天。该案例很长，且不易为初读者读懂，我们做了一些改编和压缩，但尽可能保持其设计上的"原汁原味"。

【单元的背景和目的】本单元给学生机会练习课程所需的核心技能：阅读，分析文学作品，讨论，合作，写作和演说。

【表现任务和节目】(1)霍尔顿出了什么事？学生扮演听霍尔顿讲述经历的某家医院顾问委员会委员，在仔细阅读并讨论霍尔顿对去年12月所发生事件的陈述之后，委员会将要：给医院写出一份报告，给霍尔顿父母写一封信，最后

---

① 朱自清.朱自清语文教学经验[M].北京：教育科学出版社，2007：13.
② 林荣凑.高中语文学习活动的设计与实施[M].北京：科学出版社，2014：74-90.
③ 格兰特·威金斯.教育性评价[M].促进教师发展与学生成长的评价研究项目组，译.北京：中国轻工业出版社，2005：204-209.

他们将在一个委员会面前解释并说明他们的结论和建议。(2)举行测试,要求学生从书中其他人物(霍尔顿的一位家人、教师、两位朋友或伙伴)的角度去描述霍尔顿。在单元结束时,学生根据记录在学习日志中的内容,分析自己是如何逐步深入地理解小说的。

【学习日志】学生在每次的阅读任务完成后回答两个问题:在小说该部分中,哪些内容对你了解霍尔顿最重要?在小说该部分中,哪个问题是对了解霍尔顿最重要但没有讲明的?

第三个问题对应于每次(共分6次)的阅读任务:

[阅读任务1] 第一章到第四章(pp.1—35):你对霍尔顿使用的语言有什么看法?

[阅读任务2] 第五章到第九章(pp.35—66):你对霍尔顿与斯特拉德莱塔雷打架有什么看法?

[阅读任务3] 第十章到第十四章(pp.66—104):在第87段,霍尔顿说:"海军的那个家伙和我都说很高兴遇到你。说这句话简直让我笑破了肚皮。我总是对一个我一点也不喜欢的人也说'很高兴遇到你'。如果你想过得下去,你就得说这些废话。"根据你自己的生活和经验,你认为最后那句话是对的吗?请详细说明。

[阅读任务4] 第十五章到第十六章(pp.105—141):在第130~134页看霍尔顿与萨丽之间的对话,你认为在理解霍尔顿上,这个对话中最重要的东西是什么?

[阅读任务5] 第十七章到第二十三章(pp.141—180):你认为在对D. B.的卧室的大段场景描写中,哪一段文字最能揭示霍尔顿与菲比之间的关系?为什么?

[阅读任务6] 第二十四章到第二十六章(pp.180—214):你怎样解释安多里尼先生的行为,以及当时和以后霍尔顿对他的反应?你怎样解释第198段"艾里,请不要让我失踪"这句话?这句话让你想起了此书前文的什么情景?霍尔顿对他在菲比的学校和博物馆里看到的猥亵言行所做出的反应有什么意义?

该案例还包括"活动时序",交代了从第一天、第二天直到第十一(或十二)天课堂活动的任务、要求,这里从略。值得注意的,首先,是设计者的"教材意识"——大胆地开发教学资源,将一整部小说纳入教学;其次,是美国教师的"自由空间"——能花费十多天时间组织学生课外看小说、课堂讨论小说；第三，是大气的"教学定位"——通过给医院的报告、给霍尔顿父母的信以及在医院委员会面前的口头辩护等任务将阅读、讨论、写作、演说结合起来，让学生置身于"模拟情境"从而富有挑战而又富有乐趣地学习。

3. 读书俱乐部

读书俱乐部(Book Club)，是哈蒙德《高效学习》一书"基于研究的项目"中围绕文本展开讨论的一种模式[①]。作为一种"概念框架"，希望教师围绕它组织阅读活动和教学，这样就能给具有不同阅读能力的学生提供机会，使之参与到围绕文本的对话和写作中来。这个框架由研究人员和教师共同开发并通过专业网站得以实现，这个框架的主要原则是把思想公布于众，并围绕文本形成相互对话的基础。这个框架包含了教师教学、阅读、写作、文学讨论以及小组反思和共享，主要部分就是学生们独立工作，主要是以各种各样的小团体形式来工作，在小组中学生讨论他们在阅读文本和写阅读日记过程中遇到的问题，相互之间进行提问来理清有疑惑的地方，同时讨论文本的主题，把文本内容和他们的生活相联系。

我们可以本土化或发展这一框架。这种以学生自治为主的阅读、交流组织，可以叫"读书沙龙"，乃至在"读书沙龙"之前冠上"莎士比亚"（专人）、"诗歌"（专类）、"《围城》"（专书）。可以分不同级别的，如学校的、年级的、班级的。班级内，也可以按自愿组合的原则，成立多个读书俱乐部（或沙龙），成员间或推荐新书，或同读共研一本书。如果借助网络等新媒体的，还可以邀家长、专家加入。读书俱乐部的运作，开始时教师要"扶上马走一程"，培养学生骨干，然后渐渐放手，让学生渐渐从"合法的边缘参与"走向中心。

其实，这就是学习共同体的建设。朱自清先生当年称之为"小组织"："这种小组织应该是自动的、自由的集合。……我所谓小组织是指学生们应自身的需要，依着彼此的了解而成立的种种小集合而言。"[②]

---

① 琳达·达林－哈蒙德，等.高效学习:我们所知道的理解性教学[M].冯锐，等，译.上海:华东师范大学出版社,2010:58-59.

② 朱自清.朱自清语文教学经验[M].北京:教育科学出版社,2007:200-201.

4. 整本书阅读

课外阅读是富有个性化的,但课外阅读并非与课内阅读简单分开的,教材的出处脚注(文集或作者)、母题话题乃至课内习得的阅读方法等,都可以勾连课内与课外阅读。课外阅读也不可以放任自由,开启阅读的导读课(读物推荐、方法指导等)、阅读过程中的交流课(欣赏交流、疑难共解、收获分享等)、阅读结束时的总结课(汇报、评估等),是指导课外阅读的基本课型,这些课型从时间上来说,也需占用课堂学习时间。

课外阅读之中,必须保有一定量的整本书阅读。整本书阅读是补救浅阅读、碎片化阅读以及应试阅读的良药。《义务教育 2011 年版》附录 2"关于课外读物的建议"、《普通高中 2017 年版》附录 2"关于课内外读物的建议"均推荐了大量的整本书,《普通高中 2017 年版》还为整本书阅读设置了学习任务群,并且贯穿高中三年。依据课程标准编制的教材,也必将纳入整本书阅读内容。

由于整本书的不同文体特质、个性风格和学习价值,更由于地域学情、个性爱好的多样性,整本书阅读很难形成通用的阅读教学模式,但并非无线索可依。郑桂华老师对此做了梳理[①],于此择要介绍并做适当的发展。

其一,以章节为线索设计阅读活动。按章节之间的关系循序渐进地理解内容,这是整书阅读的常态。据此设计活动,如按章节整理要点、写读书报告、进行阅读竞赛等。

其二,以文类或体裁为线索设计阅读活动。如语录体思想深刻、表达精练,传记类叙事生动、富有励志性。据此设计活动,如《论语》这种经典语录体,可采用每周学一节、反复成诵的学习方式。

其三,以读书方法为线索设计阅读活动。古今中外的读书人曾经总结出很多行之有效的读书方法,如古代的校勘、评点、辑要等,现代人提出的比较阅读、思维导图法等。推荐学生根据读物特点采取某种读书方法,可得完成阅读任务与增进阅读策略的双重收获。

其四,以活动类型为线索设计阅读活动。除了读书会、演讲会、表演会、撰写小论文外,还可以举办读书竞赛、图书交换、推荐图书等活动。这类活动自主

---

① 郑桂华.中学语文教学设计[M].北京:高等教育出版社,2019:205.

性强、学习趣味高,不足之处是花费时间多,可以与综合性学习统筹安排。

其五,以问题解决为线索设计阅读活动。读书的重要目的之一是借助他人的思想成果提升自己,帮助我们解答学习疑惑、解释生活中遇到的难题。如围绕"英雄"的母题,阅读中外名著如《水浒传》《三国演义》《荷马史诗》《老人与海》以及罗曼·罗兰的英雄三传等。

需要指出的是,整本书阅读作为课程内容的一部分,自然离不开设计(微课程或单元的设计)。活动的设计,要处理好集体指导与个性阅读的关系,有效引导学生通过阅读整本书,拓展阅读视野,建构阅读整本书的经验,形成适合自己的读书方法,提升阅读鉴赏能力,养成良好的阅读习惯。本书附录提供了三本书的阅读设计,请参阅。

第三节　写作活动的设计与实施

写作是一项高层次的复杂的技能,包含观察、认知、记忆、思维和表达等多个维度,既有单纯的表达技巧,也有具体语境下的运用。从教学实践角度来说,写作教学是语文教师效能感最弱的部分。有关写作教学的探索文章多矣,华东师范大学董蓓菲教授透视了五大症状——教学目标迷离、评价标准失范、命题技术滞后、畏难情绪泛滥、写作知识匮乏;剖析出三大成因——语文课程标准的写作内容简单粗陋,语文教材的写作序列隐匿和内容不明,语文教学上的问题[①]。该文发表时过八年,于今依然具有警示价值。

也许,我们需要回到原点——写作过程和教学范式上开始思考,以建构和实践基于课程标准(核心素养)的写作教学。

一、写作的一般过程

心理学研究者弗劳尔和海斯(Flower, L. S. & Hayer, J. R.)通过专家和新手的对比研究,采用了大声思维的研究方法(研究者给被试一项写作任务,要求

[①] 董蓓菲.作文教学的症结何在[J].语文学习,2012(2),11-13.

他描述在执行这项写作任务时的想法,记录被试的思维过程并加以仔细分析),揭示人们在写作过程中的思维特征及其所应用的知识类型。基于这样的分析,他们鉴别出写作的三个独特阶段:构思、起草、修改,如图3-9①:

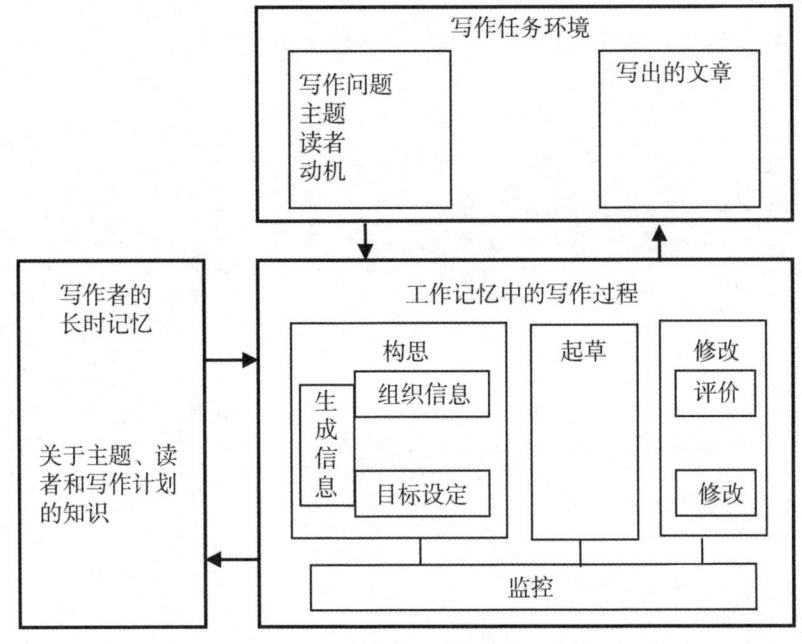

图 3-9　弗劳尔和海斯的写作过程模型

该模型认为,写作包括"写作者的长时记忆""写作任务环境"工作记忆中的"写作过程"三大系统。从该模型看,完整的写作教学,应该引导学生积累有关写作的知识(涉及陈述性知识、程序性知识和策略性知识)——"应知";应创设良好的"任务环境",让学生明确写作任务,激发写作冲动——"想写";应关注写作的全程(含修改)——"能写"。任何一方面的欠缺,都会影响写作活动的推进。

二、写作教学的三种范式

国内外对写作的认识,大致有三种:(1)从结果上,把写作看作"写文章";

---

① 皮连生.学与教的心理学(第5版)[M].上海:华东师范大学出版社,2009:109-110.

(2)从过程上,把写作看作"认知过程和问题解决";(3)从功能上,把写作看作"自我表达和社会交流"。

基于不同的写作观,写作教学经历了"结果—文本"取向的写作→"过程—作者"取向的写作→"交流—读者"取向的写作等三种范式转型。荣维东博士对此做了细致的辨析和评述,我们试用表3-4列示[①]:

表3-4 三种写作范式的比较

"结果—文本"取向	"过程—作者"取向	"交流—读者"取向
● 写作即文章 ● 结果(文本)中心 ● 以静态语言学、修辞学、文章学为知识背景 ● 关注的"好文章是什么样的",标准往往是一般通用文章的指标 ● 采用结果教学法 ● 一般步骤:教师布置写作题目或学习课文(范文)→分析讲解写作知识和方法→学生进行模仿写作→教师批改评分 ● 不问目的,不管过程,只看结果,不考虑写作的目的、对象、动机和实际用途	● 写作即过程 ● 过程中心,作者中心 ● 以信息加工认知心理学、应用语言学为知识背景 ● 关注的"文章是如何写出来的"即写的方法、步骤、策略 ● 采用过程教学法 ● 重视写作过程每一环节,如构思阶段采用头脑风暴、集束思维、快速自由写作、自我提问、列提纲、思维图等策略 ● 强调写作过程、写作思维、写作策略,容易忽视基础训练、基本技能和文体特征	● 写作即交流 ● 读者中心 ● 以社会功能语言学、建构主义为知识背景 ● 重点关注"为何写""为谁写""写了有什么用"等更深层次的问题 ● 采用交际语言教学法 ● 写作时建立一个真实或模拟的交际情境(话题、角色、读者、目的),进行基于情境认知下的"真实的写作" ● 采用"真实的写作",动机缺失、内容贫乏、语体文体不当等写作问题可望解决

荣维东博士在评述三种写作范式之后,指出:"虽然每种范式之间具有各自不同的写作观、写作要素和教学方法,具有范式的'不可通约性',但孤立的某种范式都不能根本解决写作课程重建问题。"

我们赞同此说,认为三者各有短长。"结果—文本"范式中作者"迷失"了,但重视写作陈述性知识(我国传统的"八大块"即主题、题材、结构、表达、语言、文风、起草、文体),有助于作文的自省(自评互评)。

"过程—作者"范式"找回"了作者,重视程序性知识、策略性知识的运用,但是将写作当成"制作",可能抑制学生的写作兴趣和创作冲动。但只要运用恰当,可用于不同文体写作某一流程的分解指导和训练。

---

① 荣维东.谈写作教学的三大范式[J].课程·教材·教法,2010(5):27-31.

"交流—读者"范式尽管未必利于限制性作文能力的培养,但回到了写作的原点、写作教学的原点,确乎是"真实的写作",可用于写作教学中的目标制订、任务设置等。这种范式,20世纪30年代已为夏丏尊先生所注意,他曾推介日本文章学家五十岚力氏"六W说":(1)为什么作这文?(why)(2)在这文中所要述的是什么?(what)(3)谁在作这文?(who)(4)在什么地方作这文?(where)(5)在什么时候作这文?(when)(6)怎样作这文?(how)①

夏丏尊先生说:"'谁对了谁,为了什么,在什么地方,什么时候,用了什么方法,讲什么话',诸君作文时,最好就了这六项逐一自己审究。所谓适当的文字,就只是合乎这六项答案的文字而已。"并申明"真的文字学习,须从为人着手"。80多年过去了,夏老的殷殷嘱咐还未引起足够的重视。

三、课程标准中的写作内容

当今的写作教学实践,受大规模、高利害考试(即中考、高考)的影响,三种范式之中,"结果—文本"取向最为明显,"过程—作者"取向、"交流—读者"取向各有尝试。这样的写作教学,是否是基于标准的呢?这里,有必要检视课程标准中有关写作教学内容的表述。

1. 《义务教育2011年版》中的写作内容

该版课程标准,沿用《义务教育实验版》的做法,将写作教学目标与内容单列出来,写作的总目标是:"能具体明确、文从字顺地表达自己的见闻、体验和想法。能根据需要,运用常见的表达方式写作,发展书面语言运用能力。"如郑桂华老师所述,其强调"具体明确"和"根据需要",无疑是对以往过度虚假写作的积极回应和反拨,显示了"虚假写作向真实写作的追求"②。

义务教育涉及四个学段,为体现这一总目标,"学段目标与内容""教学建议""评价建议"等部分,从情意、观察、文体、基本能力、个性表达、标点符号、修改、数量、书写和速度等方面作了较为具体化的表述。其有关"文体"的表述如表3-5所示。

---

① 夏丏尊.夏丏尊教育名篇[M].北京:教育科学出版社,2007:116.
② 郑桂华.虚假写作向真实写作的追求:2011年版《语文课程标准》对写作教学的指引[J].语文教学通讯,2012(5B):7-9.

表 3-5　《义务教育 2011 年版》中的写作"文体"

学段	目标与内容
第一学段：写话 （1—2 年级）	·对写话有兴趣，留心周围事物，写自己想说的话，写想象中的事物。
第二学段：习作 （3—4 年级）	·观察周围世界，能不拘形式地写下自己的见闻、感受和想象，注意把自己觉得新奇有趣或印象最深、最受感动的内容写清楚。 ·能用简短的书信、便条进行交流。
第三学段：习作 （5—6 年级）	·养成留心观察周围事物的习惯，有意识地丰富自己的见闻，珍视个人的独特感受，积累习作素材。 ·能写简单的纪实作文和想象作文，内容具体，感情真实。 ·学写读书笔记，学写常见应用文。
第四学段：写作 （7—9 年级）	·写记叙性文章，表达意图明确，内容具体充实；写简单的说明性文章，做到明白清楚；写简单的议论性文章，做到观点明确，有理有据；根据生活需要，写常见应用文。 ·能从文章中提取主要信息，进行缩写；能根据文章的基本内容和自己的合理想象，进行扩写；能变换文章的文体或表达方式等，进行改写。

尽管第四学段"注重写作过程中搜集素材、构思立意、列纲起草、修改加工等环节""写作时考虑不同的目的和对象。根据表达的需要，围绕表达中心，选择恰当的表达方式"这两条各是对"过程—作者"取向、"交流—读者"取向的侧重，但从总体看，还是偏重于我国传统的"结果—文本"取向的。

请注意，"学写读书笔记"被列入第三学段"习作"。"读书笔记"是一种学习性写作(也称为"认知性写作")。学习性写作是指为了完成具体的学习任务而进行的写作，即"用写作来学习"。《普通高中 2017 年版》也有很多类似的表达。

2.《普通高中 2017 年版》中的写作内容

该版课程标准，没有将写作教学目标与内容单列出来。在"课程性质与基本理念""学科核心素养与课程目标""学业质量""实施建议"部分，只做了隐含的表达。在"课程内容"所含的 18 个学习任务群里，才有具体的要求，但也没有单列，这与强调"学科核心素养"与"真实的语言运用情境"有关。

第八次课程改革的四个语文课程标准均未提及"学习性写作"这个概念。这个概念荣维东教授提出来的。他认为,研究2017年版课程标准会发现,写作的概念、类型、功能发生了质的改变:"写作是面向生活工作学习中的各种任务情境,凭借书面或多媒介手段进行信息传达与语篇建构的过程和结果","写作类型扩充为三种主要类别,即学习性写作、实用类写作、文学类写作"。他还为三种写作类型厘定了外延,其中学习性写作包括"勾画圈点、记笔记、写摘要、写读书心得(书评)、写PPT、写实验报告,甚至回答问答题、阐述题、论述题等","综述、述评、读书笔记、学术小论文、学位论文等学术性写作也属此类型"[①]。

荣维东教授别有慧眼,但"学习性写作"外延或有泛化的倾向,且三分法取消"论述类写作"的存在,乃是基于欧美信息类文本与文学类文本的划分,与我国当前的认知不太吻合。借鉴现有多家分类的思考[②],我们认为,适用于义务教育到高中教育的写作类型,应包括学习性写作、文类写作、随笔写作三类。这里,仅就学习性写作、文类写作简要说明。

学习性写作,是指以知识的学习探索和技能训练为目的,为了完成具体的学习任务而进行的写作,也可称为"学业性写作""认知性写作"。这种写作基本上是写作介入阅读,即"通过写作来阅读"。作为一种读写结合的方式,我国早有探索。1957年《中学作文教学初步方案(草稿)》[③],把作文分为三类,一是阐述课文的,二是表现生活的,三是处理日常工作和事务的。第一类阐述课文的,包括书面复述课文、评述课文或课文中的人物、评述作家或作品,乃至改写、缩写和扩写等,具有典型的读写结合、读写互促的功能。

学习性写作,凸显了写作作为学习工具的功能,对培养学生的学习能力、思维能力以及适应大学学业和未来职业发展、终身学习都具有重要的作用。参考布卢姆—安德森的认知过程维度分类,学习性写作可分四类:(1)阐释型,如勾

---

① 荣维东.重建写作课程的概念、类型与内容体系[J].语文教学通讯,2019(6A):4—8.
② 有关写作类型,叶黎明老师有四分法——任务驱动型写作(着眼写作能力的综合运用)、文体写作(着眼文体写作能力训练)、教学写作(着眼专项训练)、随笔写作(着眼语感与风格的养成),见于其2018年讲座PPT《高中写作教学的关键:培养批判性思维》。王荣生老师有三分法——随笔写作、任务写作、创意写作,见于《写作教学教什么》(华东师范大学出版社,2014年版第14页)。
③ 张定远.作文教学论集[M].天津:新蕾出版社.1982:445-467.

画圈点、词语档案、摘录、梗概、提要（内容提要、摘要）、综述；(2)分析型，如思维导图、札记、读书报告、专题研究报告；(3)评价型，如评点、杂感、心得、作品评介或推荐、评论和片段分析的短文；(4)创造型，如续写、扩写、改写、视频脚本和小论文等。

鉴于教学文体（记叙文、说明文、议论文）有违基于真实语用情境培养核心素养的理念，且基于高中读写体系的平衡考虑（参见上一节"不同文类阅读目标与内容的确定"），我们以"文类写作"替换"（教学）文体写作"。文类写作包括实用类写作、论述类写作、文学类写作等三个亚类。

实用类文本，依据《普通高中2017年版》"实用性阅读与交流"任务群的表述，可分为三类：(1)社会交往类的，如会谈、谈判、讨论及其纪要，活动策划书、计划、制度等常见文书，应聘面试的应对，面向大众的演讲、陈述和致辞；(2)新闻传媒类的，如新闻、通讯、调查、访谈、述评，主持、电视演讲与讨论，网络新文体（包括比较复杂的非连续性文本）；(3)知识性读物类，如复杂的说明文、科普读物、社会科学类通俗读物等。

以上三类，是"阅读"涉及的类型，"写作"范围要狭窄，尽管"实用性阅读与交流"任务群有"掌握当代社会常用的实用文本，善于学习并运用新的表达方式"一语。除"实用性阅读与交流"外，有7个任务群涉及实用类写作，依据上述分类框架，分别有：(1)社会交往类的，如采访记录、现场记录；(2)新闻传媒类的，如调查提纲、调查报告、分析报告、专题研究报告；(3)知识性读物类，如试写整合和解释有关（语言）现象的短文。

论述类写作，《普通高中2017年版》"思辨性阅读与表达"任务群只提及"力求立论正确……学习反驳"，似是分立论、驳论，但有关知识是简单粗陋的。总计10个学习任务群提及论述类写作的相关体式：(1)杂感、随笔；(2)讨论、辩论；(3)(新闻)述评、时事评论；(4)作品评论、文学评论；(5)杂文；(6)学术性小论文（研究论文、论文、小论文）。

有关论述类文本，按照说理的发起与性质分五类：(1)感论型，如杂文、杂感、杂论、读后感（观后感）；(2)评论型，如时事评论、文艺评论；(3)研究型，如学术小论文;(4)论辩型,如辩论词;(5)建议型,如建议书①。当然,这种分类是相对的,且"读后感"与学习性写作之"阅读感受","时事评论"与实用类写作"述评"有交叉,这是文类划分难以避免的。

文学类写作,是指为娱乐、审美、鉴赏需要而进行的创作,一般包括小说、诗歌、散文、剧本等。第三学段"能写简单的……想象作文"是其最基础的形态。《普通高中2017年版》在"文学阅读与写作"任务群提及"尝试文学写作""捕捉创作灵感,用自己喜欢的文体样式和表达方式写作","创造更多展示交流学生作品的机会或平台,激发学生文学创作的成就感";在"中国现当代作家作品研习"任务群提及"可根据自己的兴趣,选择喜欢的文学体裁,练习创作短篇作品"。在"学业质量"水平4提及"欢尝试用不同的语言表现形式表达自己的思想和情感,尝试创作文学作品",水平5提及"有文学创作的兴趣和愿望,愿意用文学的形式表现自己的情感"。

四、基于标准的写作教学

"考试误导并塑造着写作教学"是当今写作教学最大的现状。荣维东教授指出应试写作教学存在的问题,一是"反写作"规律,不遵循写作教育的目的和规律;二是"反教育"本质,甚至教人作假、说谎话,违背基本的教育伦理;三是"不实用",不去培养学生在职业、高校学习中需要的写作能力;四是"反趋势",不去教当今世界急需的应用写作、报章写作、公民写作、思辨写作、批判性写作、创意写作以及信息化全媒介环境下的数字化写作等②。

所以如此,表面上看是大规模高利害考试即中考、高考导致的,深层次与我国课程标准制定水平、权威性落后于"世界级"有关③,与我国学界对写作的系统研究不足以及教材编写人、命题人与一线教师写作知识的陈旧有关。《普通高中2017年版》的颁布,可望有所改变。

中小学诸多语文教师盼望有一个明晰科学的写作序列,并着手实践探索,

---

① 林荣凑.高中论述文写作知识体系的尝试性构建[J].语文教学通讯,2020(1A):60-65.
② 荣维东.回归本真回到正轨——2016年高考作文命题反思[J].语文建设,2016(7):10-13.
③ 自1995年始,美国多家机构评价与研究课程标准之"标准",认为课程标准要规定共同的学术核心知识,在知识与技能之间达到平衡,要严格,要具体,要清晰,可管理。参见:赵中建.美国课程标准之标准研究[J].全球教育展望,2005(6):37-41.

自20世纪80年代至今绵绵不绝。尽管至今未有公认的写作体系,但不否认探索的意义、建构的可能,它远比一味地"应试作文"有意义多了。其实,课程标准从实验稿到修订版,各版本教材,不是不想构建清晰有序、扎实有效的写作序列,实在是写作这个"暗箱"远未被揭示,又兼中国幅员辽阔,各地学生学情实际的多样性,使得这种努力显得无力。

退一步说,即便有了最佳的序列,还是需要基于学情而使用的。语文教师的价值,就在于揣摩把握课程标准、研究学生写作基础、融入自身和同仁的教学经验,重建学段训练序列、课堂教学体系、课外练笔平台等,然后在此基础上,落实每一次写作活动,让学生、教师都能获得发展的成就感。这就是基于标准的写作教学。

温州程永超老师正是如此做并颇有建树的。他深入理解课程标准,又具体研究学生写作基础,建立"1-3-2"训练序列。即第一学期作为初高中过渡期,就学生在初中阶段的基本写作素养进行厚实强化,强化高一学生的"文体感";第二至第四学期就本班主体写作群体存在的问题,采用多元化训练形式进行专项训练,如写自传、导游词、解说词、小小说、填歌词、读书札记、产品说明书、科技小论文、改编课本剧、记叙性散文、议论性散文等;第五、六学期主要针对高考作文强化提高,包括创新性的谋篇布局、个性化的语言运用和审题立意等[①]。

程永超老师建构的训练序列,吸纳了课程标准、教材的多种训练形式。他坚持基于标准、学情的写作教学,是值得语文教师学习的。

但是,我们很难要求所有的语文教师能像程老师那样专业、深入而扎实地去做。也许,教材编写人、中考高考的命题人应在基于标准编写教材、命制试题上有更大的作为。从这个意义上说,实现基于标准的写作教学,不独是语文教师的责任,也是教材编制者、中考高考命题人的责任。

五、写作活动的设计与实施

如同阅读教学要以"学的活动"为基点,写作活动也应以学习者为中心,其

---

① 程永超.关于高中"立体式"作文教学的尝试[J].语文教学与研究,2005(10),55-56.另其《写作教学:构建学生的"写作图式"》《写作:行走于言语与思维之间》《为自己写一本"书"》等论文,其浙江省精品网络课程《微作文教程》均可从网络检索得之。

训练序列的构建、活动内容和方式的选择、写作空间的拓展、活动过程的展开，都必须切入"学情"，以激发和保护学生的写作兴趣，发展学生的写作能力，强化"交流—读者"的写作意识，通过写作培养学生的健康人格。这正是基于标准的写作教学的追求。写作活动的设计与实施，与阅读活动的设计与实施有相通之处。这里，只就写作的操作关键点做出说明。

1. 活动目标的确立和陈述

确定写作活动的目标，可以从这些方面思考：(1)课程标准的一般要求；(2)学习者分析，包括学习者需求、学习基础、学习困难，以确定学习起点；(3)分析某次写作需要的基本知识，包括文体的知识、技巧或训练点的知识、读者的知识，明确"应知"内容并根据学情决定是否补充教授；(4)写作环境分析，其中包括写作资源的分析，这一点比阅读活动环境分析更为重要。

陈述写作活动的目标，行为目标的方式将受极大的限制。如安德森等所说，"陈述创造性写作、诗歌和艺术理解的目标可能是困难的"[1]。为此，"创造挑战性、有意义的任务""把学生的先前知识与经验关联起来"[2]就显得十分重要，建议用"表现性任务"替代"行为目标"。请比较下面两种表述[3]：

【行为目标的表述】学写求职简历、创业计划书等求职应聘类应用文，参与"挑战职场"模拟招聘会，能语言流畅，举止得体地进行自我介绍，熟悉求职应聘面试流程，通过活动锻炼应用文写作能力、口语表达能力，积累应聘经验。

【表现性任务的表述】假设时钟拨快了，我们已到了"求职应聘"的时节。为获得你心仪的单位和岗位，你需要准备求职简历、创业计划书。若干天后，你获得面试的机会，参加应聘面试。请你认真准备有关材料，从容参与面试，以获得职高三年所学的用武之地。

上面"行为目标的表述"中有关"应知"（简历、计划书的格式，面试的流程等）、"能会"（学写有关应用文，锻炼……能力等），已将活动的"终点"陈述清楚。

---

[1] L·W·安德森,等.学习、教学和评估的分类学:布卢姆教育目标分类学(扩展版)[M].皮连生,主译.上海:华东师范大学出版社,2008:20.

[2] 琳达·达林—哈蒙德,等.高效学习:我们所知道的理解性教学[M].冯锐,等,译.上海:华东师范大学出版社,2010:3-4.

[3] 林荣凑.高中语文学习活动的设计与实施[M].北京:科学出版社,2014:99.

如果将此目标给学生交代，学生也是能明晓其意的，但写作动机无以激发。传统做法，教师会通过"创设情境"这一环节以激发写作动机。这种做法诚然不错，但我们主张再往前走一步，设计"表现性任务"。有了融入情境的"表现性任务"，就无须交代比较理性、冷面的"行为目标"。

这就是"交流—读者"取向的写作教学范式，将写作置于真实的社会情境中，重视话题、读者、目的等真实交际语境的营构。基于真实（或仿真）情境的表现性任务设计，可望改变我国交际语境意识严重缺失的问题。美国一项写作研究表明，有效写作任务具有以下特征①：

（1）好的写作任务，要求学生写给一个具体真实的读者。

（2）让写作成为一个真正的交流沟通行为。当观众不是真实的，写作不是真正的交流时，往往写不好。

（3）好的写作任务根植于特定而具体的材料中。学生被要求与这些材料互动，并对这些材料进行分析、比较、转化。不好的作文题目往往不要求学生对材料进行分析，仅仅是定位信息并重述它而已。

（4）好的作文发生在学生能够有机会参与时。参与最有可能发生在作者能对所写的文章主题、样式（不论写信还是写论文等）和读者进行选择时发生。

（5）如果写作任务能够提供如何结构文章的指导，并提供一个适当的写作支架时，学生的作文会写得更好。

理想的状况，应是教材率先改变，教材的编写思路、教学内容的编制，具体如写作训练题的设计等，应提供一些具有真实生活信息的情境，使学生写作更容易与真实生活建立联系。不过，现有国内教材中的写作提示与训练题，所提供的真实情境信息整体上有限。如统编本2016年版七年级上册第二单元"学会记事"第二题："以《那一次，我真……》为题，先将题目补充完整，然后写一篇记事为主的作文，不少于500字。"尽管有"提示"（可以补充一个表示情感或心理活动的词语，如"快乐""开心""感动""后悔""失落"等），但总是无法将学生带入特定的表达情境，其真实性受到严重限制。不妨添加诸如"给校园网（校刊）

---

① 荣维东.交际语境写作[M].北京:语文出版社,2016:376-377.

‘心灵驿站’"投稿之类的情境和表达对象的信息,将真实写作成分提高,学生的写作兴趣也很有可能被激发出来。

2. 写作活动的设计

未必成文的就是写作,写作活动具有多样性。按写作时间,有课堂写作、课外写作之分;按成果完整性,有片段写作、成文写作之分;按写作自由程度,有规定写作、自由写作之分;按写作文体,有实用类、论述类、文学类之分。此外,还有合作写作与独立写作,一般写作与文学创作之分。想象作文是小学语文教师经常采用的训练形式,如"50年后的家乡""假如我是市长"。蒋军晶老师"沙漠探险7日谈"是这样设计的[①]。

下面是一个探险队在茫茫的沙漠中7天的用水统计图,请你根据图示充分发挥想象,编写一个动人的探险故事或系列故事。

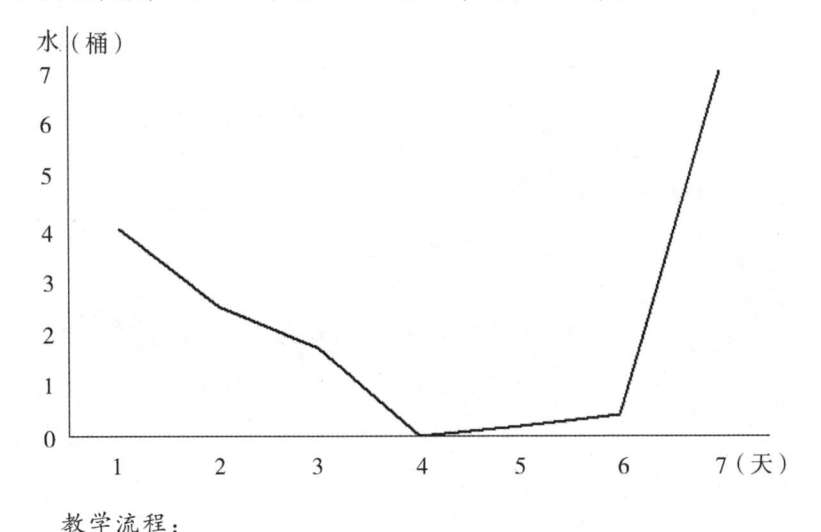

教学流程:

1.引发第一次讨论:我们编写的探险故事怎样才算"精彩"?(结合自己读过的探险故事)

讨论结果:(1)合理、曲折的情节安排(例如探险队第4天的用水量为什么几乎为0,在这样的情况下可能会发生什么变故?第5、第6天用水量为什么又上升了?水是从哪儿获得的?最让人奇怪的是第7天用水量竟

---

① 蒋军晶.课堂打磨[M].北京:北京师范大学出版社,2009:115.

然创"历史新高",如何解释?);(2)逼真的让人身临其境的环境描写;(3)细腻的让人感同身受的心理描写。

2.引发第二次讨论:要做到上述3条,应该做哪些准备?

讨论结果:(1)了解沙漠特点,如沙漠的气候、沙漠中的动植物、沙漠地区的居民、沙漠中的奇特现象;(2)了解探险知识,如探险装备、探险队员的个人素质,探险过程中可能会遇到的危险境遇,各种各样的真实的探险故事……

3.引发第三次讨论:可以通过哪些途径了解沙漠特点和探险知识？讨论结果:(1)查阅有关图书、音像(图书音像店、图书馆、学校专用的"资料求助板");(2)查阅有关网站(教师推荐的网站:"Google"搜索网站里搜索到的网站);(3)实地亲身体验。

4.组成小组搜集资料,及时交换、共享,然后分头写作。

5.将自己的小说在学校BBS论坛上发布,供全校师生及家长品评。评出"最佳小说"(跟帖、点击数最多的为优胜)。

戴维·H·乔纳森曾说:"在社会文化的、以活动为导向的情境脉络中的学习,才是最自然的和最有意义的。"[1]蒋军晶老师的活动设计正是如此。

基于核心素养的写作,应强调真实问题、真实听众的写作。因而,写作活动的设计应更多从真实情境、交流语境上进行策划。荣维东老师在其《交际语境写作》中曾对中美"写感谢信"的写作过程进行比较研究,发现美国教学提倡的是真实写作,如谁帮助过你,为你做过什么好事情;回忆自己受过谁的帮助;确定自己要感谢的人和事情,和同学们讨论自己的感谢信是否符合实际,是否真诚。而我国主要停留在文本写作阶段,教学内容主要是感谢信的定义、特征、格式要求等。美国的写作讲究角色意识、读者意识、交流意识,而这些意识中国都比较欠缺[2]。

3. 写作活动的实施

在传统"结果—文本"取向的写作教学范式中,写作活动的实施(构思、写作、修改)多不加以关注;"过程—作者"取向的写作教学,对过程的关注又易琐

---

[1] 戴维·H·乔纳森.学习环境的理论基础[M].郑太年,任友群,译.上海:华东师范大学出版社,2002:92.

[2] 荣维东.交际语境写作[M].北京:语文出版社,2016:304-309.

碎,我们主张"交流—读者"取向定位,化用另两种取向之长。

写作活动由写作任务驱动。但是,任何精心的设计都会在实施中遇到生成的问题,教师要及时掌握学生的学习状态、学生状况,给予学生针对性的指导,必要时打破原来的活动设计方案,对活动的内容、形式乃至于活动的目标做出一些调整。这种调整,需要教师将学生的写作过程细化,或将写作过程分解成若干要素或能力点,在具体的写作活动中,以体现教师对学生写作过程的指导。

写作过程的细化,可以建立一些基本模型,如美国马萨诸塞州英语语言艺术课程 2001 年 6 月版的普通五阶段模式的操作要求,见表 3-6[①]。

表 3-6 英语语言艺术课程普通五阶段模式的操作要求

阶段	策略	过程
确立中心与制订计划	通达先前的知识,建构目的,辨别听众(读者),形成问题,理解任务的标准	讨论、列表、画图、网络、草拟、角色扮演、自由写作、组织、分类、列提纲
打草稿	(看普通标准 19)	添加事实与细节,删减不必要的细节和多余的话
评价与修改	带着听众意识、目的和焦点问题重新读。辨别含义不清及逻辑错误。注意是否连贯、阐述是否具体、是否有细节描写。(看普通标准 19)	重新组织 为清晰、语气、风格和连贯重新措辞
评价与编辑	对照标准和英语语言规范重新读。(看普通标准 22)	对句型变化、正确的句子结构、技巧、惯用法和拼写进行编辑
出版与评定	审视标准和任务目的、听众的需要;计划和准备最后的产品;反思和计划未来的写作任务。(看普通标准 25)	设计 格式化 排演和上交 评价最后的产品

表 3-6 是写作过程细化的普适性模型,结合不同类型的写作活动内容可以

---

① 王爱娣.美国语文教育[M].桂林:广西师范大学出版社,2007:139.

进一步细化。这是写作过程指导的一种路径。另一种路径,是将写作过程分解成若干要素或能力点,试以高中论述文写作的规划为例。

传统的议论文写作,通常是依据"三要素"等有限的知识展开的。在学科核心素养的教学背景下,应以论述类文章(简称论述文)替代议论文这一教学文体,并更新相关知识,系统规划高中阶段论述文的写作。

需要借助非形式逻辑的认知(如图尔敏论证模式),探索自然语言下的论述文写作。论述文是作者与读者的平等对话行为,意在对具体对象获得说服的效果;其特征"说理",由观点(主张是什么)—理由(为什么主张是成立的)—用可靠的材料阐释理由(为什么理由是合理的,理由的理由)等三个层次构成;论述类文本可分感论型、评论型、研究型、论辩型、建议型等亚类,亚类包括各种具体体式,如读后感、时事评论、文艺评论、鉴赏文等。

基于这一重构的知识,我们将论述文写作分成一般论述文的写作和具体体式(如杂感、文学评论等)的写作等两部分。据此,再分解出更多的能力训练点①。如一般论述文的写作,又分为分析话题、提炼观点、形成纲要、援事说理、因果说理、比较说理、辩证说理、反驳澄清等训练点。根据学情,还可以设计更小的训练点,如"隐含假设挖掘"等。

如此,教师对学生的写作过程指导,就不会做"甩手掌柜"了。当然,教师在写作活动实施中的作用,在不同的写作活动中强度、频度未必一致,一些写作活动的实施,教师更倾向于关注个体,比如随笔、文学创作。有一些写作活动的实施,教师更倾向于关注群体,比如戏剧改编、辩论词写作以及调查报告、导游词等写作活动的实施。

4. 写作的评价——评分规则

最传统的作文方式,大概都是"学生写,教师批(改)"。朱自清先生在《中等学校国文教学的几个问题》之"改文与作文、说话"中说:"凡做过国文教师的,一提及改文,头痛的有百分之百!改文确是苦事!"然而,学生如何对待教师的批改呢?"他们第一看总批,第二是看圈点和眉批;至于改作,光顾的竟是很少",此为徒劳。"好文章改得好,坏文章改得好,大多数的普通文章改不好!"此是难

---

① 林荣凑.论述文写作16课[M].杭州:浙江工商大学出版社,2018.

为。但是,"因历来的习惯,学生虽不看改作,却要教师改而且详改",真会让语文教师疯了的。这不,朱先生就举过一例:"某校有一国文教师因改文过劳,发了精神病,只是用了笔在粉白的墙上涂抹圈点,终于死了!"①

不知从何时起,将学生引入批改的队伍,于是作文批改的方式有教师批改、学生批改和师生同改等。作文批改的方法,有书面批改、当面批改,有全面批改、重点评改,有普遍批改、轮换批改。讲评的方式,有综合讲评、典型讲评、对比讲评、专题讲评、经验交流等,而其讲评内容,大体包括基本情况、思想内容、表现形式等方面②。传统作文评阅存在诸多问题,论者颇多,不多述③。

我们并非全面否定传统,但确乎存在一个有趣的现象,学生乃至教师并不是都明白"怎样的作品才是好的",这与作文技能的复杂性有关,也与缺乏这方面研究有关。我们引入表现性评价技术,开发评分规则,让学生清楚明了每次作文评价的标准,有意识地运用于准备、写作、修改、交流、反思,将评价牢固地镶嵌于写作教学的全过程,以改进学生的写作表现,提高写作教学的效率。具体操作,如"沙漠探险7日谈"教学流程1、流程5。

有关评分规则的知识,参见本书第四章第二节。《论述文写作16课》一书,我们为每一课的训练点都设计评分规则,其中第2课"话题分析好到什么程度"的评分规则如下④:

1分=对话题材料的理解错误,没有提炼出话题的焦点,未考虑多方立场与观点,未明确自己的立场与观点,相关的理由与材料很贫乏。

2分=对话题材料的理解基本正确,提炼的话题焦点存在较大偏差,未考虑多方立场与观点,自己的立场与观点比较含糊,相关的理由与材料比较贫乏。

3分=对话题材料的理解基本正确,提炼的话题焦点存在偏差,能考虑多方立场与观点,自己的立场与观点比较明确,有较多相关的理由与材料。

4分=对话题材料的理解正确,提炼的话题焦点切合题意,能充分考虑

---

① 朱自清.朱自清语文教学经验[M].北京:教育科学出版社,2007:17-19.
② 周庆元.语文教育研究概论[M].长沙:湖南人民出版社,2005:281-291.
③ 郑桂华.写作教学研究[M].南宁:广西教育出版社,2018:318.
④ 林荣凑.论述文写作16课[M].杭州:浙江工商大学出版社,2018:25-26.

各方立场与观点,自己的立场与观点明确,有比较丰富的相关的理由与材料。

5 分＝对话题材料的理解正确,提炼的话题焦点切合题意,能充分考虑各方立场与观点并挖掘其中观点的隐含假设,自己的立场与观点独特,有丰富的相关的理由与材料。

有了评分规则,又该怎样使用呢？请参见《评分规则:运用于写作教学的全程》①、《写作教学需要"导航系统"》②及本书第六章的案例。

六、写作活动形式的创新实践

中外母语写作教学的探索从未间断,形式也不断翻新,下面介绍若干。

1. 自由作文(随笔)

自由作文,即前文所述的"随笔写作"类型,是《普通高中 2017 年版》"力求有个性、有创意地表达"的落实与体现,意在培育语感与个性风格,不独适合高中语文,也适合义务教育的学生。

朱自清先生曾说:"作文宜在课内,抑宜在课外？宜由教师出题,抑宜由学生拟题？我以为这都是自由与干涉的问题,我是主张自由的。"③夏丏尊先生说:"文章普通有两种体式,一是实用的,一是趣味的。"④所以引述两位前辈之语,意在说明:自由作文(随笔等,放胆文),大可以作为日常写作训练(小心文)的另一翼,无求语言的华丽与否,只要学生爱写。

其实,这是课程标准规定了的。《义务教育 2011 年版》:"要求学生说真话、实话、心里话,不说假话、空话、套话……为学生的自主写作提供有利条件和广阔空间,减少对学生写作的束缚,鼓励自由表达和有创意的表达。"《普通高中 2017 年版》:"自主写作,自由表达……力求有个性、有创意地表达。"然而考场作文的"潜规则"却是文采,这实在是"不基于标准的评估"。北京大学温儒敏教授曾调查"北大学生眼中的中学语文"⑤:

---

① 林荣凑.评分规则:运用于写作教学的全程[J].基础教育课程,2012(4):67-69.
② 林荣凑.写作教学需要"导航系统"[J].语文教学通讯,2013(4):50-52.
③ 朱自清.朱自清语文教学经验[M].北京:教育科学出版社:2007:18.
④ 夏丏尊.夏丏尊教育名篇[M].北京:教育科学出版社:2007:110.
⑤ 温儒敏.北大学生眼中的中学语文[J].语文学习,2009(1):4-7.

……还有的回忆中学老师教如何吸引高考改卷者的"眼球",框架如何变通,成语妙语如何贴上去增色,等等,甚至"感情也可以模仿"。具有讽刺意味的是,这样做居然可以得高分。有些同学慨叹,"长期写着华而不实或者自己都难以相信的文章,又何来心灵的慰藉与净化? 写作也就成了众多学生的一件苦差事。"

但也有学生说他们的情况好一点,主要是老师比较注意让学生平时加强积累训练,而且尽量让学生发挥才能,是有兴趣的训练。比如有的用"周记选刊"方式,从高一开始每周要求学生写周记,题目任选,字数800以上,每个同学都有自由发挥的空间。老师每周从中挑选刊出,文章风格各异,游记、小品、随笔、思辨文均有。"理科班同学终究成不了文学青年,可是这样练习写真切的文字,怕是再也难于遇到了。"

也许,我们需要记取夏丏尊先生的另一段话[1]:"人之虚伪心竟到处跋扈,普通学生之作文亦全篇谎言。尝见某小学生之《西湖游记》,大用携酒赋诗等修饰,阅之几欲喷饭。其师以雅驯,密密加圈。实则现在一般之文学,几不用'白发三千丈'的笔法。循此以往,文字将失信用,在现世将彼此误解,于后世将不足征信。矫此颓风者,舍吾辈而谁?"

一方面,我们希望在"小心文"的训练中,语文教师能选择"交流—读者"取向;另一方面,希望能提供"放胆文"的写作,如随笔写作[2]。

2. 基于创作的写作学习

《普通高中2017年版》在"当代文化参与"学习任务群中提出"设立各类语文学习共同体(如文学社团、新闻社、读书会等)"。指导学生进行文学创作,或者鼓励学生创办或参与文学社团,这是一条行之有效的写作训练之路。可惜,学生的参与度、参与面还不够理想。

浙江省绍兴谢澹老师的探索就比较系统且颇有成效,她在高一高二阶段试图探索另一种写作形式,希望借此带给学生不一样的写作感受,唤起学生对写作的热爱和兴趣,设计并实施了"基于创作的写作学习"的六个活动:

相信童话——高中生绘本鉴赏与创作活动案例(高一上)

---

[1] 夏丏尊.夏丏尊教育名篇[M].北京:教育科学出版社:2007:70-71.
[2] 林荣凑.随笔功用与写作指导[J].中学语文教学,2000(7):47-48.

我们一起来"造梦"——高中生小说创作活动案例(高一寒假及高二下)

笔墨与歌声齐飞——"我爱写歌词"创作活动案例(高一下)

我的"拍客"我的视野——高中生图文创作活动案例(高一暑假)

爱诗的年纪来写诗——高中生现代诗歌创作活动案例(高二上)

春天,我们出发——"寻找一棵树"主题创作活动案例(高二下)

有关的操作,可参见其《笔墨正年华:基于创作的写作学习》一书[1]。此外,程永超老师的《为自己写一本"书"》[2]也可参看。

3. 作家工作室训练法

方帆在《我在美国教中学》[3]中,介绍了美国写作教学中比较流行的"作家工作室训练法",这种训练法将做、写、说、思的能力训练有机地结合起来,学生以写作、讨论、修改为主要学习方式,在写作中学习写作。

其具体步骤是这样的:

(1)教师给出题目或写作场景,如:①写你生活中经历过的一次巨大困难以及你是如何克服它的;②学校是否应该硬性规定学生穿校服?

(2)全班分组"头脑风暴"。全班按所选题目或写作场景分组,在教师规定时间内(一般10分钟左右)自由讨论,看看这个题目都可以写些什么。之后学生自由举手发言:看到题目时,我会想到什么。所有发言的主题由学生记录员记录下来,大家共同进行分类、比较、综合、分析,酝酿出可以接受的主题或中心思想。然后全班分享各小组讨论的成果。

(3)学生决定主题,写出文章大纲和中心思想。把与主题无关或没有用的内容去除,深入研究剩下的东西,必要时依靠工具书或电脑等进行进一步的研究。

(4)分享大纲和主题并做修改。在小组里面,根据一个评分标准,学生互相评价各自的大纲写得如何,然后根据同伴的评价并修改自己的大纲。然后在课堂上口头汇报。学生记录别人的口头报告,留意好的论点、故事

---

[1] 谢澹.笔墨正年华:基于创作的写作学习[M].杭州:浙江教育出版社,2013.
[2] 程永超.为自己写一本"书"[J].中国教师,2006(9),38-39.
[3] 方帆.我在美国教中学[M].上海:华东师范大学出版社,2005.

情节或例子,看看能不能为己所用,修改自己的大纲。

(5)教师评价大纲,学生修改大纲并写出初稿。把修改好的大纲送交老师评分,老师根据评分标准评价学生送上来的大纲。学生再次修改大纲,把大纲变成文章初稿。

(6)小组评估初稿。在小组中,根据评分标准互相评估并讨论修改文章的初稿。这个过程中学生必须给同伴解释为什么自己要这样写,并准确地回答同伴对文章所提的各种疑问。

(7)教师评估初稿。教师给学生的初稿打分,并根据评分标准写出修改建议。

(8)学生写出修改稿。学生根据教师发回来的建议对文章进行修改,写成二稿,交由教师评分。假如不符合及格标准,学生还必须再修改,写三稿、四稿。作文的及格标准是100分制的85分,学生必须写到及格为止。

学生作文的最后定稿通常会用电脑打印出来,然后配上插图、封面、封底,装订成一本书,全班每一个学生都有一本,让大家有"出书"的自豪感。

"作家工作室训练法"一次写作大约需要三到四课时的课堂时间,加上课余的搜集处理信息的时间,用时较长,但确乎可以解决写作教学"一英里宽一英寸深"的问题。我国那种每学期写8—10篇大作文等的规定,可以休矣。

4. 批判性写作(思辨性写作)

批判性写作,是与批判性思维(Critical Thinking)联系在一起的,其实就是我们所说的论述类文章写作,只是对论述类写作"批判性思想"的强调,那些具有感论、评论、研究或论辩性质的论述类文章写作,更需要具有批判性思维的含量。

批判性思维的"批判"(critical),是审察和辨析、分析和判断的意思,而不是"谴责"与"声讨"。从这个意义上说,"批判性写作",更恰当的提法应该是"思辨性写作"或"思辨写作"。

近十年来,由于上海余党绪等老师思辨读写的倡导与推广,批判性写作、思辨性写作受到极大的关注,徐贲《明亮的对话:公共说理十八讲》、董毓《批判性思维原理和方法:走向新的认知和实践》、余党绪《说理与思辨:高考议论文写作指津》等书也因之热销。《普通高中 2017 年版》"思辨性阅读与表达"学习任务群清晰而凝练地表达了该群的宗旨:"学习思辨性阅读和表达,发展实证、推理、批判与发现的能力,增强思维的逻辑性和深刻性,认清事物的本质,辨别是非、善恶、美丑,提高理性思维水平。"

然而,《义务教育2011年版》还未能较好地体现,这并不意味义务教育无须担负思辨读写的任务。下面介绍美国公立学校的公共说理教育[①],意在说明《义务教育2011年版》的修订,或应增加思辨性读写的内容。

美国公立学校的教育中,公共说理教育的准备其实从小学一年级就已经开始。《加州公立学校幼儿园至12年级阅读和语言艺术(教学)纲要》对小学五个年级的"说理"有具体的要求。一年级:重述简单说理和叙述段落中的主要观点。二年级:重述文本中的事实和细节,说清和组织要说的意见。三年级:在说理文中区别主要观点和支持这些观点的细节。四年级:区别说理文本中的"原因"与"结果"、"事实"与"看法"的区别。五年级:分辨文本中的"事实""得到证明的推论"和"看法"(尚有待证明的观点)。

六年级的公共说理的重点在于区分"事实"和"看法"。事实是公认的知识,而想法只是个人的看法。任何想法都不具有自动的正确性,都必须经过证明才能获得正确性。证明也就是说服别人,清楚地告诉别人,为什么你的想法是正确的,理由是什么。看法必须加以证明,提供理由。四种常见的理由是:事实、例子、数据、专家意见。

七年级对学生"说理评估"能力的要求是:"评估作者在支持结论和立场时所用的论据是否适当、确切、相关,并注意有偏见和成见的例子。"其中注意"偏见"和"成见"是新要求,也是从形式逻辑向社会公正内容过渡。八年级要求的重点在"评估文本的统一性、连贯性、逻辑以及内部的一致性和结构"。

高中对学生的"说理评估"能力要求比初中有所提高。高中分两个阶段。第一个阶段:九到十年级,"说理评估"要求是在说理中必须有对方意识。说理文写作除了形式逻辑,还要讲究结构逻辑(例如,文章不同部分的顺序、逻辑过渡),能够预先估计和避免读者可能会有的误解。此外,还要求学生正确理解对方的话,不望文生义,不曲解,不断章取义。

---

① 徐贲.明亮的对话:公共说理十八讲[M].北京:中信出版社,2014:前言7-11.

高中第二阶段是十一到十二年级。这个阶段的"说理评估"对象是"公共文件",如政府的文告、政策说明、政党文宣,公共服务部门的宗旨、规章、条例、商贸和招聘信息等等。一切发表了的东西,只要议及公共话题,都是公共文本,也都必须接受公众的"说理评估"。

在美国学校里,从高小到初中、高中,再到大学,有一个不断持续的说理教育过程,从小学四年级算起,光必修课就有 10 年,可见培养说理的习惯不容易。尤其重要的是初中 3 年,这个时期的学生,教育可塑性最强,有自然的好奇心和求知欲,而且能很快将学到的知识吸纳并转化成为习惯。美国之所以能有比较高的公民素质、国民独立思考能力和公民社会理性,除了这个国家的民主传统之外,重视公民教育应该是一个重要的原因。

5. 创意写作、跨学科写作与新媒体写作

这三种写作,《普通高中 2017 年版》都已有相应的表述。

创意写作。狭义的创意写作,只是指文学创作,或至少以文学写作为主体。"课程内容"学习要求之四"力求有个性、有创意地表达"即是。广义的创意写作,是指一切以创意为特点的写作,"所写的作品不限于小说、诗歌或剧本,还包含有创意的文案策划、自传、纪念册等"[①]。美国伊莱恩·沃尔克的《创意写作教学:实用方法 50 例》(吕永林等译,中国人民大学出版社,2014 年版),赖声川的《赖声川的创意学》(广西师范大学出版社,2011 年版)均可学习参考。

跨学科写作。"中国革命传统作品研习"任务群提出"可与历史课、地理课结合,组织跨学科的学习活动……提高学生口头交流、现场记录、文稿整理、理论论证的能力和水平","中国革命传统作品专题研讨"任务群提出"与政治、历史等学科的教师组成专题指导组,引导学生开展跨学科的研究"。学自然与人文地理让学生写导游词,学历史让学生写短小的史论,学自然科学让写观察与实验报告等,均可成为跨学科写作的内容,关键是学科教师间的配合与互动。

新媒体写作。"跨媒介阅读与交流"任务群要求学生"学习运用多种媒介展开有效的表达和交流","实用性阅读与交流"任务群提及"网络新文体""多媒体展示交流""尝试选择传统媒体和新媒体写作"都清晰地传达了高中学生新媒体

---

① 胡根林.创意写作过程指导:内容与方法[J].语文建设,2019(8):35-41.

写作的信息。以微信应用的普及为标志,以互联网和手机媒体为主要载体的移动互联网时代已全面来临。有条件的学校和有经验的教师,可以利用网站、微博、微信以及头条号等新媒体,鼓励学生投身新媒体写作。

创意写作、跨学科写作与新媒体写作,均可作为综合性学习的内容。

第四节 综合性学习的设计与实施

语文课程具有综合性、实践性,除阅读、写作之外,还有听、说以及超越单一的读写听说而呈现一定综合性的学习活动。本书以课程标准为参照,把义务阶段的"口语交际""综合性学习",高中阶段的"口头表达与交流""梳理与探究"合置为"综合性学习"。

一、综合性学习:语文的一个学习领域

综合性学习,或以为是一种课程形态[1],或以为是一种学习方式[2],或以为既是课程形态也是学习方式[3],或以为是一种言语实践活动[4]。其实,这些说法均有其合理性,重要的是要把"综合性学习"与"综合课程"区别开来。

"综合课程"是一种主张整合若干相关联的学科而成为一门更广泛的共同领域的课程,世界各国各有不同的称谓。日本传统的中小学教育课程结构,是由学科、道德、特别活动三部分组成的,在1996年7月29日新的课程改革方案中,新增了"综合学习的时间"[5]。日本的这种"综合性学习"即综合课程。

"综合性学习"作为语文课程内部的一个学习领域,反映了我国语文课程建设的进步,与世界性母语教育课程发展趋势有着许多相同点[6]。在语文(母语)

---

[1] 朱绍禹.中学语文课程与教学论[M].北京:高等教育出版社,2005:318.
[2] 彭小明.语文课程与教学新论[M].杭州:浙江大学出版社,2009:4.
[3] 刘永康.语文课程与教学新论[M].北京:高等教育出版社,2011:235-236.
[4] 申宣成.表现性评价在语文综合性学习中的应用[D].上海:华东师范大学,2011.
[5] 熊梅.当代综合课程的新范式:综合性学习的理论和实践[M].北京:教育科学出版社,2001:95-96.
[6] 温儒敏,巢宗祺.《义务教育语文课程标准(2011年版)》解读[M].北京:高等教育出版社,2012:235.

教育课程内部,或单列"综合性学习",或渗透于听说读写之中,这是世界性母语教育课程的发展趋势。我国《义务教育实验版》《义务教育 2011 年版》采用前一种形式,"主要体现为语文知识的综合运用、听说读写能力的整体发展、语文课程与其他课程的沟通、书本学习与生活实践的紧密结合"。

普通高中的课程标准采用后一种形式。《普通高中实验版》尽管没有"综合性学习"的提法,但有类似的表达("注重跨领域学习,拓展语文学习的范围,通过广泛的实践,提高语文综合应用能力")。《普通高中 2017 年版》明确提出"创设综合性学习情境……通过多样的语文实践活动,融合听说读写,跨越古今中外,打通语文学科和其他学科、语文学习和学生的生活世界",特别是"学习任务群"的设置,极大地凸显"综合性学习"的地位与价值。

如此说来,基于标准的语文教学,不仅包括基于标准的阅读教学、写作教学,还应包括基于标准的综合性学习教学。

二、综合性学习活动的目标与内容

综合性学习,在义务教育阶段,是一个与"识字与写字""阅读""写作(写话、习作)""口语交际(整合了听、说,其功能又超过了听、说[①])"相并列的学习领域。课程标准按学段表述其目标与内容,如第三学段(5—6 年级):

1.为解决与学习和生活相关的问题,利用图书馆、网络等信息渠道获取资料,尝试写简单的研究报告。

2.策划简单的校园活动和社会活动,对所策划的主题进行讨论和分析,学写活动计划和活动总结。

3.对自己身边的、大家共同关注的问题,或电视、电影中的故事和形象,组织讨论、专题演讲,学习辨别是非、善恶、美丑。

4.初步了解查找资料、运用资料的基本方法。

《普通高中实验版》没有设立"综合性学习"领域,但多个教材版本设置了带有综合性学习性质的板块,如人教版必修教材中的"梳理探究",下面是其必修一的设计:

---

① 巢宗祺,雷实,陆志平.《普通高中语文课程标准(实验)》解读[M].武汉:湖北教育出版社,2003:52.

1. 你所知道的甲骨文知识有哪些？课外准备一下，与同学交流；

2. 观察下面的汉字字形演变表（略），说说你发现了汉字字形演变的什么规律；如有条件，课外翻阅东汉许慎的《说文解字》，另找几个汉字进行形体演变比较；

3. 整理形声字的六种构成方式，填写下表（略）；

4. 利用汉字的结构可以构成字谜和隐语……请搜集一些字谜、隐语与同学交流；

5. 课外延伸：许多汉字都与典故、轶事联系在一起，学习汉字的同时如果能了解一些与之相关的典故、轶事，不但妙趣横生，而且能提高我们的文化修养。请以"趣话汉字"为题，开一次讨论会，或写一篇短文。

《普通高中 2017 年版》设置了 18 个"学习任务群"，每个任务群都有"学习目标与内容"的表述，明确要追求语言、知识、技能和思想情感、文化修养等多方面、多层次目标发展的综合效应，而不是学科知识逐"点"解析、学科技能逐项训练的简单线性排列和连接。可以推想，基于《普通高中 2017 年版》的教材编制，将呈现更为丰富多样的"综合性学习"状貌，凸显学生学习语文的根本途径，引领高中语文教学的改革，以切实提升学生学科核心素养。

课程标准、教材为综合性学习的实施提供了可能。教师要能进一步做改编或开发，还应对综合性学习的内容有整体的、清晰的认识。下面结合课程标准、中外综合性学习的实践案例，对此作一梳理，或将有益于读者。

1. 课内综合类。基于文本、单元或模块，设计读写听说中两种及两种以上知识能力的综合。传统的"读写结合"（多基于文本的综合，又分"以读促写"和"以写促读"）、"听说结合"（即"口语交际"，如讨论、演讲、辩论等）属于这一类。课内综合类的创新设计，可以基于文本、单元乃至模块，设计两种以上的综合，如编演课本剧等。各版本的教材都有类似的尝试，如围绕"汉字"展开阅读、游戏、问题探究、讨论等活动；结合有关单元课文的内容，以"我爱我家"为题，开展口头和书面的交流等。

2. 关联拓展类。基于课内的听说读写，依据某一关联点（如题材）向课外拓展，实现课内、课外读写听说的综合。传统比较多的，如从课文阅读到课外同题材、同作家作品的扩读（群文阅读），扩读后再作书面或口头的展示、交流就属于这一类。创新的设计,可以向其他课程拓展,如学习《海底世界》一课后,可以开展"海洋鱼家族"活动,设计具有语文性的综合活动(如查阅、整理资料,编写墙报或小刊物,组织口头报告会),实现语文与科学的结合。哈蒙德《高效学习》一书,提供的"深度拓展科学应用"(IDEAS)、"历史推理和议论文写作"[1],则是语文的阅读、写作与科学、历史综合的案例。

3. 社团活动类。根据学生的兴趣爱好,组织各种语文类的社团活动,如辩论队、演讲小组、诗歌社、演剧社等(朱自清先生称为"小组织"),定期组织活动,语文教师也比较熟悉。课程标准在第四学段已提及"自主组织文学活动,在办刊、演出、讨论等活动过程中,体验合作与成功的喜悦",《普通高中 2017 年版》明确表达了"设立各类语文学习共同体(如文学社团、新闻社、读书会等)"的要求。

4. 观察表达类。这是我国语文教师最熟悉的一类。课程标准从第一学段到高中每学段都有类似的要求,如第一学段"观察大自然,用口头或图文等方式表达自己的观察所得",普通高中"多角度地观察生活,多方面地增进语文积累"。后者的"观察",似可包括实验、调查、访问等,表达方式可包括观察日记、实验报告、调查报告、采访手记、通讯等等。当然,观察与表达的范围、要求,可随学段而扩大、提升。

5. 课题研究类。以学生感兴趣的问题或主题为中心,采用课题研究或主题探究的方式,通过调查、分析、文献资料收集等研究手段,对课题或主题展开研究,撰写研究报告或研究文章。如"社会用字情况调查""……文化探寻"等。《普通高中 2017 年版》"梳理与探究"可归入此类。

以上五类,有比较多的语文教育传统成分。下面的三类,意在介绍国际前沿的做法,有关内涵解说均来自哈蒙德《高效学习:我们所知道的理解性教学》一书,两个域外案例,均来自该书第二章"理解性阅读"[2]。这三类与上述五类难免有交叉,但侧重点和开展方式自有不同。

---

[1] 琳达·达林-哈蒙德,等.高效学习:我们所知道的理解性教学[M].冯锐,等,译.上海:华东师范大学出版社,2010:79.

[2] 琳达·达林-哈蒙德,等.高效学习:我们所知道的理解性教学[M].冯锐,等,译.上海:华东师范大学出版社,2010:53-84.

6.项目活动类(基于项目的学习)。基于项目的学习,是让学生参与到不断深入的项目之中,从而使学生获得在真实世界中解决实际问题的技能和方法。这一学习方法有如下特征:(1)以课程为中心;(2)围绕引导学生接触到核心概念或者原理的驱动性问题来组织;(3)重点在于包括探究以及知识建构的有建设性的调查;(4)学生驱动,因为学生要对做出选择、设计和管理工作负责;(5)真实性,提出发生在真实世界的问题和人们关心的问题。

域外案例:协作推理和写作。借用常规辩论中"对抗"的理念,鼓励学生"支持"一部作品(通常是一个故事)中提出的某个重要的道德或伦理问题,故事中的角色遇到了问题,需要被给予一种"好"过其他方法的特权(例如,偷自行车是为了救人一命,或者偷东西是为了帮助没钱买食物的人)。学生协同工作以寻找论据(论断和证据),这些论据将在对主要争议点的班级辩论中使用。通过对阅读理解、写作流畅性和组织性以及推理的测评,证据表明,协作推理(CR)方式胜于以更传统方式讨论相同文本的其他方法。

国内案例[1]:重庆市长寿区出产的沙田柚甘甜细腻,畅销国内外,是重庆市非常有名的特产。重庆教师可开发"正是柚熟飘香时"综合性学习活动:(1)写柚,组织学生到沙田柚种植户观察、描写沙田柚(写短文);(2)画柚,为沙田柚写广告词,做广告画(广告策划,上街展示);(3)访柚,采访种植户,了解沙田柚的生长周期及经济效益(口语交际,写采访稿);(4)看柚,实地观察种植沙田柚的环境及土壤,访问科委,提出改良沙田柚的建议(调查访问,小组汇报);(5)写作《让沙田柚更香甜——致沙田柚种植户的公开信》(应用文)。

7.问题解决类(基于问题的学习)。基于问题的学习,是基于项目学习的"近亲",目的在于教授学生如何界定以及提出解决策略,通常以小组形式共同研究有意义的问题。问题都是现实的,而且是非良构的,不是完美合成的课本问题,而是像现实生活中的那样具有多种解决办法的问题。这种方法的特点是:(1)通过实践来学习;(2)灵活的适应性;(3)意义建构;(4)协作解决问题。

域外案例:支持多元读写能力的引导探究(Guided Inquiry Supporting Multiple Literacies,GIsML)。GIsML项目的教师,旨在把课堂建设成一个探

---

[1] 杨世碧.语文综合性学习的类型[J].语文建设,2004(10):20-21.

究共同体,通过使用虚拟科学家的手册,使学生参与到特定问题引导的调查过程中。利用这本手册为科学问题的提出进行建模,描述虚拟科学家的调查研究,并报告这名科学家所收集的数据。学生们交换着使用该手册,把自己的调查结果与科学家的调查结果进行比较,并与科学家一起解释数据。文本中也模拟了使用第二手材料,进行批判性阅读,解释数据并得出结论的一个科学家。在学生们调查科学问题之后,他们就查阅文本来了解他人的解释。通过对比研究发现,与阅读大量说明文的学生相比,接受GIsML教学的学生获得了更多知识,因为使用科学家手册文本,唤起了更多的信息,更有利于根据文章进行推断。

8.设计开发类(基于设计的学习)。这种类型,来源于这样的观点:当学生被要求设计制作出需要理解并应用知识的作品时,他们会更加深入地学习。由于设计活动需要修改及反复的问题解决,需要"定义→设计→评价→再设计"这样的循环过程。在该方法中,任务的复杂性表明了合作及分布式专业知识的必要性,并且大量有价值的认知任务在学习中被使用,这些都是21世纪的关键技能。基于设计的方法在科学、技术、艺术、工程、建筑领域随处可见,在语文学习中也不是没有,如设计一项活动、一次会议、一场演出、一份班刊等都是其常见形式。

国内案例[①]:"创作叶画,编故事"。其活动程序为:捡一捡(到校园里捡不同类型的树叶,并试着认识它们)→贴一贴(在教师的指导下进行贴画)→说一说(展示作品的同时,根据落叶画编故事)。

三、综合性学习活动的设计与实施

其原理和程序与写作活动最为接近,也要经过"活动目标和任务的确定→与目标匹配的评价与活动设计→活动的实施→实施与目标匹配的形成性和终结性评价"等环节。这里仅就关键点作些说明。

1.准备阶段的要务

其要务有:(1)确定学习目标,并以此作为任务设计的逻辑起点;(2)描述活

---

① 黄朝霞.语文综合性学习的类型与指导方法[J].中小学教师培训,2014(2):41-43.

动情境,确保活动的真实性;(3)列出任务的清单和成果的形式,并核对任务与目标的匹配性;(4)提供活动支架,以确保活动的可行性;(5)合理分配并明确完成任务的时间;(6)考虑以参与式的方法设计评分规则,确保任务的反馈性。

为让我们的思考更全面,回答下面的问题是有益的[①]:

(1)我的学科/学习目标是什么?

(2)本次综合性学习的主题及要发展的能力是什么?

(3)什么样的综合性学习活动能够满足1和2?

(4)什么样的(口头或书面)成果形式能使学生很好地参与到活动中去?

(5)我如何判断学生在活动中的表现好或者不够好的?相关的评分规则(量规)自己设计还是跟学生共同设计?

(6)为帮助学生获得最好的表现,我需要提供怎样的活动支架?我是否需要复习或者教授相关的知识和技能?

(7)何种类型的团队能够在这个活动中表现最好?(例如:成员数量、角色、职责)

(8)这个学习活动需要多少时间?哪些任务需要利用课堂时间?学生可利用的课外时间能保证任务完成吗?

(9)什么样的展示方式能够最恰当地展示学生的知识获取情况?(例如:PPT演示、在观众面前演示、墙报和小刊物展示)

当然,这些问题只是举例而言。我们同样需要在实施的过程中通过这种自我提问的方式监控、调整活动,以求获得最大效益。

2. 安排多元化的学习任务

综合性学习要突出语文的"综合",任务应力求多元化且保持任务之间的逻辑联系,以实现多重目标及效益的最大化。这里的多重目标,有显性的也有隐性的;有近期的也长远的,有刚性的也有柔性的;既要抓住知识和能力,又要注重过程和方法、情感态度和价值观的教育目标。阿兰兹的"安排多元化的学

---

① 改编自:琳达·达林—哈蒙德,等.高效学习:我们所知道的理解性教学[M].冯锐,等,译.上海:华东师范大学出版社,2010:47.

习任务"的提醒值得注意①:

(1)任务本身要有趣、有挑战性,值得为之付出努力;

(2)问题答案是开放性的,解决的方案也多种多样;

(3)允许不同层次的学生作出不同的贡献;

(4)运用多种媒介手段来调动学生的看、听和触摸等感觉方式;

(5)要求学生使用多种技能和行为方式;

(6)有读有写。

3.活动中的角色定位

本章第二节我们曾谈到"文本对话中读者的角色",第三节提到"交流—读者"范式重视关注"读者"对象。与此同理,在综合性学习活动中,赋予学生具体的职业或人物身份,面向特定"用户",有助于学生获得"角色认同感",顺畅地进入任务情境。如让学生作为"记者"就某一个事件或主题采访相关的人员,把采访的结果写成一则新闻报道,并把这篇报道投给当地的报纸或专业的期刊,参表3-7②。更多可参见《欧洲语言共同体参考框架:学习、教学、评估》③。

表3-7 适用于不同任务类型的角色举例

任务类型	角色举例
陈述任务	导游、新闻广播员、目击者、教师
采访任务	传记作者、记者、社会工作者
劝说任务	警察、律师、法官、文学评论家、演说家、候选人、推销员
编辑任务	报纸编辑、网页设计人、广告制作人
创作任务	畅销书作者、剧作家、小说家、诗人
复述任务	新闻发言人、节目主持人
分析任务	文学奖评委、文学评论家
判断任务	考古学家、文学评论家

---

① 理查德·I.阿兰兹.学会教学(第6版)[M].丛立新,等,译.上海:华东师范大学出版社,2007:132.

② 申宣成.表现性评价在语文综合性学习中的应用[D].上海:华东师范大学,2011.

③ 欧洲理事会文化合作教育委员会.欧洲语言共同体参考框架:学习、教学、评估[M].刘骏,傅荣,主译.北京:外语教学与研究出版社,2008:50-51.

4. 提供活动支架（脚手架）

哈蒙德等人认为，"考虑周全的课程必须具备明确的学习目标、设计优良的脚手架"[①]。综合性学习是一种自主性很强的学习活动，脚手架显得更重要。语文综合性学习培养的是学生的语言运用能力，而运用能力更多地体现为程序性知识和反省性知识，即"怎么做"和"做得如何"（如评分规则）的知识。"脚手架"可提供"怎么做""做得如何"的各种指导，下面的案例可供参考。

该案例选自英国海纳曼教育出版公司 2002 年出版的 Key－Stage3（相当于我国的初中学段）课标版（Framework Edition）教科书《英语技能》（*Skills in English*）第 3 册（R 版）的第 18 单元。本单元包括八个活动（activity），八个活动由单元的总任务驱动，构成一个环环相扣的"活动链"[②]：

活动1：分成4—5人的小组，依次向本小组的成员说说你对下面所罗列的一些问题的观点。在呈现自己的观点之前，可以在下面的表格中简要写下你的观点（提供了一个表格）。

活动2：用45秒钟的时间，向全班同学说出困扰你的一件事。尽管这是一个正式的场合，但是并不需要非常正式的语言，因为你和观众彼此认识（本活动之前提供了一篇演讲稿《人类的好朋友》，要求学生阅读并思考文后的问题）。

活动3：学生听老师大声朗读撒切尔夫人1982年在英阿"马岛战争"结束之后的演讲，之后讨论教科书提供的5个问题（以表格的方式呈现），要求小组中选出一个记录员，把大家的讨论结果记录在表格中，以便和其他小组交流。

活动4：比较自己在活动2中的演讲与撒切尔夫人的演讲，思考怎样才能成为一个好的演讲者并与小组成员分享自己的想法。

活动5：再次听老师朗读一则演讲稿，比较这则演讲稿的单词和短语与撒切尔夫人的演讲在风格上有什么不同。

活动6："And a'n't I a woman?"这个句子出现了四次，每次出现在什

[①] 琳达·达林－哈蒙德，等.高效学习：我们所知道的理解性教学[M].冯锐，等，译.上海：华东师范大学出版社，2010：8.

[②] 转引自：申宣成.表现性评价在语文综合性学习中的应用[D].上海：华东师范大学，2011.

么地方？意思是否相同？

活动 7：运用在本单元学到的关于演讲的知识准备并做一个正式的约 1 分钟的演讲，演讲的主题为：你希望看到的未来的世界。因为这是一个正式的演讲，所以应该使用标准英语，除非为了增加表达的效果，尽量避免使用俚语和方言。

活动 8：以"希望看到的未来的世界"为题发表一个正式的演讲。

在上述任务设计中，编者提供了大量的"支架"（活动支架、知识支架、思维支架和资源支架），与本章第二节提供的《麦田里的守望者》案例，都很值得我们的教材编者和语文教师借鉴。

5. 善于开发课程资源

本次课程改革十分重视课程资源。课程资源一般分为素材性课程资源（如语文知识、技能、经验等）和条件性课程资源（人力、财力和物力，以及对语文课程的认知等）。语文教师是最重要的课程资源，不仅是素材性课程资源的开发者和使用者，而且自身也是课程实施的基本条件资源。

综合性学习活动与课程资源关系密切。贫困地区和薄弱学校的条件性资源可能要差些，但这不是"怠慢"综合性学习的理由，更无须妄自菲薄。穷山沟的泥棚屋与大城市的摩天楼，羊肠道上的毛驴车与高速路的奔驰车，山水间的民歌小调与大剧院的芭蕾舞剧，在语文课程资源上是同质的。

6. 综合性学习与单元设计

如上文提供的案例，多数的综合性学习不是一课时所能承担的，往往要经历课外与课内多个课时的运作。因而，从设计与实施的时间单位来说，与"单元（专题、项目）设计"最为接近。有两种单元编制方式：一是"目标—达成—评价"方式（阶梯型）；二是"主题—探究—表达"方式（登山型）[①]。按钟启泉教授的意见，后者或将成为世界课程发展的主流。

"主题—探究—表达"的单元设计着力于组织"探究"（Explore）、"表现"（Express）、"交流"（Exchange）的活动，这就是所谓的"3E 的活动构成"。这种单元设计的设计与实践，国外积累了丰富的经验。日本学者梳理了学校教育中

---

① "阶梯型""登山型"课程的比喻，请参见：[日]佐藤学.学习的快乐：走向对话[M].钟启泉，译.北京：教育科学出版社，2004：118.

基于21世纪社会角色而开发的综合学习(跨学科学习的单元学习)的六种模型,可以开阔综合性学习与单元设计的视野[①]:

  调查研究单元模型:(1)观察与考察;(2)编制调查计划;(3)实施调查作业;(4)展开交流与实践;(5)编撰报告;(6)交流研讨;(7)自我评价。

  综合表现单元模型:(1)作品鉴赏;(2)决定表现题材;(3)收集相关信息;(4)编制脚本;(5)制作作品;(6)上演作品;(7)作品评价。

  社会参与单元模型:(1)见面座谈;(2)问题分析;(3)收集信息;(4)活动的选择与计划;(5)志愿活动的准备;(6)志愿活动的实施;(7)自我评价。

  企划实践单元模型:(1)凝练梦想与希望;(2)设定目标与问题;(3)收集信息;(4)制定规划;(5)筹备与展示;(6)实施与运营;(7)项目评价。

  合作交流单元模型:(1)同对方交流与切磋;(2)交流计划的共同决定;(3)信息的收集与交换;(4)作品的制作与分享;(5)发表会与评议会;(6)成果的共同评价;(7)网络的拓展。

  自我实现单元模型:(1)编写自传;(2)发现自己的成长与课题;(3)自我分析;(4)评议活动;(5)明确自己的梦想与希望;(6)成长发表会与成长展台;(7)设想未来的愿景。

这些单元模型具有如下特征:(1)以作业与制作活动为中心展开学习;(2)主动地展开项目的规划、运作与评价;(3)基于"问题意识"与"目的意识",实现自身的想法;(4)展开"社会参与"与作品创作的实践活动;(5)通过体验,掌握综合的知识、技能与态度。

当今国际教育界重视"核心素养",在此背景下,我国语文综合性学习大有可为,普通高中的"学习任务群"已明显传递了这一信号:

  "语文学习任务群"以任务为导向,以学习项目为载体,整合学习情境、学习内容、学习方法、学习资源,引导学生在运用语言的过程中提升语文素养。若干学习项目组成学习任务群。

  学习任务群的设计着眼于培养语言文字运用基础能力,充分顾及问题导向、跨文化、自主合作、个性化、创造性等因素,并关注语言文字运用的新

---

① 钟启泉.课堂研究[M].上海:华东师范大学出版社,2016:120.

现象和跨媒介运用的新特点。

读后反思

　　这一章是本书的重头戏,试图回答了语文课程"教/学什么""怎么教/学"等问题,有对语文学习活动的整体思考(第一节),也有对语文学习活动的领域思考(第二、三、四节分别为阅读、写作、综合性学习的设计与实施)。

　　读完本章,不知道你有哪些收获?还存在哪些疑问?把它们记录在空白处,并可与同伴分享你的收获和疑问。请你进一步思考下面的问题:

　　• 其实这三个领域的教学,你定有不少的做法。读完本章,也会萌生一些新的想法。将这些"做法"和"想法"表达出来,与同仁分享。

　　• 你如何看待写作序列的问题?如果让你参与教材的编辑,你将提供怎样的一个基本序列?

　　你可以深度思考与研究,做一些书面成文的表达。

建议进一步阅读的书目

　　[1] 林荣凑.高中语文学习活动的设计与实施[M].北京:科学出版社,2014.

　　[2] 裴新宁.面向学习者的教学设计[M].北京:教育科学出版社,2005.

　　[3] 理查德•I.阿兰兹.学会教学(第6版)[M].丛立新,等,译.上海:华东师范大学出版社,2007.

　　[4] 约翰•D.布兰思福特,等.人是如何学习的:大脑、心理、经验及学校(扩展版)[M].程可拉,等,译.上海:华东师范大学出版社,2013.

　　[5] 琳达•达林－哈蒙德,等.高效学习:我们所知道的理解性教学[M].冯锐,等,译.上海:华东师范大学出版社,2010.

第四章

基于目标的语文学习评价

读前思考

能熟练地选择适合于教学决策的评价方法；能熟练地开发适合于教学决策的评价方法；能熟练地管理、评分和解释外部评价与教师自身评价的结果；能熟练地运用评价结果做出对个别学生、教学规划、课程开发和学校改善的决策；能熟练地开发有效的、用于学生评价的评等程序；能熟练地与学生、家长、其他非专业的对象和其他教育者交流评价结果；能熟练地辨别不合伦理的、不合法的、不适当的评价方法以及运用评价信息。

以上七个"能熟练地……"是1990年美国教师联盟、国家教育测量委员会和国家教育协会（AFT,NCME,NEA）联合开发的"教师的学生教育评价能力标准"。他们认为具备七个方面能力，才能称得上是一个有评价素养的教师。

别被这七条标准给"吓"着，先花几分钟时间，思考下面的问题：

• 说到学生学业"评价"，你想到哪些与此相关的概念？你是通过哪些途径或方式获悉这些概念的？

• 在日常教学中，除了作业情况、考试分数，你是如何判断学生的学习情况，据此做出补救教学的决策，给予学生学业上的支持的？

本章将先介绍评价的基础知识，然后结合案例，介绍课堂层面的评价、作业设计、校内考试与校外考试等方面的知识和操作技术。

第一节 学业评价的基础知识

先回应"读前思考"的两个问题。一提到学业"评价",几乎所有的教师、校长、家长和教育管理人员的第一反应是考试。据调查,半数以上的教师将考试(多外部考试)的结果作为评判学生水平高低的依据[1],尽管近一半的教师有过修课、培训、课题研究、读过评价的书、命题等五个方面的经历,但教师所拥有的评价素养却低得惊人[2]。这,就是本章要从基础知识开始的原因。

一、评估、评价

严格来说,"评估"和"评价"是有区别的。评估,是指教师对学生和课堂信息进行收集和综合的全过程。信息可以通过非正式的途径(如观察和对话),也可以通过正式的途径(如作业、测试和表现性任务)来获得。

如果"评估"强调的是对信息的收集与综合,那么"评价"常常指的是作出判断、确定价值、进行评定的过程。例如测试就是一种评估技巧,用来收集信息,了解某一主题的知识学生掌握了多少。而等级评定是一种评价活动,因为教师对测试收集到的信息做出了评定。

"评估"和"评价"常被混用,在多数语境下,这种混用不会导致理解上的困难。需要注意的是,在学生学业成就评价领域中,评价更多运用"assessment"一词而不是"evaluation",更多关注"收集信息或证据"的过程,重点不在于赋值或作出判断。当然,随着有关"评价"范式的转换,有关"评价"的内涵也在改变。

二、效度、信度、难度、区分度

这第二组概念,在传统的教育与心理测量学中常被使用,用来描述评估信息的质量。只要有评估存在,评估的质量总是被重视的。

如果某次测试能检测到它要检测的内容,我们说,这次测试是有效的。如

---

[1] 朱虹.表现性评价研究[D].开封:河南大学,2009.
[2] 郑东辉.中小学教师评价素养状况[J].全球教育展望,2010(2):31-42.

我们要称自己体重,用的是"秤",而且这秤是"准"的,其反映的体重数据就是有效的,这就是"效度",它体现的是评估质量的准确性(有效性)。效度因其关注点的不同,而有内容效度、效标效度、结构效度之分。

信度,体现评估质量的一致性程度(可靠性),即多次测验的结果是否一致。一个人在多次进行某种测试时,如果得到近乎相同的分数,那么,可以认为该测验稳定可靠,其信度是高的。

难度指的是测试项目的难易程度。在心理与教学的测量中,常常用受测者答对或通过每个项目的人数百分比(P 值)作为难度的指标。

$$P = R/N \times 100\%$$

P 代表项目的难度,N 代表全体受测者的人数,R 为答对或通过某一项目的人数。如果试题为主观题,则计算其得分率,该题平均得分除以该题满分数再乘以 100%。P 值越大,难度越低;P 值越小,难度越高。所谓的"难度"实际上是人们头脑中的"易度"。

区分度,指测验题目对不同水平学生的区分程度(鉴别力)。在某一试题上高水平被试得分多而低水平被试得分少,则意味着该试题有良好的区分度。区分度与难度有着直接的关系,难度是 1 或 0 的时候,区分度是 0,难度为 0.5 的时候,区分度为 1(区分度的最大值)。

随着教育评估范式的转换,人们在寻找传统信度、效度之外的品质。吉普斯提出一个备择的质量指标框架,除信度、效度之外,还包括课程忠诚度(评估要反映课程)、可比较性(有一致的评估方法,对评估指标有相同的理解,评分上具有一致性)、可靠性(最高的效度和适合于目的的信度)、公众信任度(能够让用户相信)、情境描述(只有对情境进行详尽的描述才能对评估结果做出推断)、平等(运用多种指标提供多重成功机会)。

三、评价的一般分类

分类是一种深入认识事物和概念的方法。评价因其不同的分类标准,有多种分类方法,如表 4-1。

表 4-1 评价的一般分类

依据	分类
采用基准	1. 相对评价（常模参照） 2. 绝对评价（标准/目标参照）
组织者	1. 外部评价（中考高考） 2. 内部评价（教师自己在学校、课堂层面实施）
评价者	1. 教师评价 2. 学生评价（自评、互评）
使用节点	1. 诊断性评价（教学前） 2. 形成性评价（教学中） 3. 终结性（总结性）评价（教学后）
评价目的	1. 关于学习的评价（assessment of learning） 2. 为了学习的评价（assessment for learning） 3. 作为学习的评价（assessment as learning）

表 4-1 中，常模参照评价，是以学生团体测验平均成绩作为参照标准来解释和评价学生的成绩。如一项测验，年级平均分为 60 分，某生得到 50 分，该生成绩处于中下的位置。国外许多标准化的学习成绩测验都是常模参照测验，这种测验有标准化的常模。

标准/目标参照评价避免了常模参照中的比较因素，它的关注点不在于学生之间的差异比较，而在于考查预先规定的某种标准或目标是否为学生所掌握。在教学中，通过测验，学生达到了标准或目标，教学可以继续进行；如果没有达到，则应立即进行补救教学。

传统教学中的评价多由教师给出，如今倡导学生参与评价，这是世界性的教育评价趋势。"有效教学的教师还帮助学生培养自我评价的能力。学生们学会评价自己的学习，评价同伴的学习，目标是帮助每个人更有效地学习。这种自我评价是元认知教学的重要组成部分。"[①] 把"自我评价"定位于"元认知教学"，提到"有效教学"上来认识，即"作为学习的评价"（assessment as learning）。

大部分专家将评价分为形成性评价和终结性评价，划分的依据是使用时间

---

① 约翰·D. 布兰思福特, 等. 人是如何学习的: 大脑、心理、经验及学校（扩展版）[M]. 程可拉, 等, 译. 上海: 华东师范大学出版社, 2013: 124.

节点和对评价信息的运用。前者用于教学前或之中,目的是帮助教师了解学生的先前知识和技能水平(其中教学前的运用,有的使用了"诊断性评价"的概念,其实教学中"形成性评价"也是一种诊断),以便安排教学计划。

终结性评价,或称为"总结性评价",是在一系列教学活动结束之后,为了判断学生的学业成就(学生学习的结果)而设计的,如单元考试、期中/期末考试、各种统考、中考、高考等。如果说,形成性评价是一种过程评价,那么终结性评价则是一种结果评价。但是,"过程"与"结果"是相对的,一次期末考试,在某一学段的度量框架中,也只是形成性评价。

传统比较重视终结性评价,评价理念新的发展则越来越重视形成性评价,并强调其持续的运用。形成性评价是学习中的关键要素,"形成性评价向学生提供反馈,这样他们就能深化理解、改进作品",不仅如此,其持续性的运用,还能"发展学生评价自身学习的能力,这样学生就可以内化标准从而在思考其学习时形成元认知"[1]。这一观念,在基于标准的语文教学中应充分予以注意。

美国学者洛克希德(Lockheed,M.E.)认为,学生学业成就评价有六个最普遍的目标:选拔、认证、监测趋向、项目或政策评估、问责和诊断学生需要。[2] 这六个目标,选拔、认证等前五个,均出于报告学生现有学业水平的目的,是一种"关于学习的评价"(assessment of learning)。这是传统的评价范式。当前教育评价领域关注最多的还是基于"诊断学生需要"的"为了学习的评价"(assessment for learning)和"作为学习的评价"(assessment as learning),它意在提高成绩,改善和支持后续学习,它常使用评分规则、学生自我评价、描述性反馈等手段。

评价还有其他的分类,如定性评价与定量评价、融合性评价与排他性评价、自由取向的评价与技术取向的评价等,这些分类只在特殊讨论语境下使用,这里不做介绍。值得注意的,是理查德·J.斯蒂金斯(Richard J. Stiggins)根据有效课堂评价的需要所做的评价方法分类,下面专作介绍。

---

[1] 琳达·达林-哈蒙德,等.高效学习:我们所知道的理解性教学[M].冯锐,等,译.上海:华东师范大学出版社,2010:50.

[2] 崔允漷,王少非,夏雪梅.基于标准的学生学业成就评价[M].上海:华东师范大学出版社,2008:189.

四、选择式反应评价、论述式评价、表现性评价、交流式评价

斯蒂金斯认为,成功的课堂评价需要考虑:(1)谁要使用评价结果;(2)评价什么;(3)怎么评价;(4)需要多少证据;(5)评价是否准确;(6)是否有效地交流评价的结果①。在评价方法及其运用上,他作了新的分类:选择式反应评价、论述式评价、表现性评价、交流式评价。

这四种评价方法,在使用上是有条件限制的,即学业目标的差异。在他看来,重要的学业目标类型有五类②:

  知识——掌握学科的实际内容,要求了解和理解这些内容。比如"阅读"中文中的词汇、知识背景;"写作"中表达所需要的词汇、语法以及关于题目的背景知识等。

  推理——根据学到的知识和对知识的理解去思考和解决问题。比如"阅读"中细读文章,领会其含义;"写作"中选择能够达意的词和句子。

  表现性技能——做事熟练程度的发展水平,比如"阅读"中流利地朗读,"写作"中的构词成句,构句成段,构段成篇。

  成果——能够创造出实际的作品。比如"阅读"中用图表展示对文章的理解,"写作"中创造原创性的文章。

  情感倾向——特定的情感,如态度、兴趣和动机目的的发展。比如"我喜欢阅读""我能写好作文"等情感态度。

"根据学业目标选择评价方法",是斯蒂金斯主张学生参与式课堂评价的重要原则。据此,他提出学业目标和评价方法的组合框架,见表4-2③。

---

① 理查德·J.斯蒂金斯.促进学习的学生参与式课堂评价(第4版)[M].促进教师发展与学生成长的评价研究项目组,译.北京:中国轻工业出版社,2005:20-21.
② 理查德·J.斯蒂金斯.促进学习的学生参与式课堂评价(第4版)[M].促进教师发展与学生成长的评价研究项目组,译.北京:中国轻工业出版社,2005:51,68.
③ 理查德·J.斯蒂金斯.促进学习的学生参与式课堂评价(第4版)[M].促进教师发展与学生成长的评价研究项目组,译.北京:中国轻工业出版社,2005:77.

表 4-2　评价方法与学习目标的组合

评价方法 学习目标	选择式反应评价	论述式评价	表现性评价	交流式评价
知识和观点	选择题、正误判断题、匹配题和填空题能够考查对知识点的掌握程度	可以测量学生对各个知识点之间的关系的理解	不适用于评价这种学业目标——优先考虑其他三种方法	可以提问，评价回答，并推断其掌握程度，但是很费时间
推理能力	可以评价某些推理形式的应用	对复杂问题解决的书面描述，可以考查推理能力	可以观察学生解决某些问题或通过成果推断其推理能力	可以要求学生"出声思考"或者通过讨论问题来评价推理能力
表现性技能	可以评价对表现性技能的理解，但不能评价技能本身	可以评价对表现性技能的理解，但不能评价技能本身	可以观察和评估这些技能	非常适于评价口头演讲能力；还可以评价学生对技能表现的基础知识的掌握
产生成果的能力	只能评价对创作高质量产品的能力的认识和理解	可以评价对产品创作的背景知识的掌握情况，简短的论文可评价写作能力	可以评价：（1）创作产品的步骤是否清楚；（2）产品本身的特性	可以评价程序性知识和关于合格作品的特点的知识，但不能评价作品的质量
情感倾向	选择性反应问卷可以探测学生的情绪情感	开放式问卷可以探测学生的情绪情感	可以根据行为和产品推断学生的情感倾向	可以跟学生交谈，了解他们的情绪情感

语文教师对表中"表现性评价"比较陌生，我们将在本章第二节"课堂层面的评价"中再行介绍。"学校不能让变革在操作层面即在课堂里发生，也就不会有实质性的变革产生"[①]，让我们从课堂层面切入评价吧！

---

① L.H.布拉德利.课程领导:超越统一的课程标准[M].吕立杰,等,译.北京:中国轻工业出版社,2007:94.

第二节　课堂层面的评价

斯蒂金斯曾揭示一个不为我们注意的课堂现象,教师要花费三分之一至一半的专业时间用于评价以及与评价相关的活动,并认为"任何课堂教学的质量都取决于那里所运用的评估的质量"[①]。

一、评价：课堂教学的一部分

在传统的教学理念与实践中,"教学—学习—考试"被看成一个单向的线性过程,教学就是知识的灌输,学习就是令人厌烦的训练和实践,评价就是运用去情境化的测试,作为教学过程的终结。评价与教学被认为是相互分离的活动,评价也就成为一种"对学习的评价"。

随着学习理论的发展,新的"教学—学习—考试"正在出现:学习是主动的建构,教学的目的在于促进学生的学习,评价则是获得设计、调整教学所必需的信息和促进学生学习的手段,是教—学过程不可分割的一部分,如《普通高中2017年版》所言"评价的过程即学生学习的过程",如图4-1。

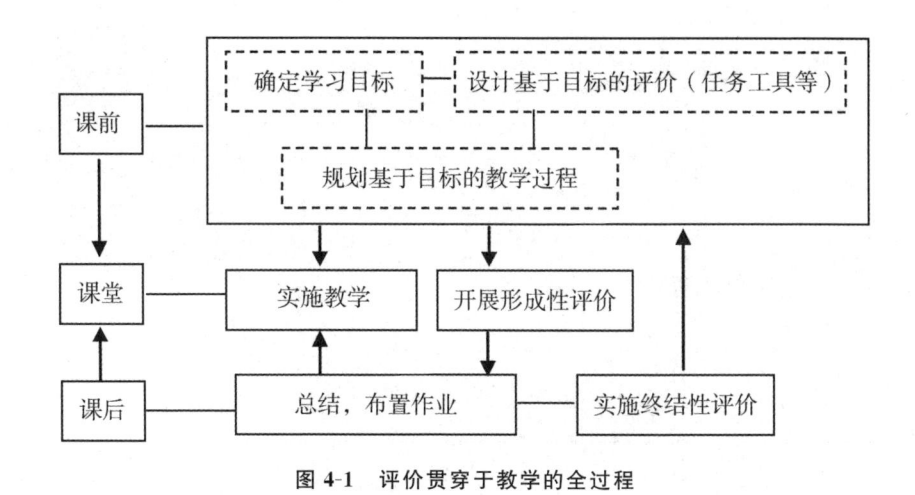

图 4-1　评价贯穿于教学的全过程

[①] 这两个观点均是斯蒂金斯提出的,引自:崔允漷,王少非,夏雪梅.基于标准的学生学业成就评价[M].上海:华东师范大学出版社,2008:209,202.

从图 4-1 看，先于教学过程设计的评价设计，课堂推进中形成性评价的开展，乃至终结中评价设计的运用，使教学与评价融合在一起，评价镶嵌于教学的全过程中。教的过程就是评的过程，教师运用形成性评价收集信息，对教学是否需要补救、是否可以进入下一个环节等做出决策和行动。评价不仅为教师提供了明确的学生"应知""能会"的信息以推进教学，而且也为学生的学习提供了清晰的路径，从而让学生也参与到评价之中，学的过程也是评的过程。

比如学习《在马克思墓前的讲话》一课，教学目标之一是"欣赏本文的结构逻辑之美"，其教学与评价任务聚焦于抓住过渡词句、理清全文结构、列出结构提纲，其形成性评价就看是否抓对过渡性词句，是否弄清楚这些词句前联后贯的作用，所列提纲是否与文本的思路一致。这些评价，与教师的教、学生的学是融合的。因而，我们说教学即评价（引出→收集→解释→反馈），或评价至少是教学的一部分，课程标准、教学、评价的一致性追求就会成为基于标准教学的题中之意。

这里顺便说说"反馈"。课堂评价是一种涉及学生进步的反馈，它能解释反馈如何强化学习的理由。但并不是所有形式的反馈都同样有效，有些形式的反馈可能会妨碍学习，请看表 4-3[①]：

表 4-3　不同反馈类型的效果

来源	课堂评价的反馈特点	研究数量	效应规模	学生成绩得失百分点位
Banger－Drowns, Kulik, Kulik, Morgan(1991)	正/误	6	－0.08	－3
	提供正确答案	39	0.22	8.5
	学生理解和不理解的标准	30	0.41	16
	解释	9	0.53	20
	重复到正确为止	4	0.53	20
Fuchs, Fuchs (1986)	用图表展示结果	89	0.70	26
	用规则评价（阐释）	49	0.91	32

反馈方式极大地影响着它对学生的成绩起正面还是负面作用，这也是阿夫

---

① 罗伯特.J.马扎诺，等.有效的课堂教学手册[M].杨永华，周佳萍，译.北京：教育科学出版社，2008:5.

拉姆·克卢格和安杰洛·德尼西(Avraham Kluger,Angelo DeNisi,1996)所进行的元分析的主要结论之一。分析涉及 23 000 多名学生的 607 项实验/控制比较数据,研究发现,有 33%项的反馈对成绩起了负面作用。当然,除了反馈方式,合宜的课堂评价工具更是重要的。

二、课堂评价：工具及工具的使用

评价设计要回答的是"我用什么样的检测工具可以检测学生目标达成的程度"的问题。在传统的课堂教学中,教师会无意识地运用观察、提问等工具和手段。当我们清晰地意识到"教学即评价,评价是教学的一部分"后,评价工具的选择、组合就成为自觉的行为方式。

课堂评价的工具有哪些？又该如何根据目标来选择？表 4-2 就是斯蒂金斯的回答。如此,选择题、论文式的作品,简单的讨论,以及学生的测试、练习、表演、作品都将成为我们收集评价信息的工具和方法。上例"欣赏本文的结构逻辑之美",即可以借助学生课本上的标画、提问与回答、书面的提纲等予以评价。

怎样使用这些工具或方法才是好的呢？斯蒂金斯提供了六条规则：(1)评价的潜在用途和使用者都很明确；(2)有清晰、适当的重点学业目标；(3)选取了适宜的评价方法；(4)对学业表现进行评价取样时,选用了有质量保证的习题和评分程序；(5)相关的误差源已经被控制到最小化；(6)评价结果得到了有效的报告和交流[1]。

马扎诺提供的题项分类做法[2]值得借鉴。他认为,理想的课堂评价涉及三种类型题目(item)或任务(task)：

一类题目或任务：涉及基本细节与程序,学生做起来比较容易；

二类题目或任务：涉及更为复杂的思想内容与程序；

三类题目或任务：要求学生对课堂上没有教过的知识进行推理或运用。

---

[1] 理查德·J·斯蒂金斯.促进学习的学生参与式课堂评价(第 4 版)[M].促进教师发展与学生成长的评价研究项目组,译.北京:中国轻工业出版社,2005:406-408.
[2] 罗伯特.J.马扎诺,等.有效的课堂教学手册[M].杨永华,周佳萍,译.北京:教育科学出版社,2008:64,46.

"细节""程序"等概念,语文教师比较生疏,有必要学科化、中国化。如参照《普通高中2017年版》"学业质量水平"描述,或以沿用多年的高考语文考试说明规定的六个能力层级(识记、理解、分析综合、鉴赏评价、表达应用和探究)来比照,获得如下题目或任务分类:

一类题目或任务:涉及识记、简单的理解与表达应用;

二类题目或任务:涉及复杂的理解与表达应用,简单的分析综合与鉴赏评价;

三类题目或任务:能超越课堂上教师所教的内容,涉及复杂的分析综合与鉴赏评价,以及探究。

评分程序上,仅仅把正确的应答相加得出总分,马扎诺认为这不是评价,因为没有包括判断。为此,马扎诺运用题项应答理论(IRT)逻辑,设计了用于测量连续性学习的量表。运用该量表进行转换,第一类题目用于确认能否获得2.0分,第二类题目用于确认学生能否获得3.0分,第三类题目用于确认能否获得4.0分。有关该量表的操作,感兴趣的读者可以参看马扎诺的《有效的课堂教学手册》第三章、第四章。这里略过。

三、"表现性评价"的运用

本书第二章,在探讨"语文学习目标的陈述"时,我们曾提及"表现""表现性活动"等概念,"表现性评价"是与此相关的一种评价形式。

借助图4-2[①],我们便可以快速认知表现性评价。在图4-2中,连续体的左边是传统的客观纸笔测验,它只需要学生做出选择反应;右边是表现性评价,它需要学生进行建构反应。

---

① 周文叶.中小学表现性评价的理论与技术[M].上海:华东师范大学出版社,2014:51.

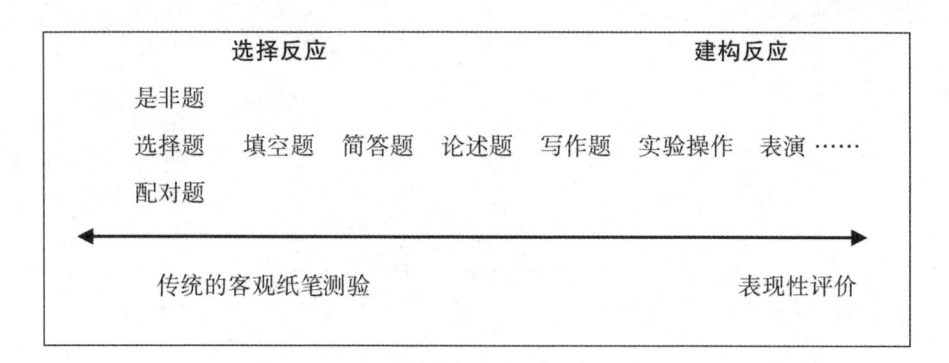

```
            选择反应                    建构反应
   是非题
   选择题    填空题   简答题   论述题   写作题   实验操作   表演……
   配对题
   ←─────────────────────────────────────────→
        传统的客观纸笔测验              表现性评价
```

图 4-2 评价方式的连续体

表现性评价(performance assessment),或称为"真实性评价""实作评量"。斯蒂金斯曾为此下过三个定义(1987,1997,2005),2005 年的定义为:"表现性评价就是让学生参与一些活动,要求他们实际表现出某种特定的表现性技能,或者创建出符合某种特定标准的成果或作品。简言之,就是我们在学生执行具体的操作时直接观察和评价他们的表现。"[①]

表现性评价开发与实施的基本流程,一般来说包括:

1. 明确学习/评价目标。分析知识与能力、过程与方法、情感态度倾向,陈述行为目标或表现性目标。(参见第二章第三节)

2. 选择表现类型。确定学生的活动类型,例如朗读、角色扮演、写作等,这里要回答的是"怎样的表现足以体现目标"。

3. 设置表现性任务。需要明确地告诉学生需要做些什么,应该详细规定展现能力的背景和条件。如果是行为目标,要转换设计出"表现性任务"(做什么);如果目标本身用表现性活动,就无需转换。

4. 制定评分规则。选择评分规则类型并开发(参看第六章案例),让学生知道"怎样的任务完成是好的"。

5. 实施并选择样例。实施任务时要给予充足的时间;从学生的作业中

---

① 理查德·J.斯蒂金斯.促进学习的学生参与式课堂评价(第 4 版)[M].促进教师发展与学生成长的评价研究项目组,译.北京:中国轻工业出版社,2005:155.

挑选出典型的样例,结合评分规则进行分析。

上述步骤是实施表现性评价的基本流程,可建立其操作模型,如图4-3：

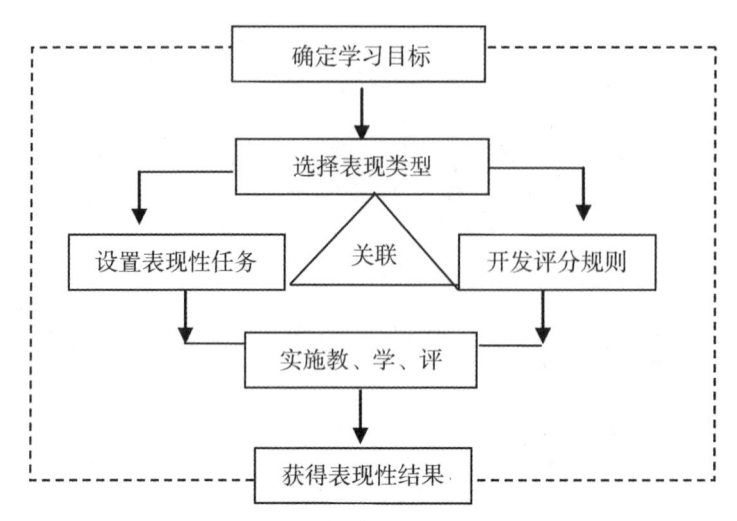

```
         确定学习目标
              ↓
         选择表现类型
         ↙   关联   ↘
  设置表现性任务    开发评分规则
         ↘         ↙
         实施教、学、评
              ↓
         获得表现性结果
```

图4-3　表现性评价的开发与实施模型

下面提供《在马克思墓前的讲话》一文的案例。

【学习目标】(1)抓住过渡词句,理清全文结构,体会论述严密的逻辑性;(2)诵读揣摩重点词句语段,体会在平实的语言中饱含的深情。

【表现类型】(1)过程性表现:研读文本;(2)结果性表现:演讲。

【表现性任务】

假设你"穿越"到1883年3月17日,在英国伦敦海格特公墓,参加马克思的葬礼,由你来致这一篇由恩格斯起草的悼词。给你30分钟的时间研读这篇悼词,然后用合适的语调传达出来。

【评分规则】

研读要求:(1)选择有价值的研读点;(2)切合文本的分析;(3)演讲中声音的处理。

演讲要求:(1)正确认读词语;(2)把握基调,传达情感;(3)把握全局,掌握节奏。

【教学实施】

1.明确学习任务。教师以马克思一生奋斗、逝世、葬礼的概况导入,自然亮出"表现性任务"(不是学习目标,学习目标会让兴趣衰减)。

2.讨论学习任务,明确评分规则。师生讨论分解任务——"研读""演讲",其中"研读"还可分解为词句认读、难句理解、结构梳理、语言特点等,依据学生程度而定。讨论"研读""演讲"的评分规则,学习的时间、方式等。

3.研读。个人选点研读(选点有困难的学生可求助),研读中有问题的及时求助小组同学或巡视中的老师。共同性问题,教师可全班点拨。(注意,就单堂课的研读深度来说,这样的课型也许不能获得传统课堂的效果,但学生的阅读是充分的,学生活动是完整的)

4.演讲。演讲前,全班交流演讲处理,发起交流,或学生自由发言,或教师问题提领,视班情而定。演讲时,每个学生起立,用自己研读确定的节奏、基调、重音处理文本,沉浸在"追悼"的氛围中。如果学习时间允许(最好是两节连排的课),还可安排全班展示和用规则评点。

这一设计,重要的不是获得演讲的技能,而是借助演讲的方式,将论述类文本的阅读过程"外化—表现"出来。因此,研读点评不重技巧,而是重文本的处理。另有两种处理方式:(1)交流式的表现,李镇西在天津大港二中执教时,采用让学生提问的方式随机进入教学,教师围绕学生提问组织研讨,其中涉及关键词句、全文结构、语言特点、马克思的贡献等,就是这种方式[①];(2)论述式的表现,通过书面的"结构提纲"和"书面点评"呈现阅读过程,可设置抓住关键词句列提纲、品味重点语段写点评等表现性任务。

四、基于标准的评分规则

在评价方式的连续体上,传统所谓的主观题(如简答题、论述题)、写作题,还有上文所说的表现性评价,往往要借助"评分规则"这一评价工具。评分规则是由教师或评价者开发出的一种描述性的评分量表,其目的是分析学生的学习结果,包括学习作品和学习过程,它一般由三部分组成。

[①] 李镇西.我教《在马克思墓前的讲话》[DB/OL].([2007-09-26][2015-07-31]).
http://www.5156edu.com/page/07-09-26/28196.html

1.等级/水平:用数字、字母或高、中、低之类的文字描述等级或水平。

2.描述符:用语言陈述的、达到某一等级或水平的具体表现。描述符应当揭示某一水平表现的重要特质。制订评分规则的关键或困难就在于此。

3.表现样例:一个完整的评分规则通常还会提供表现样例,即符合评分规则中某一等级的描述的实例,如学生在具体评价任务中的表现或者学生作品。有具体样例的评分规则,能够为评分规则的目标用户如教师、学生等理解和运用提供支持。高考、中考阅卷时,组织者提供的各等级例文(标杆文),就相当于评分规则的样例。

且以高考作文评分规则为例。纵观全国现行的高考作文评分规则,可分两类:一是分项评分规则,一是整体评分规则。分项评分规则,按朱迪思·阿特的定义,"就是分析成果或表现的基本要素,对每项要素进行单独评分"[①],这是采用省份最多的一种评分规则,如表4-4。

表4-4 "分项评分规则"的简略例子

		一等 (20—16分)	二等 (15—12分)	三等 (10—6分)	四等 (5—0分)
基础等级	内容20分	符合题意……	……	……	……
	表达20分	符合文体要求……	……	……	……
发展等级	特征20分	深刻……	……	……	……

表4-4中,第一横列的"一等(20—16分)"等是评分规则的"等级/水平";其他横列即分项的"描述符"。

整体评分规则,朱迪思·阿特定义为"是对学生的作业进行整体评价,并在此基础上给出一个总分,实际上就是把学生的表现或成果的重要因素综合起

---

① 朱迪思·阿特,杰伊·麦克塔尔.课堂教学评分规则:用表现性评价准则提高学生成绩[M].促进教师发展与学生成长的评价研究项目组,译.北京:中国轻工业出版社,2005:19.

来，给出一个整体的评价"[①]，如表4-5。

表4-5 "整体评分规则"的简略例子（上海）

等级	赋分区间	描述
一类卷	63—70分 基准67分	能准确把握题意，立意深刻，选材恰当，中心突出，内容充实，感情真挚，结构严谨，有新意，有文采
……	……	……
五类卷	20分以下	符合以下一项即为五类：(1)脱离题意；(2)文理不通；(3)全文不足400字

评分规则按适用的范围，分一般评分规则、指向特定任务的评分规则。一般评分规则，是在相似的任务中通用的。如表4-3、4-4，可以用来评定所有的作文，而不必考虑写作的具体要求。美国"写作分析的6＋1要素评分规则"(6＋1为思想性、组织性、写作风格、用词、语句流畅性、写作常规、格式)[②]，适合于3—12年级的所有写作分析。指向特定任务的评分规则，是为某一项特定任务开发的，只适用于某一特定的评价任务，如"怎样的反驳与澄清是好的"。

一般评分规则与指向特定任务的评分规则，可以理解为一般与个别的关系。设若记叙性文本的写作，可以从"故事""叙述""情感""语言"这四个维度描述，这是一般评分规则。而某一次记叙性文本的写作，需要训练完整叙事，可依据一般评分规则的"母表"开发指向特定任务的评分规则。

评分规则的开发，可从具体的训练目标出发（自上而下），也可从学生作品的样例开始（自下而上）。就我们的实践看，当以前一种方法为主，后一种方法为辅，采用下述开发程序：

  1.分析目标，确定目标达成的要素。如"口语交际"（如两人对话、小组讨论、演讲），可以从"听众意识""内容""结构""声音""肢体语言"等维度与要素建立分析框架，也可根据某一次口语交流活动的要求，做合逻辑的拆分。

[①] 朱迪思·阿特,杰伊·麦克塔尔.课堂教学评分规则:用表现性评价准则提高学生成绩[M].促进教师发展与学生成长的评价研究项目组,译.北京:中国轻工业出版社,2005:18.

[②] 朱迪思·阿特,杰伊·麦克塔尔.课堂教学评分规则:用表现性评价准则提高学生成绩[M].促进教师发展与学生成长的评价研究项目组,译.北京:中国轻工业出版社,2005:121-136.

2.分析样例,确定各要素的子要素及其不同表现特征。样例可来自教材也可教材之外,最好既有表现优秀的,也有瑕疵的,便于从比较中抓住特征。如"口语交际"之类的样例,可以是电视上的,也可以是身边的。

3.选择评分规则类型。采用整体的还是分项的、一般的还是特殊任务的评分规则,要依据与训练目标、作品评价的适切性确定。

4.进行等级描述,拟订并修订评分规则。描述要用学生能理解的语言,美国6+1要素评分规则有两种版本——成人版和学生版(3—8年级),就是基于使用对象来考虑的。

评分规则应提前告诉学生,或者与学生一起开发。其好处在于让学生知道教师的期望,他们可以对自己的能力和进步进行自我评价,使学习过程更加有效。在学生多次使用评分规则后,更宜采用后一种方式。如某一次"口语交际"的训练,可以先看两个视频,一个是成功的例子,一个是有瑕疵的。观看后引导学生分析样例,师生讨论诸如从哪几方面考查、怎么区分好差、分多少个等次等问题,在讨论的基础上拟出评分规则,然后根据规则进行训练、评分等活动。如此,就把评价和教学结合起来了。可参见第三章第三节所述蒋军晶想象作文的案例。

怎样的评分规则是好的?斯蒂金斯认为,要满足如下条件:有重要的内容(什么是需要评价的),非常清晰明确(每个人都能理解),语句实用(操作简单),公正(效度和信度都很高)。朱迪思·阿特等人则认为,可从内容/覆盖面、清晰度/详细度、实用性、技术合理性等方面考虑。此不赘述。

第三节 作业设计

作业,或称"练习"。钟启泉教授提出:"练习变了,学习才会变;学习变了,学校才会变。学校变了,学生才会有好的人生、好的未来。理想的练习应当是开放性、探究性、自主性的作业。"[①]他认为,练习(作业)应做系统设计,从"机械性练习"走向"有意义练习"。

---

① 钟启泉.课堂研究[M].上海:华东师范大学出版社,2016:127.

一、作业：要说爱你不容易

语文作业有哪些类型？依据不同的标准，可做多种分类，如：(1)课前预学、课堂导学、课后拓展；(2)课堂作业、家庭作业；(3)课(一篇课文或一节课)内检测巩固、课外迁移拓展；(4)短作业、长作业；(5)单课作业、单元作业、模块作业、学期作业；(6)读、背、写、听、说、做(画)、演的作业；(7)个人作业、合作作业，等等。

近二十年来，学生学业负担，相当一部分是指作业负担。且看如今的作业，如原中国教育学会陶西平会长所说，繁杂、盲目、重复、死板，大量挤占了学生的自由支配时间。学生自然不爱，教师何曾爱？可语文教师就放不下那语文成绩，于是布置起下面的作业题："'瓮'是什么部首？它的第七画是点还是折？它的声母是什么？它的韵母是什么？它有多少义项？"[1]

这是小学语文教师布置的作业，中学语文教师别笑话。扪心自问，你布置给学生的每一项作业都"掂量"过吗？都是基于课文、单元目标而选择或设计的吗？是形成语文核心素养所必要的吗？

二、基于标准的语文教学：作业怎么设计？

任何一门课程的作业，都具有检测、巩固、拓展学习与评价的功能。从"基于标准"的角度来说，要坚持的一个总原则，是布置基于目标检测的有效作业。崔允漷教授曾说，在课堂形成性评价的基础上，再进一步地思考作业的问题，如布置的作业是检测什么目标的，与目标相匹配的作业是什么样的，该生的错与对说明什么，如何反馈作业结果才能促进该生的后续学习，等等[2]。

就语文学科来说，值得思考和研究的问题有：

  1.如果说适合的才是最好的，那么适合学科、学生的作业种类有哪些？

  2.对不同学段、不同水平的学生，怎样的作业是有效的？

  3.教师如何开发、布置、批改作业？

  4.如何指导学生完成作业并从作业中学习？

---

[1] 邹静之.女儿的作业[J].北京文学,1997(11):4-6.
[2] 崔允漷.基于课程标准:让教学"回家"[J].基础教育课程,2011(12):51-52.

下面一些做法，你可以再实践，并在实践中加以验证：

1. 少一些应答式的作业，即那些机械"搬运"的作业，多一些基于问题解决、与学生的生活相联系的作业；

2. 少一些教师强制、想当然的作业，多一些与学生商量、能激发学生兴趣的作业，当然要具有"语文味"的；

3. 少一些短作业，即传统今天布置明天上交的作业；多一些长作业，即需要一段时间完成的阅读、写作、综合性学习的作业；

4. 少一些封闭性、个人性的作业，即任务内容、完成要求单一并由个人完成的作业，多一些任务多元、规则开放、个人与合作结合的作业；

5. 少一些教师批改，多一些学生自改、互改，后者当然不是放任。

请注意，按照威金斯的理解，教育标准大致包括内容标准、表现标准、任务（作业—设计）标准[①]。我们的课程标准，其实也提供了作业的多种形态，如用口头或图文等方式表达（第一学段）、收藏图书资料（第二学段）、读书笔记（第三学段）、研究报告、办刊、演出，能用文字、图表、图画、照片等展示学习成果（第四学段），《普通高中2017年版》对读书笔记更是强调，如"养成撰写读书笔记的习惯，阅读作品应写出内容提要和阅读感受。选择喜欢的作品，从不同角度撰写作品评论，表达自己的见解"等。

基础知识类的作业，尽可能作为课堂作业布置或在课堂内完成。有的训练如"写字"，课程标准明确要求"第一、第二、第三学段，要在每天的语文课中安排10分钟，在教师指导下随堂练习，做到天天练"，那种将写字作业作为家庭作业布置，且高强度的要求，不是"基于标准的语文教学"。

无论课堂作业、课外作业，都要注意作业的分析、评价与反馈，道理很简单，因为"学生的作业是表现信息的重要来源，也是教师判断教学是否成功或是否需要改善的重要依据，教师据此理解学生的学习状况，进而为下一步的教学提供依据。而向学生提供反馈实际上传递了教师关于某种类型的作业的期望，能

---

① 格兰特·威金斯.教育性评价[M].促进教师发展与学生成长的评价研究项目组,译.北京:中国轻工业出版社,2005:93.

够引导学生的学习指向于特定的结果或质量"①。

此外,还应丰富作业形式。不同的作业类型客观上给学生不同的学习刺激,可保持其作业兴趣,也能满足不同认知风格学生的学习需求。多数学校出于经济与简便的考虑,惯用各科统一(英语除外)的作业本,但杭州高级中学却为语文学科特别设计了"贡院笔记"。作业纸(或称任务单)在国外以及我国港台地区广泛使用,值得我们关注。作业纸整体设计感强,往往带有作业步骤等支架性信息,可以凸显语文的学科性和学习内容的特殊性,也与推行"项目学习"的趋势吻合,有利于培养学生严谨、规范做事的习惯。

三、一个域内案例:美点欣赏

贵州省台江县,位于"苗疆腹地",全县人口15万,其中苗族人口占97%以上,被称为"天下苗族第一县"。由于地理、历史、文化等各种原因,该县教育基础薄弱。全县只有一所普通高中——贵州省台江民族中学,该校学生的书写笔顺、标点与格式运用、阅读理解、构词成句上错误频频,令支教老师吃惊。是"脚痛医脚"还是"高屋建瓴"? 短暂的犹豫之后,支教者选择了后者,给学生安排了三项作业:课内阅读中的"美点欣赏"、课外阅读中的"精彩分享"、随笔写作中的"互评互改",一年后颇有所获。

在课内阅读中,将教学重点定位于鉴赏评价,又不放弃低能力层级的识记、理解、分析综合。权衡结果,课堂重在读懂现代文、文言文的文本(理解、分析综合),课后则放弃该校订购的《导学教程》和《黄冈密卷》,改用"美点欣赏"以拓展课堂学习。教师与学生商订了"美点欣赏"四条评分准则。

1. 聚焦一个"点"。一词,一句,一段,或者一篇中的内容、形式。200字的赏析,不要面面俱到、蜻蜓点水。

2. 结合文本分析。不要空泛地谈,要结合文本,以阐明自己对某一点的理解、鉴赏,给人入情入理的感觉。

3. 表达清晰。将你的个性化理解,有层次地表达出来。

4. 卷面清楚。涂改、错别字、用错标点,都是语文学习的大忌。

---

① 崔允漷,王少非,夏雪梅.基于标准的学生学业成就评价[M].上海:华东师范大学出版社,2008:217.

最初的写作,学生抓不到"美点"(欣赏点),或抓到了"美点"但不能深入欣赏,或表达不出来。于是,教师一方面提供"美点",一方面利用学生习作,用PPT组织集体讲评,课后个别指点。

如此一次次的指导,学生渐渐能抓住文本中"美点",做比较深入的欣赏,且用比较规范的语句表达出来。第二个学期,字数要求"不少于300字",学生也没有畏难情绪。写"美点欣赏",不仅加深了学生对课文文本的理解,提高了学生的鉴赏评价能力,而且"读写结合"培养了学生的表达应用能力。

四、一个域外案例:暑期读书笔记

下面是美国暑期阅读整本书的一种作业设计①。美国的教育专家告诫说,千万不要只是让学生复述故事的大意。

1. 想象你就是书中的某个人物,根据"你"的经历和感受写一本日记。

2. 给书中的某个人物写一封信,给他提提你的建议。

3. 想象你就是这本书的作者,描述一下书中的人物在本书诞生之前的几年或之后的几年经历了什么。

4. 根据该书表现的某个主题写一篇短文。例如,如果该书的一个主题是爱,你可以写一篇关于爱的文章,并用上书中的例子。

5. 创作一首诗歌、歌曲或一个故事来表现书中的人物、冲突或主题等。

6. 根据书中的某一人物或情节画一张画或图表,并作出相应的详细解释。

7. 想象对书中某一人物进行采访,你可以问他书中有关的内容,也可以问他其他问题。用你自己的语气提问,然后用该人物的语气进行回答。

8. 回顾整本书的内容,给出你对这本书的评价。无论你认为这本书是有趣还是无趣,都从书中找出例子来证明。你会向你的朋友推荐这本书吗?为什么?

9. 写出书中的主要问题或冲突,涉及的人物,以及结局。

10. 将下面这个句子填写完整:我喜欢(不喜欢)作者(或某一人物)

---

① 李茂.彼岸的教育[M].上海:华东师范大学出版社,2006:13-14.

……的方式,因为……(250—300字)

11.描述一下你读这本书时的感受(愉快、悲伤、解脱、愤怒或充满希望等),并解释你为什么有这种的感觉。

12.为这本书设计一套试题。包括5—10道判断题,10道多项选择题,5道简答题,1篇作文。并制作1页完整的答案。

至今,我们常见的整本书阅读的作业是读完一本书、写一篇读后感,且从小学高年级直到高中阶段比比皆是。这种作业,学生不读原著也能借助网络搜索拷贝"完成"。相比来说,上面的作业具有趣味性、指导性、操作性和选择性,我们可以想见,只要有足够的时间保证,学生势必乐于阅读与表达,假期结束后提交的作业,也将是"琳琅满目"的。为此,郑桂华老师曾说:"如果让做作业变成一项有趣而富有挑战的思维活动,也使教师从乏味的作业中解脱出来,我们的作业设计就成功了。"①

五、基于"学习任务群"的作业案例

教育部颁布的普通高中2017年版20个课程标准,除语文、音乐外,都有"教学与评价案例"(除地理含在正文外,其他均置于"附录")。语文课标修订组最初也准备了教学与评价案例,出于诸多考虑未正式公布。下面收录若干,或将有助于语文教师的作业设计。

【"语言积累、梳理与探究"任务群案例:联句梳理】

梳理所接触过的联句,如"青山有幸埋忠骨,白铁无辜铸佞臣""友如作画须求淡,文似看山不喜平""海纳百川,有容乃大;壁立千仞,无欲则刚"。分析对联中所用的常见修辞手法,如对偶、比喻、拟人、双关等等,认识汉语独特的表现样式。

有兴趣者可尝试创作对联。

【"文学阅读与写作"任务群案例:小说的故事由谁来讲?】

鲁迅在《故乡》《孔乙己》中分别选择了"回乡的知识分子""酒店的小伙计"来讲述故事,在《药》中,则选择了一个全知全能的讲述者,不同的小说

---

① 郑桂华.中学语文教学设计[M].北京:高等教育出版社,2019:92.

中故事的讲述者不同。

回顾自己读过的小说,从小说故事的讲述者这一角度将这些小说进行分类。尝试改变其中一篇小说的叙述者,比较表达效果上的差异。

将这些梳理探究的成果整理出来,写一篇阅读心得。

【"中华传统文化经典研习"任务群案例:"战国四公子"列传专题阅读】

借助注释和工具书自主阅读"战国四公子"列传,做笔记,读不懂的地方,小组讨论,教师点拨。

为孟尝君编制大事年表,为平原君写一段评语(50字左右),为春申君写一篇墓志铭,为信陵君写一副对联。

比较四公子,若你是当时的一位名士,你更愿意到谁的门下生活?说明理由,在班级进行交流。

梳理从"战国四公子"列传中所读出的政治、文化、社会信息。

小组研讨《史记》塑造人物的方法。

梳理自己在"战国四公子"列传的阅读中所积累的语言现象和文言文阅读方法。

【"外国作家作品研习"任务群案例:编制自己的"外国文学阅读地图"】

回顾自己阅读过的外国文学优秀作品,从主题、风格、阅读感受等不同角度,确定分类的框架,将这些作品分为若干类型,尝试将这些作品之间的关系梳理清楚。

用结构图呈现梳理成果。汇集全班的研究成果,编辑成册。

第四节　校内考试与校外考试

校内考试、校外考试,是两类不同性质和价值的考试。然而,自有校内考试制度至今,我国的校内考试基本上沿用外部实施的高利害选拔考试(中考、高考)的形式,也就是说,校内考试常被校外考试"绑架"。为此,亟待正本清源,以科学建立和发展基于课程标准的评价体系。

一、两类考试：性质和价值之别

区分校内考试、校外考试，是基于两者性质、价值和实施主体的区别。

校内考试，按学习内容，一般分单元考试、模块考试；按学习时间，一般分期中考试、期末考试。它由学校和教师自己组织实施，旨在发现、收集和解释有关学生学习的信息，以做出下一步学习决策，因而它与教学、学习成为一个整体，镶嵌于教学过程之中，应是一种促进学习的评价。它要揭示学生达成课程标准的具体信息，因而应是一种标准参照的评价。

作为一段时间学习而设计的终结性测试，其载体不独"试卷"一种，基于一段时间学习而设计的作品（口头的、书面的、展示的），也具有"试卷"的功能，用来检测学生语文学习的情况，也能准确发现学习问题，并及时进行补救教学。因此，《普通高中2017年版》提出，教师要注意搜集学生在语文实践活动中产生的各类材料，如测试试卷、读书笔记、文学作品、小组研讨成果、调查报告、体验性表演活动和个人反思日志等作为评价的材料。"试卷"之外的评价材料，在某种意义上可以获得更真实、更深入的评价结果。当然，这是广义的"校内考试"，不是本节要聚焦讨论的校内考试。

与校内考试相对的，是校外考试。它包括实现选拔功能的中考、高考等，也包括着眼于监测、问责功能的各种考试，如为掌握"基于标准的教学"情况而由地方或国家层面组织的监测性考试等。校外考试重在"关于学习的评价"，旨在选拔、认证、监测或问责。校外考试注重从效度、信度、区分度、自洽性、稳定性等方面去分析和要求，一般应建立"常模"以便于分析、报告和反馈。

当然，两者并非截然分开的。比如为准备中考、高考，各校或联谊学校组织的模拟考试，采用校外考试的形式，却具有"关于学习的评价"功能；而校外组织的监测，当其提供了科学的分析、报告和反馈时，也具有"为了学习的评价"功能。而且，由于校外考试命题技术相对比较成熟，校内考试适当借鉴校外考试是合乎情理的。这与教师错误定位校内考试，放弃教师专业的评价自主权，屈从于校外考试的做法是不同的，因而算不上"被绑架"。

二、校内考试：考量标准、基本程序

校内考试，是一种基于课程标准的评价。在命题时，我们不能只凭经验确定考试的题目,只凭经验组合、编制试卷。教师现有的试题编制经验,基本上来自外部考试,以外部考试的经验来命制校内考试的试卷,要提高校内考试的质量是不现实的。

那么,怎样的校内考试是好的?崔允漷教授等提供了一个考量的框架①。

1.考试内容与课程标准要求的内容范围、认知类型和难度水平等三方面相匹配。内容匹配,即考试的知识范围、内容分布、试题、水平与标准的要求相符。认知类型匹配,即考试和课程标准在复杂性、认知和技能要求上相一致,考试的题型适合于标准中的目标要求。难度水平匹配,即难度与标准要求一致,任务呈现适合学生的认知水平。

2.考试的目标清晰、明确,且学生了解考试的目标。考试的内容是教学的内容,且先于教学让学生知晓,所谓"评估先于教学设计"。学生有学习考试内容的机会,而不是让学生蒙在鼓里。

3.指标公平。评分标准对所有学生都公平,且学生事先了解评分标准。

4.适当的反馈。考试结果的报告应当指向学生学习的促进。具体而言:(1)正确解释结果;(2)及时反馈;(3)让学生理解自己的问题;(4)有助于促进学生的自我反馈。

校内考试要遵循怎样的操作步骤?崔允漷教授等借鉴美国 Robert L. Linn & Norman E. Gronlund 和加州旧金山市的西部教育研究实验室(WestEd)提出的基于标准的测验开发的步骤,结合我国实际情况,厘定了下面的操作步骤。②

1.明确命题目的和测验难度。不同的目的,对命题有不同的要求。命题之先,当明确本次测试的性质,是选拔性测试还是达标性测试,是终结性测试还是形成性测试。大多数校内考试,是一个学习内容或一段学习时间结束后的测试,主要是终结性评价,是对课程学习期望中的学习结果的考

---

① 崔允漷,王少非,夏雪梅.基于标准的学生学业成就评价[M].上海:华东师范大学出版社,2008:194-195.
② 崔允漷,王少非,夏雪梅.基于标准的学生学业成就评价[M].上海:华东师范大学出版社,2008:128-130.

查,试题难度、整卷难度系数要大于选拔性考试(如中考、高考),选拔性的试题难度一般控制在 0.3—0.9 之间,整卷难度一般控制在 0.6—0.7 之间。

2.确定命题的内容/知识模块,把握各知识点的认知要求和权重。这一步可以利用双向/多向细目表(详见下文),便于核查评价内容、认知要求,确定评价内容或不同层次认知要求以及不同类型试题(主观性试题、客观性试题)的比例。一般来说,单元测试最好涉及课程标准上规定的所有知识点,低阶要求的知识点(如记忆)的权重相对高些;而期中或期末考试,由于考查内容比较广,而测试时间相对短,则需内容抽样,高阶知识权重相对较高。

3.编制试题,制订相应评分规则。要求所有的试题都是原创,在时间、能力有限制的情况下,是困难的。但是,收集编制试题所需的资料,着手改编试题,并不断地加以改进,却是一个最基本的要求。

不同类型试题有不同的检测优势,要注意选择试题的类型。如果是主观性试题,要给出评分规则,必要时还需要制定出评分细则。

4.核对并汇集题目,完善命题。检查是否符合题目编写的标准,检查内容是否基于标准并涵盖了所有要检测的,检查测试时间、公平性、价值观等。

三、双向/多向细目表

细目表是编制试题的计划书、蓝图,按其考量的维度多少,有双向细目表、多向细目表。双向细目表,主要用于确定考试内容(考查内容、能力层级),对于保证考试内容与应考内容的一致性具有明显的作用,如表4-6。

表 4-6　双向细目表的常见格式

考查内容	考查目标						
单元/学期	记忆 ___%	理解 ___%	应用 ___%	分析 ___%	评价 ___%	创造 ___%
知识点 1						
知识点 2						
……						

这是一份普适性的双向细目表,其中"考查目标",是按布卢姆—安德森的认知过程分类,即记忆、理解、运用、分析、评价、创造等六种水平。双向细目表作为一种试卷编制技术,能为命题者提供一种考试内容的抽样,恰当安排不同的考试内容、层级、比例,有利于克服试卷编制的随意性,保证考试具有比较高的内容效度。但是,它只解决内容抽样的问题(考什么),不能解决命题中的其他问题——如何设计和呈现问题、如何评定表现水平等问题(怎么考、为什么考)。为此,可以改善为多向细目表,如表 4-7。

表 4-7　多向细目表的一种格式

命题的目的与试卷的总体难度:

考查内容	考查目标						其他考量				
单元/学期	识记 ___%	理解 ___%	分析综合 ___%	鉴赏评价 ___%	表达应用 ___%	探究 ___%	难度	题型	题量	价值取向	评分细则
知识点 1											
知识点 2											
……											

测试时间:___分钟

表 4-7"考查目标",以沿用多年的高考语文考试说明规定的六个层级——识记、理解、分析综合、鉴赏评价、表达应用和探究,替换布卢姆—安德森的认知过程水平,更适用于语文。多向细目表增加了考量的维度,比起双向细目表来,有助于保证试题设计的科学性、试卷结构的合理性。

四、基于核心素养命题的细目表

"多向细目表"以知识点为经,便于编制试卷和试题。然而,在课程标准明确学科核心素养的背景下,我们发现,细目表却无法解决教授单一知识点或能力点的简单、碎片化试题的问题,无法回答各"知识点"与"学科核心素养"的对应关系。因为我们清楚地知道:知识点的掌握程度不等于学业质量水平,各知识点的质量相加未必就能揭示学科核心素养。之所以会产生"高分低能""有分无德",关键在于"赋分"的命题有问题。

那么,怎样的命题才能揭示学科核心素养呢?《普通高中 2017 年版》新增"学业质量"标准,依据不同水平学业成就表现的关键特征,描述了四大核心素养五个水平学习结果的具体表现;在"实施建议"中提出考试、测评题目应以具体的情境为载体,以典型任务为主要内容,并提出了五条命题原则。根据《普通高中 2017 年版》的命题设想,我们可以建立如图 4-4 的命题模型。

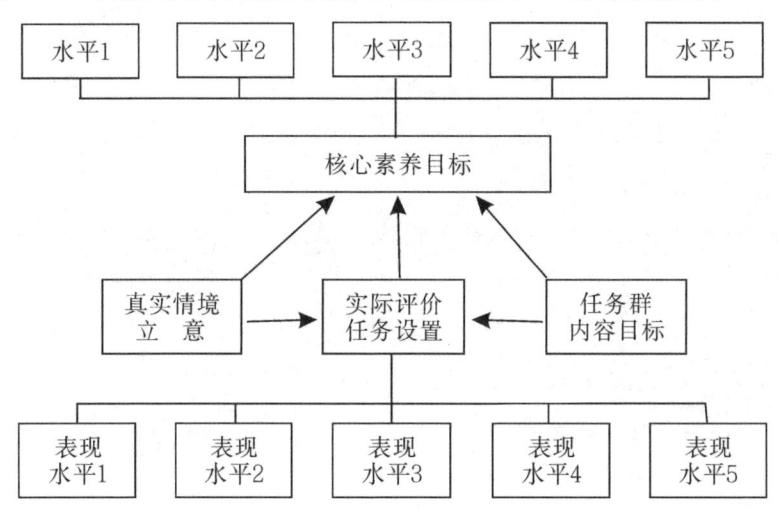

图 4-4 基于核心素养的命题模型

图 4-4 表明,"真实情境立意"和"任务群·内容目标"(知识与能力内容)同时服务于"实际评价任务设置",根据学生完成实际评价任务中的表现水平,来判断学生处于哪个发展水平,这才是有利于实现基于核心素养的命题。然而,上图只是呈现"基于核心素养的命题"的宏观模型,不具有操作性。我们将"多

向细目表"与"基于核心素养的命题模型"结合思考,以"情境与任务"为经,形成细目表的升级版,如表4-8。

表4-8 基于学科核心素养命题的细目表

命题的目的与试卷的水平预设:								
题序	考查内容	考查目标	题型	难度	价值取向	评分细则	备注
情境一							
任务1							
任务2							
任务3							
……							
情境二							
……							
测试时间:_____分钟							

上表的"水平预设",即根据课程标准的"学业质量水平",明确命题的水平层次;"情境",主要包括个人体验情境、社会生活情境或学科认知情境,这也是《普通高中2017年版》明确了的;"任务",即本章第二节"课堂层面的评价"提及的三类题目或任务,在某一选定的情境中,随文设点,分别以低难度、中等难度与较高难度的试题,收集学生完成任务的表现证据,据此判断成就表现的发展水平。升级版的细目表,保留了"考查目标"与"其他考量",这是确保试题较好覆盖面与试卷结构的需要。

这种命题的样式,请参看下文呈现的PISA阅读评估样例。我们相信,这能满足课程标准提出"倡导综合性的测试形式,可围绕情境选择相关材料,设置一组有内在联系的、指向核心素养的问题或任务"的要求,也能"避免以单纯的知识点和能力点设计考题,避免导致死记硬背"。这种细目表,是校内考试、校外考试都可以利用的技术。有关基于学科素养的命题,另可参阅杨向东教授的《指向学科核心素养的考试命题》[①]、比利时易克萨维耶·罗日叶教授的《学校与

---

① 杨向东.指向学科核心素养的考试命题[J].全球教育展望,2018(10):39-51.

评估:为了评估学生能力的情境》①。

五、对应评价目标,选择适切的题型

不同的题型,具有不同的考查功能。语文测试的题型分客观题、主观题两大类。客观题包括选择题(单选、多选)、判断题(是非题)、配伍题等,一般用以检测低阶的如识记、理解能力层次;主观题包括改错题、翻译题、简答题、论述题(如写赏析短文)、作文题等,自由应答,一般用以检测高层次的能力。填空题可以是客观的(答案唯一的),也可以是主观的(答案相对多样)。尽管客观题阅卷工效高,但语文学科应控制客观题的比例。

同一考查领域或知识点,采取不同的题型,评价目标、难度就会有差异。如现代文阅读的分析综合、鉴赏评价考查,用多项选择题为简单的辨析;用简答题,则同时考查语言表达能力;如用论述题(如 2006 年湖南卷"写 300 字左右的文章赏析"),则还涉及赏析短文的篇章构思。再如古诗文名句默写,一般采用填空题,但也可用选择题,如浙江省 2007 年高考为"下面是学生默写的古诗文名句,其中完全正确的一组是……"用的正误选择型,它的难度不大。

有时,即使相同的题型,给出条件的差异就会影响考查的能力、难度,如名句默写四种填空题型:

1.填空补足型。给出上句补写下句,或给出下句补写上句,一般来说后者难度大于前者,如:(1)流水落花春去也,＿＿＿＿＿＿。(李煜《浪淘沙》)(2)＿＿＿＿＿＿,往往取酒还独倾。(白居易《琵琶行》)

2.理解默写型。要求考生不仅会背诵原文,而且要对原文的内容有所理解、吸收。这类题型的难度又大于填空补足型,如:白居易《琵琶行》中"＿＿＿＿＿＿,＿＿＿＿＿＿"两句,写的是演奏正式开始之前的准备过程。

3.情境预设型。为考生创设一定的情境,让考生通过对情境的揣摩、品味,推断出所填写的答案,如 1991 年高考题:有一句诗说"时人莫小池中水,浅处无妨有卧龙",刘禹锡的《陋室铭》中,有一个与这句诗意思相近的句子,请把它写在下面的横线上。

---

① 易克萨维耶·罗日叶.学校与评估:为了评估学生能力的情境[M].汪凌,周振平,译.上海:华东师范大学出版社,2011.

4.综合考查型。将名句默写与文学常识、文言词语解释相结合考查。

校内考试试卷的编制,要充分核查细目表中各个维度,如试题素材和指向应考虑"价值取向",设置的情境要贴近学生的生活与阅读经验,否则将影响评价目标的达成。如夸美纽斯所问:"假如学生对于题材并不懂得,他们怎样能够掌握各种有力地表达题材的设计呢?"[①]主观题应制订评分准则或评分规则,以尽可能控制评阅的误差。如此等等,不赘述。

六、PISA 阅读评估及 2018 年测试题

2000 年国际经济合作与发展组织(OECD)首次在全球推行"国际学生评估项目"(Programme for International Student Assessment,简称 PISA),旨在评估各国 15 岁(初三)学生在阅读、数学及自然科学方面的知识、能力和技巧,以及跨学科的基础技能。

PISA 评价每三年举行一次,每次将阅读素养、数学素养和科学素养其中一个方面作为主项进行深入测评。2000 年、2009 年、2018 年的测评主项均是阅读。PISA 阅读素养测评的框架在不断完善,2018 年第一次使用电脑测评,每位学生参加 2 小时的测试。2018 年阅读测评的基本情况如下。

1.阅读素养界定。阅读素养是为达到个人目标,增长知识和发展个人潜能及参与社会活动而对文本的理解、使用、评价、反思和参与的能力。

2.阅读情境。自 PISA2000 起,即根据目的将情境分为四种:为了个人应用而阅读;为了公共应用而阅读;为了工作而阅读;为了教育而阅读。

3.阅读文本。可从四个维度描述文本。(1)文本单位即文本的数量,包括单文本(含有明确的作者信息、写作或出版日期及参考文献的文本)和多文本(主题相同或相似但由不同作者或在不同时间出版,有时候这些文本的关系不明显或者比较松散,甚至是相悖的);(2)文本结构和导航,包括静态文本(通常情况下,只有一个或数个屏幕页面安排在一个线性的阅读文本上)和动态文本(通常借助高密度组织结构和导航工具,呈现非线性特征,检索工具也频繁运用);(3)文本形式,包括连续文本、非连续文本和混合文本;(4)文本类型,包括

---

① 夸美纽斯.大教学论[M].傅任敢,译.北京:教育科学出版社,1999:158.

描述、叙述、说明、议论、指示、交流和互动。

4. 阅读策略。原称为阅读层级,PISA2018 始称阅读策略,分为文本处理策略(包括信息定位、文本理解和评价与反思)、任务管理策略(设置目标和计划,监测和控制,即阅读元认知)。同时特别指出阅读流畅度,即理解文本的速度和效率。阅读策略,见图 4-5。

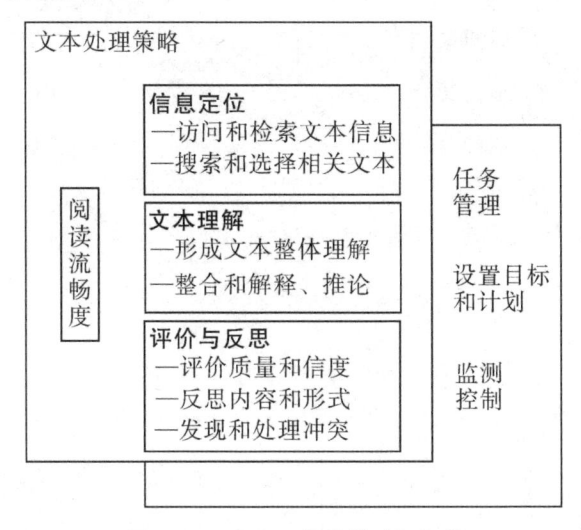

```
┌─────────────────────────────┐
│  文本处理策略                │
│  ┌───────────────────┐       │
│  │ 信息定位          │       │
│  │ —访问和检索文本信息│       │  ┌──────┐
│  │ —搜索和选择相关文本│       │  │      │
│  └───────────────────┘       │  │ 任务 │
│  ┌───────────────────┐       │  │ 管理 │
│阅│ 文本理解          │       │  │      │
│读│ —形成文本整体理解 │       │  │设置目│
│流│ —整合和解释、推论 │       │  │标和计│
│畅│                   │       │  │划    │
│度│                   │       │  │      │
│  └───────────────────┘       │  │监测  │
│  ┌───────────────────┐       │  │控制  │
│  │ 评价与反思        │       │  │      │
│  │ —评价质量和信度   │       │  └──────┘
│  │ —反思内容和形式   │       │
│  │ —发现和处理冲突   │       │
│  └───────────────────┘       │
└─────────────────────────────┘
```

图 4-5 PISA2018 阅读策略框架[①]

PISA2018 框架规定,测试题覆盖的单文本占 65%,多文本占 35%;其中"信息定位"题占 25%、"文本理解"题占 45%、"评价与反思"题占 30%。下面选用《拉帕努伊岛》文本及测试题,并简要评析[②]。

《拉帕努伊岛》是一个多文本阅读单元,包括三个文本:教授的博客、一本书的评论、一篇来自在线科学杂志的新发布的文章。博客被划分为多源文本、动态文本(网页包含了超链接,可以链接到其他文章中)、连续性文本、描述性文本。博客是一个典型的多源文本,因为在博客界面下面的评论板块呈现了不同

---

① OECD. PISA 2018 Reading framework[EB/OL]. [2020-01-18]. https://www.oecd-ilibrary.org/docserver/5c07e4f1 — en.pdf? expires = 1579434686&id = id&accname = guest&checksum=26C4312E2F59A16909CB4D415DC70056:33.

② OECD. PISA 2018 Released Field Trial and Main Survey New Reading Items[EB/OL]. [2020-01-18]. http://www.oecd.org/pisa/test/PISA2018_Released_REA_Items_12112019.pdf:8-20.

的读者。书籍评价和新发布的科学杂志上的文章则是单一文本、静态文本、连续性文本、议论性文本。

拉帕努伊岛

【导入语】想象一下当地图书馆下周要举办一个讲座。主讲人来自附近的一所大学。她将会讨论她目前所研究的拉帕努伊岛(Rapa Nui),拉帕努伊岛处于太平洋中,距离智利西部海岸还有超过 3200 公里。你在的历史课将会听这次讲座。你的老师让你调查拉帕努伊岛的历史,以便你在听课前了解它。第一份资料,来自于这位教授在博客上记录的她在拉帕努伊岛上的生活。

文本1:教授的博客(发布于 5 月 23 日 11:22)

今早当我看向窗外,我看到了我热爱的拉帕努伊岛的风景,拉帕努伊岛的出名得益于岛上的复活岛。草地和灌木是绿色的,天空是蓝色的,还有那些古老、屹立着的火山。

当我知道这将是我在岛上的最后一周时,感到有点儿失落。我已经完成了我所有的户外调查,准备回家。今天,我将会徒步穿过群山,与那些我研究了九个月的摩埃(Moai,智利复活岛上的巨型雕像)告别。这里是一张部分巨大的雕像的照片。

如果你在这一年一直看我的博客,那你应该已经了解到拉帕努伊人在几百年前雕刻了这些摩埃。这些令人印象深刻的摩埃在复活岛西部的一个采石场雕刻成型。其中一些重达数千公斤,然而当时拉帕努伊人居然能在没有任何货车、起重机的情况下将它们搬到一个距离采石场很远的地方。

多年来,考古学家不知道这些巨大的雕像是如何移动的。直到 20 世纪 90 年代,一支由考古学家和拉帕努伊居民组成的队伍证明,摩埃可以用植物制成的绳索、木制滚筒和曾经在岛上繁衍生息的大树制成的铁轨来运输和提升。关于摩埃的秘密才得以解开。

然而,另一个谜团仍然存在。这些用来移动摩埃的植物和大树怎么了?正如我所说,当我向窗外望去时,我看到了

草地、灌木和一两棵小树,但没有任何东西可以用来移动这些巨大的雕像。这是一个迷人的谜题,我将在以后的文章和讲座中探讨。在此之前,你可能希望自己去调查这个谜。我建议你从贾里德·戴蒙德(Jared Diamond)写的一本叫《崩塌》(Collapse)的书开始。《崩塌》的书评(超链接)。

【博客留言】

游客 14(5 月 24 日 16:31):教授,你好!我喜欢追您关于复活岛的博客。我迫不及待地想去看看《崩塌》!

KB-Island(5 月 25 日 9:07):我也很喜欢读您在复活岛的经历。不过,我认为还有一个理论应该考虑。看看这篇文章:www.sciencenews.com/Polynesian rats Rapa Nui(超链接)

问题 1/7:查看教授的博客。点击正确的答案。

根据博客,教授是什么时候开始她的户外研究的?

A. 在 20 世纪 90 年代期间

B. 9 个月前

C. 一年前

D. 5 月初

【简要评析】本题阅读层级为访问和检索文本中的信息,题型为单选。回答本题,学生必须在博客文章中找到正确的信息,需要排除博客内其他时间信息、发表日期等干扰信息。依据博客中"今天,我将会徒步穿过群山,与那些我研究了九个月的摩埃告别",答案为 B。

问题 2/7:阅读教授的博客,在下面写下你的答案。

博客最后一段,教授写下"另一个谜团……",她指的是什么谜团?

【简要评析】本题阅读层级为文本理解,即解释"另一个谜团"所指。学生可以用博客中"这些用来移动摩埃的植物和大树怎么了"回答。但这是一道开放的简答题,回答"有草,灌木和一些小乔木,但没有足够大的乔木移动大雕像""运送雕像所需的资源怎么了"也可以,但回答"大树在哪里""植物在哪里"则显得不够准确。

文本 2:《崩塌》的评论

贾里德·戴蒙德的新书《崩溃》明确警告了破坏环境的后果。在这本书中,作者描述了几种文明,这些文明由于其所做的选择及其对环境的影响而崩塌了。书中最令人不安的例子之一是拉帕努伊。

根据作者所言,拉帕努伊是由波利尼西亚人在公元700年后建立的。他们建立了一个繁荣的社会,大约有15,000人。他们雕刻了摩埃,并利用自然资源来将这些巨型雕塑移动到岛屿的不同地点。当1722年第一个欧洲人来到拉帕努伊时,摩埃始终在这里,但是树木已经消失了。人口也下降到了几千人,且这些人也都在为生存而挣扎。戴蒙德先生描写了拉帕努伊人毁林开耕,以及为了其他目的大肆捕猎生活在岛上的生灵。他猜测逐渐减少的自然资源导致了内战和拉帕努伊社会的崩塌。

这本精彩但令人恐惧的书的教训是,在过去,人们出于某种目的通过乱砍滥伐、过度捕猎的方式破坏了环境。令人欣慰的是,当下人们可以避免再犯同样的错误。这本书写得很好,任何关心环境的人都应该阅读。

问题3/7:阅读《崩塌》评论,在表格中选择正确的答案。

下面罗列的是文章当中的几种情况。这些情况是事实还是观点?给每一种情况选择"事实"或者"观点"。

这种情况是事实还是观点?	事实	观点
在这本书中,作者描述了几种文明由于所做决策影响了环境而崩塌的情况		
在书中最糟糕的一个例子是拉帕努伊		
他们雕刻了摩埃,并利用自然资源来将这些巨型雕塑移动到岛屿的不同地点		
当1722年第一个欧洲人来到拉帕努伊时,摩埃始终在这里,但是树木已经消失了		
这本书写得很好,任何关心环境的人都应该阅读		

【简要评析】本题阅读层级为"反思内容和形式",题型为多选题。学生回答本题,只需针对文本2这个单一文本,首先理解每个陈述的字面意思,然后决定内容是真实的还是代表了评论作者的观点。通过这种方式,学生必须关注内容和内容的呈现方式,而不仅仅是意义。按《现代汉语词典》,"事实"是事情的真实情况,而"看法"则是对客观事物所持的见解。如徐贲《明亮的对话:共同说理十八讲》所说,事实的陈述是可以确认的,如"林肯是美国总统",而看法的陈述

则必须通过说理、讨论才能确认,如"林肯是一位伟大的总统"。据此,正确的答案是:事实,观点,事实,事实,观点。

文本3:科学新闻

波利尼西亚的老鼠毁坏了拉帕努伊的树吗?

作者:迈克尔·金博尔,科学记者

2005年,贾里德·戴蒙德出版了《崩溃》,书中描述了居住在拉帕努伊(也可以称为复活岛)的人的情况。

这本书出版不久就引起了巨大的争议。许多科学家质疑戴蒙德关于拉帕努伊的理论。他们一致认为,这些大树在18世纪欧洲人第一次来到岛上时已经消失,但他们不同意贾里德·戴蒙德关于消失原因的理论。

现在,科学家卡尔·利波和特里·亨特发表了一个新的理论。他们相信波利尼西亚的老鼠吃掉了树的种子,阻止了新的种子的生长。他们相信,这种老鼠是被偶然或故意带到独木舟上的,最初的人类定居者用独木舟在拉帕努伊登陆。

研究表明,老鼠的数量可以每47天翻一番。那么多的老鼠需要大量的食物。为了支持他们的理论,利波和亨特指出棕榈坚果上有老鼠的咬痕。当然,他们承认人类确实在拉帕努伊森林的破坏中发挥了作用。但他们相信波利尼西亚老鼠是一系列因素中更大的罪魁祸首。

问题4/7:阅读这篇文章,选择正确的答案。

这篇文章中提到的内容,贾里德·戴蒙德同意什么?

文章中提到的科学家和贾里德·戴蒙德达成了什么共识?

A. 几百年前,人类定居在拉帕努伊。

B. 拉帕努伊的大树已经消失了。

C. 波西尼亚老鼠吃了拉帕努伊树的种子。

D. 欧洲人在18世纪到了拉帕努伊。

【简要评析】本题阅读层级为"访问和检索文本中的信息",题型为单选题。学生回答本题,可以单击任何制表符在文本2与文本3之间来回切换。但如对文本2文本信息有清晰再现,则只需针对文本3,找到文章中提到科学家和贾里德·戴蒙德(第2段)的部分,并确定包含共识信息的句子。正确答案是B。该题难度很可能是由于段落内关于人居环境的合理的(但不正确的)分散信息。

问题 5/7:选择正确的答案。

卡尔·利波和特里·亨特呈现什么证据来支持拉帕努伊大树消失的理论?

A. 老鼠们乘坐定居者的独木舟来到了岛上。

B. 老鼠可能是定居者故意带过来的。

C. 老鼠的数量可以在 47 天翻一番。

D. 老鼠留在棕榈坚果上的牙印。

【简要评析】本题阅读层级为"检测并处理冲突",题型为单选题。正确答案是 D。本题要求学生理解文本中的信息支持或证实了科学家提出的理论。在这里,学生必须超越对课文的理解,并确定课文中的哪一个元素可以用作支持理论的证据。

问题 6/7:阅读三则材料,将每个标签(A—F)选到相应的位置。

将"原因"拖放到下列表格中相应的空格①②中,他们的"效果"③是一样的。

原因	效果	支持者
①	③	贾里德·戴蒙德
②		卡尔·利波和特里·亨特

A. 摩埃是在同一个采石场雕刻的。

B. 波西尼亚老鼠吃树木的种子导致没有新的树。

C. 居住者用独木舟带波西尼亚老鼠到了拉帕努伊。

D. 大树从拉帕努伊消失。

E. 拉帕努伊的居住者需要自然资源去移动摩埃。

F. 人们为农业和其他原因而毁林造田。

【简要评析】本题阅读层级为"通过多个文本阐释和推论",题型为选择题。正确答案是依次是 F、B、D。本题中,学生必须整合文本中的信息,一方面是关于贾里德·戴蒙德和两位科学家提出的不同理论;另一方面必须注意博客中关于摩埃的雕刻地点(同一个采石场)的信息来确定共同的影响(大树的消失)。

问题 7/7:阅读三则材料,在下面写下你的答案。

在阅读完三则材料(博客、评论与科学新闻)后,你认为是什么导致拉帕努伊大树的消失？以材料中的特定信息以支持您的答案。

【简要评析】本题阅读层级为"检测并处理冲突"，题型为开放性的简答题。学生的回答可能包括以下一个或多个描述，如：(1)人类的错误，人们砍伐或使用树木(为移动摩埃和/或清理土地用于农业)；(2)老鼠吃了树的种子(所以新树无法生长)；(3)在进一步研究之前，不可能确切地说出大树发生了什么，没有证据表明任何一个都是正确的，因此我们必须等到更多信息。学生必须整合文本中的信息，并决定支持哪种理论，也可以选择不支持任何一种理论，只要解释的重点是需要额外的研究。

七、有关校外考试的期望

有人说："中国教育最重要的是要解决指挥棒的问题，无论怎么想，考试指挥棒的作用总是在那里。"①有关校外考试的讨论，不是该不该取消"指挥棒"的问题，而是如何"让指挥棒正确指挥"的问题。

然而，比较遗憾的是《纲要》中"国家课程标准是教材编写、教学、评估和考试命题的依据"一句，时至 2019 年，基于标准的命题还没有切实落地。作为选拔性考试的校外考试(如中考、学考、高考)，如果不能体现课程标准的理念、目标、内容的规定性，就不能正确引导语文课程与教学，将导致战略性的错误。

试举一例，即高考中"语病辨析"选择题。其实，作为普通高等学校招生的选拔性考试，其"构词成句"的能力，完全可以包含在简答题、论述题、作文题中一并考查。现在单独设题，让考生陷入大量无益的训练中。有香港学者批评其存在四大问题：选例多属学校以外的资料，没有严格辨别语法问题与修辞问题，重点不是从学生出现的写作语误情况去探究他们在学习上的困难，改正的结果不是支离便是笼统，并不真正接触问题②。所以，有考生说，我做语病题，越做越糊涂，都不知道话该怎么说、文该怎样写了。

幸而普通高中各科课程标准的 2017 年版，均将"学业水平测试与高考命题建议"列入，将学业质量标准与学考、高考"三合一"。语文课程标准还借鉴了 PISA、NAEP(美国国家教育发展评估项目)、PIRLS(国际阅读素养进展研究项

---

① 翟晋玉.让指挥棒正确指挥[N].中国教师报,2013-03-27(1).
② 转引自王荣生.语文科课程论基础(第2版)[M].上海:上海教育出版社,2005:211.

目)等经验,特别强调"考试、测评题目应以具体的情境为载体,以典型任务为主要内容","以情境任务作为试题载体,让学生在个人体验、社会生活和学科认知等特定情境中完成不同学习任务……避免以单纯的知识点和能力点设计考题,避免死记硬背",明确命题指向:

"阅读与鉴赏"侧重考查整体感知、信息提取、理解阐释、推断探究、赏析评价等内容;"表达与交流"侧重考查叙述表现、陈述阐释、解释分析、介绍说明、应对交流等内容;"梳理与探究"侧重考查积累整合、筛选提炼、归整分类、解决问题、发现创新等内容。

下面是语文课标修订组最初准备的两个评价样例,未收入正式公布课程标准,或将有助于语文教师理解命题趋势。

【样例一】阅读下列材料,完成相关题目。

1.归去来兮,请息交以绝游。世与我而相遗,复驾言兮焉求?(《归去来兮辞》)

2.假舆马者,非利足也,而致千里;假舟楫者,非能水也,而绝江河。(《劝学》)

3.(华)佗之绝技,凡此类也。(《华佗传》)

4.因左手把秦王之袖,而右手持匕首揕之,未至身,秦王惊,自引而起,绝袖。(《荆轲刺秦王》)

5.孔子晚而好《易》,……读《易》,韦编三绝。(《史记·孔子世家》)

6.天宝中,益州士曹柳某妻李氏,容色绝代。(《许老翁》)

题目1:请理解上述材料中加点字"绝"的词义,这些意义可以归纳为几个义项?简单说明你归纳的理由。

题目2:你还能写出哪些含有"绝"这个词的文言句子?并请说明出处。

题目3:"绝"字这些义项之间有关系吗?如果有,说明它们的相关处在什么地方?

题目4:"断绝""继续""缠绕""缔结""编纂"这些动词,"纲纪""经纬""纤维"这些名词,"红""紫""绿"这些颜色词,都是"纟"部,说明它们较早的意义都与古人的哪一个生活领域有关?你能从这些词里想象这个领域的生活情境吗?写一篇短文把你的想象描写出来。

【样例二】阅读下面两首古诗,完成相关题目。

春夜喜雨

[唐]杜甫

好雨知时节,当春乃发生。随风潜入夜,润物细无声。

野径云俱黑,江船火独明。晓看红湿处,花重锦官城。

饮湖上初晴后雨二首(其二)

[宋]苏轼

水光潋滟晴方好,山色空蒙雨亦奇。

欲把西湖比西子,淡妆浓抹总相宜。

题目1:默写一首描写春天景象的诗词,与上述两首诗组成一组阅读材料。用简洁的语言阐述你选择这首诗词的理由。

题目2:结合这几位诗(词)人的人生经历与创作主张,选择一个角度评析这几首诗词。

题目3:下面两则材料是对示例作品的评点。你对这些观点有什么看法?任选一则阐述你的理由。

浦起龙在《读杜心解》中评杜诗:"写雨切夜易,切春难。""'喜'意都从罅缝里迸透。"

陈衍在《宋诗精华录》中评"欲把西湖比西子,淡妆浓抹总相宜"二句:"遂成为西湖定评。"

于是,期待校外考试的试卷命制者基于课程标准,不断探索出有效检测语文学科核心素养的题型、整卷结构,"让指挥棒正确指挥",应该不是奢望。

读后反思

在语文教师的专业生活中,评估和评价学生是极为重要的部分。阅读本章四节内容并有主动的、持续一定时间的评价实践,就不难拥有"读前思考"所说的七个"能熟练地……"能力。

读完本章,不知道你有哪些收获?还存在哪些疑问?把它们记录在空白

处,可与同伴分享你的收获和疑问。请你进一步思考下面的问题:

• 在评价的不同层面(课堂、作业、校内考试),你有怎样的思考和构想,以期构建促进学习的评价体系?

你可以深度思考与研究,做一些书面成文的表达。

建议进一步阅读的书目

[1] 章熊.中国当代写作与阅读测试[M].成都:四川教育出版社,2000.

[2] 崔允漷,王少非,夏雪梅.基于标准的学生学业成就评价[M].上海:华东师范大学出版社,2008.

[3] 周文叶.中小学表现性评价的理论与技术[M].上海:华东师范大学出版社,2014.

[4] 理查德·J.斯蒂金斯.促进学习的学生参与式课堂评价(第4版)[M]."促进教师发展与学生成长的评价研究"项目组,译.北京:中国轻工业出版社,2005.

[5] 格兰特·威金斯.教育性评价[M]."促进教师发展与学生成长的评价研究"项目组,译.北京:中国轻工业出版社,2005.

第五章

语文教师的修炼

> **读前思考**

  旅行家：你为什么不找份工作？

  流浪汉：我懒散惯了，还是这样自由自在好。你是干什么的？

  旅行家：我在环球徒步旅行。我已经走了两年六个月零五天了，估计还有七八天的路程就到目的地了。

  流浪汉：啊，同样是异乡漂流，我们之间为什么差距如此之大呢？

  旅行家：因为我在追求，而你却在打发日子。

这是两种不同人生的隐喻，同样适用于教师。理查德·I.阿兰兹在《学会教学》一书有类似的表达："有些教师就像陈年美酒，任教时间越久就越优秀。然而，另一些教师虽然经过数年的实践，但教学技能并没有得到提升，仍旧停留在他们第一次进入课堂时所处的能力水平上。"

让我们先花几分钟时间，思考下面的问题：

  • 如果你即将或刚走上讲台，你希望自己能成为怎样的语文老师？如果你已从教多年，请问你是向理想靠近，还是向现实投降？

本章与你讨论四个话题：基于自我的成长、基于合作的成长、让自己成为研究者、让自己成为自己。彼此不一定合逻辑，意在引发反思和行动。

第一节　基于自我的成长

"如果世界上有任何工作要求不断地保持经验中良好的东西,以便成为构成进一步经验整体中的一个有机部分,那便是教学的工作。"[①]这是杜威说的。我们认为,"不断地保持"意味着教师并非因为接受过师范教育(现已为"教师教育"取代)便可以一劳永逸的,而是指教师应当做一个终身学习者。随着基于核心素养的教育改革及其引发的课堂教学转型,势必要求教师向兼具课程设计师、学术顾问、实践活动引领者、评价专家等多种角色特征的"导师"形象转换,对教师自身专业发展提出了新的要求。

一、教师需要哪些知识?

一个教师需要具备哪些知识、技能和素质呢?国外学者如杜威、国内学者如叶澜等人[②]都曾论述过并试图确定教师所需要知识的种类。这里介绍李·舒尔曼(Lee Schulman,1987)提出的分类[③]:

1. 学科内容知识;

2. 一般教学法知识,尤其是关于课堂管理与组织的一般原则和策略,这种知识似乎超越了学科知识;

3. 课程知识,尤其是掌握教师工作中必不可少的教学材料和教学计划;

4. 学科教学知识,即学科内容与教学法的具体结合,它属于教师独特的领域,即他们自身特有的专业理解力;

5. 关于学习者及其特点的知识;

6. 教育情境的知识,包括小组或班级的运作、学区的管理及财政资助、

---

① 约翰·杜威.人的问题[M].傅统先,等,译.南京:江苏教育出版社,2006:45.
② 叶澜,等.教师角色与教师专业发展新探[M].北京:教育科学出版社,2001:230-241.
③ 黑恩,等.学会教学:教师专业发展导引[M].丰继平,等,译.上海:华东师范大学出版社,2009:55.

社区和文化的特征;

7. 有关教育结果、目的、价值及其哲学基础和历史基础。

为简明起见,这七方面的知识,我们可以分成四大类:

1. 本体性知识(expertise knowledge),教师所具有的特定学科知识,直接支持学科教学的知识,即舒尔曼所说的第 1 类知识;

2. 条件性知识(conditional knowledge),指支持教学行为顺利进行的策略性知识,包括舒尔曼所说的第二、三、四、五类知识;

3. 实践性知识(practical knowledge),指教师教育教学积累的经验,可称为案例知识、情境性知识、默会性知识、综合性知识、个体性知识等,相当于舒尔曼所说的第六类知识;

4. 素养性知识(self-cultivate ability),指教师的哲学态度、教育理解以及气质、人格、智慧、兴趣等不直接支持教学,却能间接影响教学活动的知识,包括但超越了舒尔曼所说的第七类知识。

四类知识,有先天的成分(如气质),但更多来自后天的学习,包括入职后的不断学习,即杜威"不断地保持经验中良好的东西",这里的"保持"理解为"发展""丰富"等更妥当,实践已然证明了这一点。

二、做一个清醒的终身学习者

要发展、丰富作为一名语文教师的四类知识,就应当清醒意识到其影响因素(如图 5-1),做一个"清醒的终身学习者"。

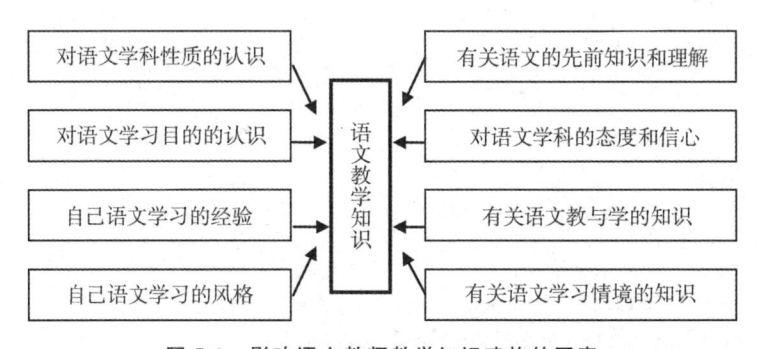

图 5-1　影响语文教师教学知识建构的因素

建构主义学习理论认为,学习者必须主动建构他们自身的知识,这种建构是基于学习者先前的观念和经验与新环境的相互作用,并通过学习者在一定的社会环境中运用语言来调和。语文教师有关教学的知识来自建构,是通过先前的知识与当前的经验的相互作用实现的。黑恩(Steve Herne)等人说,这种认识,"提醒我们,要不断地与我们的学生和我们的专业同伴进行谈话,以分享并加深对知识的理解"[①]。

然而,作为成人学习者,与儿童[②]学习者的学习并不完全一样。在了解"影响因素"之后,我们有必要进一步了解布鲁克菲尔德(Brookfield,1986)的"成人学习的原则"[③]:

  1. 成人在生活中学习;

  2. 成人在生活中所经历的变化往往是成人学习的动力;

  3. 成人以不同的方式、在不同的时间并为了不同的目的而学习;

  4. 但是,按照惯例,成人喜欢那些以问题为中心、具有生活情境意义的学习活动,而且他们希望自己的学习能立刻派上用场;

  5. 成人的生活经历影响着现在的学习,有时这是一种动力,有时是一种阻力;

  6. 有效学习与成人对自我作为学习者的概念有关;

  7. 成人倾向于自我定向的学习。

如果你发现自己的学习,在某些方面符合上述成人学习的原则,你很可能正在逐步成为成熟且有效的学习者。如果不是的话,这些原则至少也是个提醒,有意识地以此反省自己的学习,可以引导自己不断走向成熟。

七条原则中之"在生活中""不同方式"之类的表述似乎印证着"语文学习的

---

① 黑恩,等.学会教学:教师专业发展导引[M].丰继平,等,译.上海:华东师范大学出版社,2009:63.

② "儿童",《现代汉语词典(第7版)》解为"较幼小的未成年人(年纪比'少年'小)","少年"解为"十岁左右到十五六岁阶段的人"。这是按人们的语言习惯来解释的。有关教育学、心理学之类的读物,则多按1989年11月20日第44届联合国大会第25号决议通过的《儿童权利公约》来解释的,该公约第一条规定"为本公约之目的,儿童系指18岁以下的任何人,除非对其适用之法律规定成年年龄低于18岁"。

③ 转引自:黑恩,等.学会教学:教师专业发展导引[M].丰继平,等,译.上海:华东师范大学出版社,2009:25.

外延与生活的外延相等"这一句语文教师熟稔的话。"自我"之类的字眼也很关键,没有人能强迫教师学习,但教师需要有自我定向学习的意识和行动。

三、读书:语文教师的一种生活方式

读书、写作、实践,是人文活动的三大要素。对于语文教师来说,其中的读书、写作有比其他学科教师更为重要的意义,这无须赘述。

读哪些书?该怎么读?这是读书需要思考的两个基本问题。夏丏尊先生在回答中学生"阅读什么"时,曾主张阅读的范围包括:(1)关于自己的职务的;(2)参考用的;(3)关于趣味或修养的[①]。受其启发,我们认为语文教师要读的书,可以分三类:(1)有关语文学科的书,(2)有关教师的书;(3)纯属个人趣味的书。如此三类,可获得或丰富舒尔曼所说的七类知识。

第一类书,无法尽指,有人曾列出过 150 多门与语文教育"相关"的学科[②],举凡语音学、文字学、词汇学、语法学、修辞学、逻辑学、文章学、文学、演讲学、阅读学、写作学、语用学、风格学等书皆是。

第二类书,自然也无法尽指,但可再分三层次:第一层次为"教育哲学",如孔子、朱熹、柏拉图、卢梭、杜威等人的书;第二层次为"三论"(学习论、课程论、教学论);第三层次为"教师成长",包括但不限于教育政策、教育人物、教育研究、教育技术、比较教育之类的书。

第三类书,各人自由决定,并可随兴趣的转移而变化。建议培养自己多元的审美趣味,而不能像鲁迅那样"狭隘"。李长之在《诗人的鲁迅》中写道:

> 从这里,我忽然想到鲁迅是一个颇不能鉴赏美的人——虽然他自己却可创作出美的文艺,供别人鉴赏的。因为,审美的领域,是在一种绰有余裕,又不太迫切、贴近的心情下才能存在,然而这却正是鲁迅所缺少的。……他自己说"对于自然美,自恨苦无敏感;所以即使恭逢良辰美景,也不甚感动"(《华盖集续编》,页二二一),所以,我方才说的,我们不能派他作吟风弄月的雅士者,这意思自然一方面是他不屑,然而在另一方面却是他也有所不能。

---

① 夏丏尊.夏丏尊教育名篇[M].北京:教育科学出版社,2007:136.
② 王荣生.语文科课程论基础(第 2 版)[M].上海:上海教育出版社,2005:190-191.

他是枯燥的,他讨厌梅兰芳的戏片子(《两地书》,页八九),他不喜欢徐志摩那样的诗(《集外集》,序言页三),这都代表他的个性的一个共同点。

艺术之中,不错,他也有所称赞的,但却就只限于"力的表现"的木刻;鲁迅对于优美的,带有女性的意味的艺术却不大热心的。一如他在思想上之并不圆通一样,在美的鉴赏上并不能兼容。

中小学语文教师面对各有个性的学生,在读书上做个"杂家",于学生的写作、阅读、综合性学习指导是必要的。很难想象如鲁迅那样"恭逢良辰美景,也不甚感动"的语文教师,面对朱自清《荷塘月色》、余光中《听听那冷雨》之类的写景抒情散文,会有切近而丰富的感悟的。

"怎么读",这在普通层面上说,应"根据不同的阅读目的,针对不同的阅读材料,灵活运用精读、略读、浏览、速读等阅读方法"(《普通高中实验版》语),但我们还是需要提出如下未必多余的建议①:

1. 对大学所学之外的书籍(比如"三论"类的书),在你已拥有兴趣之前,建议选一种书精读之,力求查找主要的信息并尽力理解其要点;

2. 以问题为中心,针对自己的"教学问题"和"教学困惑",确定你要查找的东西,通过阅读,借助他人的知识和智慧,以求获得"自我超越";

3. 预先对主题进行头脑风暴,激活自己的实践经验并与之联结,阅读中随时修改你的最初理解并转化为反思和行动的"生产力"(本书各章的"读前思考""读后反思"就是基于这种读书法设计的);

4. 用类比和比喻建立概念间的联结,尝试运用"列提纲""概念图"技术,以求看到所读之书的整体图景,加深理解和审视,从而获得最核心的或你需要查找的信息,而不是"断章取义";

5. 随时用元认知策略而不让自己的大脑成为作者的跑马场,用讨论、笔记或其他形式,与书的作者、一同阅读的同事对话,在对话中校正或丰富自己的理解,前提是你在阅读中已经形成了自己的观点。

顺便一提的是,语文教师需不断锤炼自己的文本解读能力,对于课本中的"选文",需要教师在备课时经历"直面文本的素读→博采众长的研读→指向教学的悟读"三个阶段,最后达成具有"自洽性"的文本解读结论,而不是照搬教参

---

① 这里综合了本书著者的读书经验和黑恩等的《学会教学:教师专业发展导引》、布兰思福特等的《人是如何学习的:大脑、心理、经验及学校(扩展版)》等多本论著的建议。

或他人的设计。语文教师读书,不是为了应付明天的课,而是出自内心的需要和对知识的渴求。为了不至于把备课变成单调乏味的死抠教材,你需要读以上三类书,而非只啃中小学、大学所读之书的"老本"。

四、写作:语文教师不可或缺的

常听其他学科的教师说:你们语文老师能写(文学的、学术的)。然而,不是文人相轻,其实我们语文老师未必都能写的。曾是文学青年,现在依然创作力旺盛,如今教语文,对课程与教学又颇有研究和表达——兼具这两方面的中小学语文教师并不多。像叶圣陶、朱自清、夏丏尊先生这样的老一辈,在当时就屈指可数,在当前也为数不多。

我们不能要求语文教师既是作家,又是教学专家(教育家),但作为语文教师至少要有两手硬功夫:一是解读文本的能力,二是写好文章的能力。就写作来说,时有文学小创作,即使未必见诸报刊或出专集,有这种体验的老师指导学生文学阅读和写作,会比没有这方面体验的老师来得生动而真切。

没有文学创作(含"下水作文")也罢,但语文教师不能停留于只会写教案、行政规定的计划和总结,乃至为评职需要而"被驱动"写三五篇论文的地步。既然"读书是语文教师的一种生活方式",那么与读书相关的写作,如读书札记、学习日志都可以作为"读写结合"的方式利用之。

在教学实践中,你遇到的困惑、你尝试的新做法、你的教学感悟和教学经历,你可以运用教学日志、教学随笔、生活叙事、传记或教历等方式外化。这样做,不仅是将隐性的实践知识显性化,将显性化的知识条理化,还能让自己的笔头不枯涩,所谓"拳不离手、曲不离口"是也。否则我们语文教师的"体能"、技能必将下降,我们凭什么要求学生多读多写? 又凭什么让学生敬重?

自然,语文老师的写作还可更进一步,那就是将研究(实证研究、行动研究、叙事研究,见本章第三节)和写作结合起来。如此,就少一些某些前辈的遗憾:"都快退休了,但到现在没有一个像样的教案,没有一篇像样的文章。"

这样的遗憾不独一般老师有。"浙江曾有一位著名的陆鉴三老师,是一位特级教师,他教作文很有办法,育人又育才。可惜当我们试图发掘陆老师的教学经验时,却怎么也找不到他的课例了,哪怕一节课。他的教学经验,他一生积累的'财富'消失了。有一些年迈者夸耀以前的老师教语文如何了得,可是当我们询问详情时,却被告知不记得任何教学的细节了,也找不到这位了不得教师的片言只语。"①

五、只有经过反思的实践，才有价值

也许你会说，我每天上班上课，实践总是不缺的。"读前思考"提及阿兰兹的"另一些教师"，有学者说的"许多教师教了30年的书，其实后27年只是重复最早3年的东西而已"，都意味着"做着"不等于"成长着"。

确实，教师的"做着"可以获得内隐的缄默知识，但要让"做着"具有"成长"的价值，必须经过"反思"，即"教师对自己、自己的专业活动乃至于相关的事进行深入的理解，以发现其中的意义。教师专业发展体现为教师实践智慧的积累，教师专业发展的重点是教师行为的改变"②。

正是在这个意义上，美国学者波斯纳提炼了"教师的成长＝经验＋反思"这一著名的公式。其实，类似的话，叶澜、林崇德、朱永新等教授都说过，叶澜教授曾说："一个教师写一辈子教案难以成为名师，但如果写三年反思则有可能成为名师。"2002年6月22日，"教育在线"开通的第七天，时任苏州市副市长的苏州大学博士生导师朱永新教授在论坛上发了个帖子："每日三省，写千字文一篇，十年后3650篇千字文(计365万字)，如投保方自感十年后未能跻身成功者之列，本公司愿以一赔百。"虽是戏谑之词，却不无启迪之效。

其实，读书、写作、实践之中都包含着"反思"的元素，三者之间互为促进，这是每个语文教师的地盘，是为"基于自我的成长"！

第二节　基于合作的成长

"外面的进行着的夜，无穷的远方，无数的人们，都和我有关。"这是鲁迅逝世前不久写下的话。教育是一项合作的事业，别说"无穷的远方，无数的人们"，就是我们日常专业生活中的同事、学生，都是我们每个教师专业成长的合作者。除了自我成长，我们还需要从合作中获得成长。

---

① 王荣生,高晶."课例研究":本土经验及多种形态(下)[J].教育发展研究,2012(10):44-49.
② 王少非.新课程背景下的教师专业发展[M].上海:华东师范大学出版社,2005:113.

一、中小学教师的专业交往

"有意义的活动很少是——即便有——单独完成的。人们在不同的情境脉络中可能会单独行动,但他们的行动能力是由群体决定的。"[1]交往是人类社会相互作用、存续发展的基础,也是教师教学一个复杂而重要的方面。教师的交流、交际发生在学校内外,构成如下交往链,如图5-2。

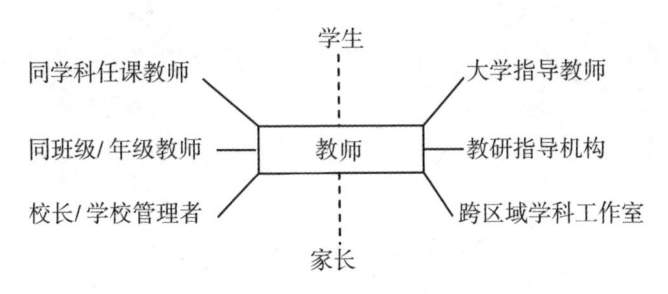

```
         学生
          |
同学科任课教师 ——— ——— 大学指导教师
同班级/年级教师 ——[教师]—— 教研指导机构
校长/学校管理者 ——— ——— 跨区域学科工作室
          |
         家长
```

图5-2 中小学教师的专业交往链

图中,左、右侧分别指校内、校外交往的关键人物。在习惯性的印象中,教学是一个具有个体性的职业,然而,当我们以图5-2的框架来思考的时候,就会发现,教学处处存在着合作,我们在合作中成长。一位初出茅庐的教师,成长为一名教学名家,在其专业发展过程中,总有在某些特定时期、特定事件中给予助力的特定人物,这些"特定人物"一般可从图5-2中找到位置。这启示着我们,开拓合作的领域,有助于自己的专业化成长。

二、教师合作交流的益处

合作是教师专业素养的重要内涵。教师之间在知识结构、智慧水平、思维方式、认知风格等方面也存在着较大差异,即使是教授同一学科的教师,在教学内容处理、教学方法选择、教学整体设计等方面的差异也是明显的。这种差异是一种宝贵的成长资源。教师需要通过丰富多样的合作来发展自身。

---

[1] 戴维·H.乔纳森.学习环境的理论基础[M].郑太年,任友群,译.上海:华东师范大学出版社,2002:94.

教师间的合作与交流的潜在益处,包括如下方面[1]:

1. 心理支持——能有人与我们共同分享成功、分担问题总是一件好事;

2. 新想法——我们的同事是教学信息和灵感的巨大源泉;

3. 示范合作——我们需要展示给学生:在我们说合作很有益时,我们也在力行我们所倡导的信念;

4. 力量——作为一个集体,我们可以获得比个人努力更多的成绩;

5. 减少工作负担——通过分享材料、计划和资料及共同努力,我们可以减轻自己的负担;

6. 动机——与同事合作可以鼓励我们试验多种方式来促进学生的学习;

7. 支持变革——人们试图单独实施革新时,往往不会发生革新的变化。调查表明,当教师集体参与时,教育改革会更成功。

三、教师合作形式之一:同伴互导

同伴互导(peer coaching)是近年来比较流行的合作方式。在英语中,peer是指同等的人,coaching是指集指导与受指导于一身。尽管我国学界对此还有些不同的译法,诸如同伴互助、同事互导、小组互导等,但它们的内涵基本相同,即具有相当身份如职称、教龄、学科、地位的教师结成伙伴关系(如不相当,则可能是"师徒结对")。

同伴互导包括对话(信息交换、经验分享、深度会谈—沙龙、专题讨论—辩论)、协作、帮助等形式,有人提供的"教师同伴指导活动"模式,见图5-3[2]。

---

[1] 傅道春,徐长江.新课程与教师角色转变[M].北京:教育科学出版社,2001:85-86.
[2] 王少非.新课程背景下的教师专业发展[M].上海:华东师范大学出版社,2005:178.

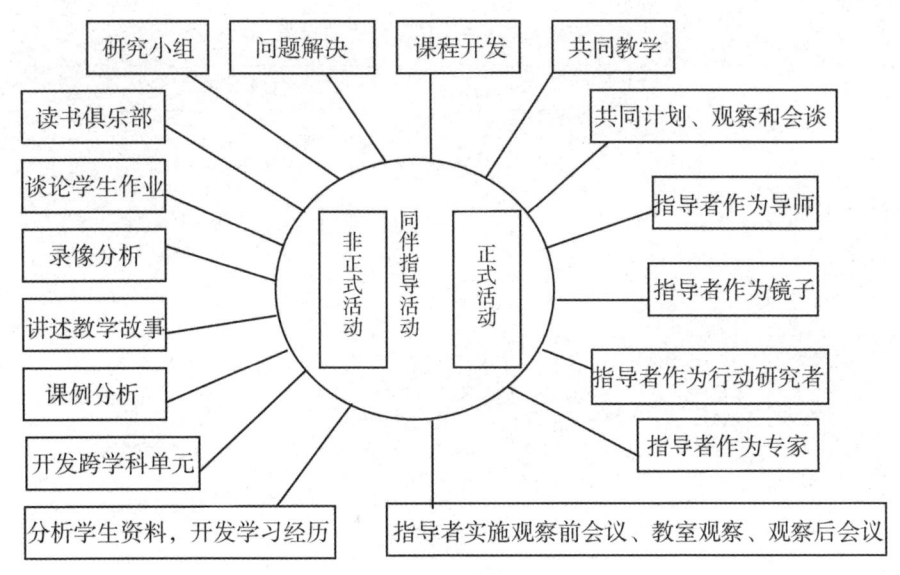

图 5-3 教师同伴指导活动

四、教师合作形式之二：课堂观察

听评课是我国中小学普遍采用的教学研讨活动。不少学校规定了每学期教师听课的节数，少则 12 节/学期，多则 60 节/学期。然而，综而观之，本应成为教研组学术研修活动的听评课，表现的是"行政"的而非"学术"的特质。

为此，需要从"观察什么""如何观察""如何让观察成为专业发展的助推器"等方面思考。课堂观察的 LICC 范式比较有效地解决了传统听评课观察点弥散的缺陷，它将课堂解构为四个要素：学生学习（Learning）、教师教学（Instruction）、课程性质（Curriculum）和课堂文化（Culture），在此基础上，就形成了"4要素 20 视角 68 观察点"的框架，如表 5-1 所示[①]。

---

① 沈毅，崔允漷.课堂观察：走向专业的听评课[M].上海：华东师范大学出版社，2008：104-107.

表 5-1　课堂观察 LICC 范式的框架

要素	视角	观察点举例
学生学习（L）	1.准备；2.倾听；3.互动；4.自主；5.达成	以"达成"视角为例，有三个观察点： ·学生清楚这节课的学习目标吗？多少人清楚？ ·课中哪些证据（观点/作业/表情/板演/演示）证明目标的达成？ ·课后抽测有多少人达成目标？发现了哪些问题？
教师教学（I）	1.环节；2.呈示；3.对话；4.指导；5.机智	以"环节"视角为例，有三个观察点： ·教学环节怎样构成（依据/逻辑关系/时间分配）的？ ·教学环节是怎样围绕目标展开的？怎样促进学生学习的？ ·有哪些证据（活动/衔接/步骤/创意）证明该教学设计是有特色的？
课程性质（C）	1.目标；2.内容；3.实施；4.评价；5.资源	以"资源"视角为例，有三个观察点： ·预设哪些资源（师生/文本/实物与模型/实验/多媒体），怎样利用？ ·生成哪些资源（错误/回答/作业/作品）？怎样利用？ ·向学生推荐哪些课外资源？可得到程度怎样？
课堂文化（C）	1.思考；2.民主；3.创新；4.关爱；5.特质	以"民主"视角为例，有三个观察点： ·课堂话语（数量/时间/对象/措辞/插话）是怎么样的？ ·学生参与课堂教学活动的人数、时间怎样？课堂气氛怎样？ ·师生行为（情境设置/叫答机会/座位安排）如何？学生间的关系如何？

　　表 5-1"观察点举例"还不能直接成为某一堂课的观察内容，实际运用需要遵循"此人、此时、此地、此课"原则进行个性化，并开发观察工具。其程序包括课前会议（一般 15—25 分钟）、课中观察、课后会议（一般不少于 45 分钟）。至于"如何观察""如何让观察成为专业发展的助推器"等的操作，请参见《课堂观察：走向专业的听评课》（华东师范大学出版社，2008 年版）和《课堂观察Ⅱ：走向专业的听评课》（华东师范大学出版社，2013 年版）等书。

五、教师合作形式之三：备课组/教研组活动

教研活动,是我国传统的教师专业活动方式。然而,不少教研组活动流于"上情下达",专业自主性不足,行政色彩浓厚,教研组成为学校管理者"布置任务—检查落实—总结评比"的附庸,而不是教师专业发展的基地和平台。

为此,需要学校层面正确定位教研组功能,创造合作分享、探究生成的"自然协作"而非"人为协作"文化,选任和培育教研组的"课程领导者"(积极激励、引起变革,做正确事情的人)而非"课程管理者"(严格控制、维持现状,把事情做正确的人),将传统的备课组/教研组改造成为教师专业发展的共同体。

那么,怎样的人可以成为课程领导者呢？

课程领导者,重要的不是科层权力,而是专业能力、道德感召。按照崔允漷教授的理解,有效课程领导者的素养包括三个方面:

1. 相关的课程人格:有一种博雅教育的思想,有一种开放与民主的专业态度,有一种善于合作、敢于负责、勇于创新的精神；

2. 适当的知识与经验背景:关于课程开发的一些概念,关于儿童发展的一些知识,有一定的教育教学经验；

3. 必需的课程技能:确认学校的培养目标,识别情境中的课程需要,目标的确定与陈述,内容的选择与组织,实施的技巧与创新,评价的使用与改进,现场资源的利用与开发等。

在学校内部,课程领导者不仅包括备课组长、教研组长,只要具备上述三方面素质,符合下列6大指标者,都可以成为课程领导者:(1)追随者主动向其寻求帮助;(2)有经验的教师愿意参与其主持的课程运作;(3)能形成制度化的工作模式;(4)能带领一个团队有效地解决课程发展的问题;(5)开发出来的各种课程产品有一定的品质;(6)领导力是专业能力而非科层权力。[1]

布拉德利曾描述拥有课程领导者的团队,在课程开发过程中,每个参与者有其特定的话语方式。我们可以从中窥见作为学习共同体的教研组样貌[2]。

---

[1] 崔允漷.学校课程领导[CP/DK].华东师范大学教研员研修中心讲座,2010-07-05.
[2] L.H.布拉德利.课程领导:超越统一的课程标准[M].吕立杰,等,译.北京:中国轻工业出版社,2007:38-39.

1. 团队中的个人身份,积极的话语方式为:
   - 我有一些东西可以承担这项工作:知识、经验;
   - 我有上进心和技能为课程开发做贡献。
2. 团队成员之间的关系,积极的话语方式为:
   - 我能和其他人在一起工作;
   - 我能公开而诚实地对待他人;
   - 我不赞成破坏工作关系的人;
   - 我尊重这些人,他们能够做出贡献。
3. 对组织的认同,积极的话语方式为:
   - 课程开发对于学校很重要;
   - 我想让学校变得好起来;
   - 我想参与课程开发,因为它将使学校得到发展。

需要说明的是,备课组/教研组活动,无论是常规落实、课题研究,还是课程开发与实施、教师培养,一般宜采用"问题→计划→行动→观察→评价"这一基本流程,以问题的提出作为行动的起点,通过行动来解决问题,在问题解决的同时,实现共同体的发展。

《普通高中 2017 年版》提出,教师要"具有专业发展意识,努力建构教学共同体"。此中"教学共同体",首先当指备课组或教研组。

六、教师合作形式之四:基于网络的教师共同体

技术支持下的学生学习、教师学习已被理论与实践界高度关注。《人是如何学习的》一书认为:"基于因特网的教师共同体逐渐成为消除教师孤立无援感的越来越重要的工具。他们也为相距遥远、但参与相同改革实践的教师们提供了交换信息和相互提供支持的途径。"[1]

但是,仅仅是交换信息恐怕还是不够的,满足于上传文档的数量、追求点击量的虚高,而没有基于问题、基于项目的活动,其可持续性以及对专业问题诊断、解决的作用总是有限的。也许,有关教研组重建的一些思路,有助于网络教师共同体的建设,此不多及。

---

[1] 约翰·D.布兰思福特,等.人是如何学习的:大脑、心理、经验及学校(扩展版)[M].程可拉,等,译.上海:华东师范大学出版社,2013:205.

第三节　让自己成为研究者

苏联教育家苏霍姆林斯基说:"如果你想让教师的劳动能够给教师一些乐趣,使天天上课不致变成一种单调乏味的义务,那你就应当引导每一位教师走上从事一些研究的这条幸福的道路上来。"

我国叶澜教授将教师的职业状态分为三种——生存型、享受型、发展型,发展型教师特征之一是"把自己看成教育活动的反思者和研究者"。"教师即研究者",则是英国课程理论家劳伦斯·斯滕豪斯(L. Stenhouse)的名言。

一、三种研究范式:实证的、行动的和叙事的

中小学教育科研有多种不同的分类,坚持科学与实用相结合的原则,我们分为三种范式:实证研究、行动研究、叙事研究。

1.实证研究。实证研究的主要目的是收集现实情况和问题,关注现实,解决"是什么""有什么"的问题,其研究方法包括观察法、调查法(问卷法、访谈法、作品分析法)、实验法、测量法、经验总结法、个案追踪法等,其形成的成果称为实证性研究报告,包括观察报告、调查报告、实验报告、经验总结报告、个案研究报告等。

2.行动研究。其目的是为改进教育实践,强调某一特定问题的解决,回答"怎么做""为什么这样做"的问题,其基本特点有:(1)以解决实际问题、改进实践为目的;(2)在真实的、特定的教学实践环境中进行研究;(3)研究的过程就是教师不断行动的过程,研究和行动并行;(4)不断展开"问题聚焦→研究设计→行动改进→反思总结→新问题聚焦……"的螺旋,如图5-4所示。实证研究中的观察法、调查法、经验总结法常成为行动研究的先置程序。

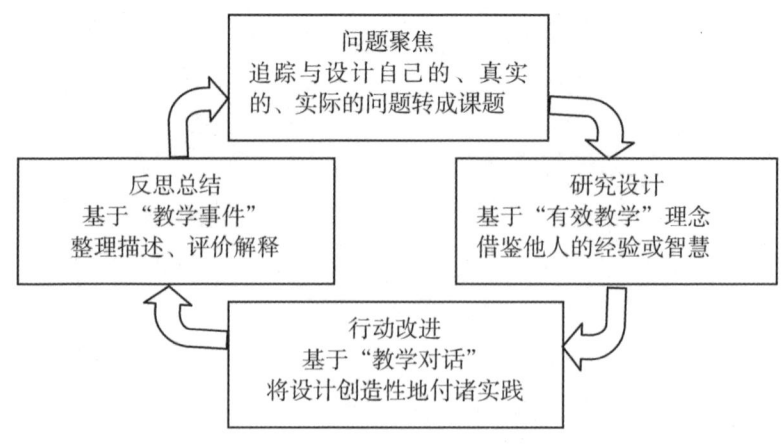

```
          ┌─────────────────────┐
          │      问题聚焦       │
          │ 追踪与设计自己的、真实 │
          │ 的、实际的问题转成课题 │
          └─────────────────────┘
    ↗                                    ↘
┌─────────────────┐              ┌─────────────────┐
│    反思总结     │              │    研究设计     │
│ 基于"教学事件" │              │ 基于"有效教学"理念 │
│ 整理描述、评价解释 │           │ 借鉴他人的经验或智慧 │
└─────────────────┘              └─────────────────┘
    ↖                                    ↙
          ┌─────────────────────┐
          │      行动改进       │
          │  基于"教学对话"    │
          │ 将设计创造性地付诸实践 │
          └─────────────────────┘
```

图 5-4 行动研究的四步循环

3.叙事研究。如果说实证研究侧重于教育事实的发现,行动研究侧重于教育问题的解决,那么叙事研究侧重的是教育经验或意义的反思和理解,它以"教师语言",既回答"是什么""有什么"的问题,又回答"怎么做""为什么这样做"的问题。它偏重于定性研究和整体观察,用叙述的方式而不是数量的方式汇报结果,因而是一种质性研究方式。郑金洲教授在《教师如何做研究》[①]一书中列举了叙事研究的五种成果表达形式:教育日志、教育叙事、教育案例、教育反思、教学课例。

二、发现问题:从领域、主题到焦点

研究意识,从某种意义上来说就是问题意识。图 5-4 揭示了"行动研究"的轨迹,但其"问题聚焦"却是三大研究范式共同的起点。先看一组数据[②]:

- 对语文课感兴趣的学生占 28.5%;
- 认为语文课收获较大的占 21.6%;
- 在课堂上不举手发言的占 54.7%;
- 在课堂上经常听同学发言的占 42.0%;
- 在课堂上时常走神的学生占 66.4%。

---

① 郑金洲.教师如何做研究[M].上海:华东师范大学出版社,2005.
② 陈隆升.从"学"的视角重构语文课堂[J].课程·教材·教法,2012(4):42-48.

这是一组高中学生语文课堂学习状态的数据。"为什么要调查课堂状态呢?"——日常观察发现的问题引发实证研究;"调查发现的问题该如何通过研究、行动去解决?"——实证研究锁定的问题引发行动研究;"在行动中,有哪些具体的事件和细节值得记录和分享?"——叙事研究随之产生。

发现问题的途径很多。阅读、写作、实践,同伴互导、备课组/教研组活动、课堂观察、基于网络的教师共同体,只要你潜心于这些"基于自我""基于合作"的专业发展活动,你会发现越来越多你感兴趣的问题。

然而,研究的初入门者,所提的问题通常过大,导致无法深入研究,所谓"老虎吃天,无从下口"。为此,需要转换、细化、分化、调整,从范围到主题,从母题到子题,寻找到你能研究的"焦点",所谓"切口要小,挖掘才深"。

比如,你发现语文课堂状态的问题,你试图激发学生的语文学习兴趣,让学生积极投入到语文课堂中来。进一步的问题是,如何激发兴趣和投入,你想到很多途径:定位于"学的活动"的教学设计,组织多元有效的表现性活动,开展促进学习的评价。就如何设计"学的活动"来说,再进一步的问题是,不同的学习领域(阅读、写作、综合性学习)有不同的设计,同一领域不同的课程内容又有不同的设计,如论述类文本的写作,你立足于逻辑思维训练还是文章程式训练,思维训练又有很多方法和途径,如图5-5。

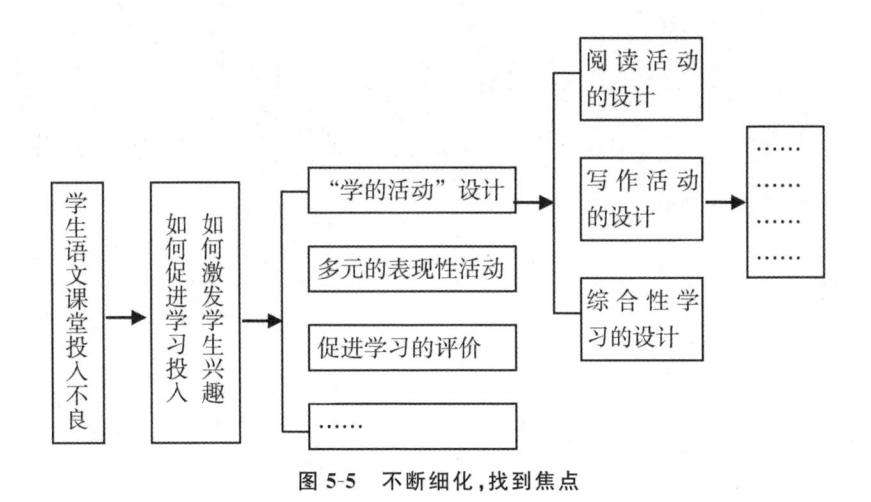

图5-5　不断细化,找到焦点

从"课堂状态"到"论述文的思维训练",你是否感觉问题越来越"细",感觉研究比较好入手了,那么,开始你的研究吧!

三、图式：寻找焦点的另一种方式

先看下面的例子，杭州寿炳丽老师曾对"个性化阅读"颇感兴趣，想就此问题深入研究。从哪儿切入研究呢？经过讨论，列出表5-2。

表5-2　个性化阅读的研究图式

大图式："个性化阅读"之宏观研究	
1.何谓"个性化阅读"？	文献研究，自己归纳
2.为什么要研究该问题？	理论意义，现实意义
3.有哪些研究基础？	他人的基础，自己的基础
4.用什么方法研究？	文献分析（教学论、课程标准等） 案例分析（名师的、自己的案例） 行动研究（边设计，边实践，边反思） 叙事研究（教师的，学生的故事）
中图式："个性化阅读"之实践构建	
1.为什么要"个性化阅读"？	课程标准，文本性质（哪些文本）
2."个性化阅读"的前提？	师生（思维品质），文本（文本中哪些可以多元解读），课堂文化（怎样的环境，有助于开展）
3."个性化阅读"的方式？	维度1：支架式教学，抛锚式教学，随机进入教学 维度2：接受式学习，导引式学习，质疑式学习，合作式学习，探究式学习
4."个性化阅读"的程序？	教师预设与课堂生成 情境创设，个体研读，小组合作，班级交流……
小图式："个性化阅读"的具体运作	
1.如何创设情境？	问题法（提出、遴选、聚焦主干问题……） 观点法（提出不同解读，研究寻找证据……）
2.教师如何提供阅读支持？	方法，入口，文献资料
3.个性化阅读成果怎么表达？	口头（辩论、演讲……） 书面（小论文、博客、板报……）
4.小组合作如何进行？	……
5.班级交流如何操作？	……
6.如何取得基本共识？	……
7.学生"误读"种种及处理……	……

表 5-2，如同一幅可以不断点击放大的电子地图，指示着"个性化阅读"研究可供选择的路径。选择你感兴趣且有能力研究的问题，你的研究才有成果。

然而，良好的研究状态不是以单个研究的"成果"（研究报告、论文、案例或课例）作为结束，通常的情况是，在同一范围或领域，你不断发现感兴趣的主题、值得研究的课题并深入研究。当你努力去研究你想研究的问题时，有待于你去研究的东西会随之越来越多。知道有更多的问题有待研究，这可能会影响你对该领域的兴趣和投入。假以时日，你对该领域就有了独到的研究、积累和创造，"蓦然回首"，你就成为这一领域的"专家"了。

然而，成为"专家"的教师，却往往不会以"专家"自居，真正的专家心态经常是"专家是我吗？别人说我不错，自己觉得不怎么样"。这正应了希腊哲学家芝诺·埃利亚(Zeno of Elea)的比喻：知识的圆越大，未知就越多。

《韩非子·解老》说："工人数变业，则失其功；作者数摇徙，则亡其功。"意即：工匠屡次改变职业就会什么事情都做不成，农夫频繁地迁移不定就会损害生产。语文教学之研究，需要一份执着与坚守，虽未必为了成就"专家"之名。

四、案例和课例之辨析

如前"三种研究范式"所言，不同的范式将产生不同形态的研究成果。不同的成果形态，有其个性的规范，郑金洲的《教师如何做研究》（华东师范大学出版社，2005 年版）、郑慧琦等主编的《教师成为研究者》（上海教育出版社，2004 年版）等教育科研类图书中均有介绍，这里只谈容易混淆的课例和案例。

案例在医学界最早使用，后来被引入法学界，英美法系常常是以案例来立法的（判例法），20 世纪初引入工商管理学界。在教育界，教师写作案例，并将案例运用于教师培训，是 20 世纪 70 年代的事。案例正在越来越密切地与教师教育研究结为一体，在教师的专业生涯中，扮演着越来越重要的角色。

案例的写作没有一个统一的格式，即使在哈佛商学院，也没有一个让人遵循的模式化的写法。教育案例的一般结构包括标题、引言、背景、问题、问题的解决、反思与讨论、附录等，但具体的写法灵活多样。

课例研究，日语合成词 jugyo kenkyu 或 じゅぎょけんきゅう 的意译，即"课的研究"，即对教学实践的研究或检视，研究对象为 kenkyu jugyo（研究课）。从 20 世纪 50 年代起，课例研究作为对教学过程所开展的合作性研究在日本已经非常普遍。1989 年，日本知名学者吉田信(Makoto Yoshida)在芝加哥大学师从詹姆斯·斯迪格勒(James W. Stigler)教授攻读博士学位,参与导师的一项国际中小学数学教与学的比较研究,提起日本广泛开展的课例研究,引起导师和美国教学研究者的注意,至 2004 年 5 月,全美有 32 个州的 2300 名教师开始课例研究工作,并引起全球的关注。

要说课例的撰写格式,我们可从郑金洲教授对案例、课例的比较辨析中得以认知,如表 5-3[①]。

表 5-3　案例与课例的区别

案　例	课　例
1.自始至终围绕特定的问题展开	1.课例展现的是某一活动或某些活动的实际场景
2.以问题的发现、分析、解决、讨论为线索	2.包含着问题,但问题可能是多元的、没有明确的问题指向的
3.实际情景的叙述经过细致加工,非列举式的	3.实际情境的叙述、师生对话的描述等常是列举式的
4.一般表达形式:背景+问题+问题的解决+反思讨论	4.一般表达形式:教学设计+教学实录(情境描述)+教学反思

五、成果表达要合乎规范

细心的读者可能会注意到,《义务教育 2011 年版》7—9 年级"综合性学习"有"学会注明所援引资料的出处"的表述,《普通高中 2017 年版》在"学术论著专题研讨"学习任务群提出学术性小论文的写作,应当"尊重他人研究成果,引用资料注明出处,文末注明参考书目"——这是针对学生说的。

打铁还得自身硬。然而并不是所有的语文教师都熟悉并能熟练运用成果的表达规范,包括规范地标注援引文献的。其实,论文著述、文献著录都是有国家标准的,前者的现行标准为《科学技术报告、学位论文和学术论文的编写格式》(GB7713—87),后者为《文后参考文献著录规则》(GB/T7714—2015)。

根据标准,学术论文由前置部分和主体部分构成,前置部分包括题名、作者、摘要、关键词,主体部分包括引言、正文、结论、参考文献。文后参考文献著录方法有顺序编码制和著者—出版年制两种标注体系。读者可通过网络查阅

[①] 郑金洲.教师如何做研究[M].上海:华东师范大学出版社,2005:230.

这两个标准,只是这两个标准比较繁复,简便的方法是参照具有权威性的中文核心期刊或有专业影响力的教育出版社出版的图书。

第四节　让自己成为自己

国画大师齐白石云:"学我者生,似我者死。"上海市郑杰校长在《给教师的一百条新建议》中说:"当老师,首先是当回自己,不要你刻意扮演。"追随特级教师、教学专家等课程领导者,但千万别忘了自己。

一、职业周期阶段:认识与逃离困局

国内外有关教师专业发展阶段的研究颇多,叶澜教授等人也建构了"自我更新"取向的教师职业周期阶段理论[1]。这些研究,为教师专业发展提供了不同的路径、策略,足以给教师教育者、教师个体带来思考。

然而,如果仅限于单纯意义上的自我观照,美国的学校理事会(Schools Council)"职业周期阶段"也许最为简明,尽管开发者警告说这个模式并不适用于所有的情况,但有助于我们教师认识自己的职业,并力求逃离可能出现的困局。这个职业周期阶段的划分如下[2]:

入职(从教第 1 年):现实的冲击,尝试与出错;发现——热情,学习。

稳定期(从教 2—5 年):坚定把教学作为职业的信念;更加以指导为中心;更大的自信;更灵活的班级管理;更少的纪律问题;主张独立。

多样化和变革期(从教 5—15 年):尝试提高效率;寻求新的挑战;愿意承担新的责任。

审视期(从教 12—20 年):对教学常规感到厌烦;考虑变动职业。

平静期(从教 15—30 年):职业抱负降低;高度自满和自信;与学生的关系愈加疏远。

---

[1] 叶澜,等.教师角色与教师专业发展新探[M].北京:教育科学出版社,2001:338-345,242-321.
[2] 科林·马什.初任教师手册(第 2 版)[M].吴刚平,何立群,译.北京:教育科学出版社,2005:353-354.

保守期(从教 30—40 年):对学生的消极态度;对同伴教师和领导的消极态度;愤恨改革。

游离期(从教 35—45 年):精力用于其他追求;准备退休。

"稳定期"对许多教师来说是一个关键阶段,需要对自己的教师职业感受作出评估,对是否继续从教做出决定。它的下一个阶段"多样化和变革期",是一个"出名趁早"的阶段,不少教坛新秀在此阶段脱颖而出。"审视期"最可能出现职业倦怠和专业高原现象,某些新秀此阶段毫无突破,从而成为"新锈"。

要如阿兰兹说的"像陈年美酒"其实并不容易。他/她需要正确认识和评估自己的潜质、机会、风格。其实,三四十年的教学人生,如同马拉松跑,一开始跑在前头的,未必终点能获金牌。胡适在其文集中曾多次谈到"勤谨和缓"四字,说的是宋时有一新进士请教老前辈李若谷参政做官的秘诀,老前辈告诉他这四个字,胡适引作做人、做事、做学问的秘诀,且解释道[①]:

勤,就是不偷懒,不走捷径,要切切实实,辛辛苦苦地去做。要用眼睛的用眼睛,用手的用手,用脚的用脚,先生叫你找材料,你就到应该到的地方去找。叫你找标本,你就到田野,到树林里去找。无论在实验室里,自然界里,都不要偷懒,一点一滴地去做。

谨,就是谨慎,不粗心,不苟且。以江浙的俗话来说,不拆烂污。写字,一点、一横都不放过。写外国字,i 的一点,t 的一横,也一样的不放过。做数学,一个圈,一个小数点都不可苟且。不要以为这是小事情,做事关系天下的大事,做学问关系成败,所以细心谨慎,是必须要养成的习惯。

和,就是不要发脾气,不要武断。要虚心,要和和平平。什么叫作虚心?脑筋不存成见,不以成见来观察事,不以成见来对待人。就做学问来说:要以心平气和的态度来学化学、数学、历史、地理,并以心平气和的态度来学语文。无论对事、对人、对物、对问题、对真理,完全是虚心的,这叫做和。

缓,这个字很重要。缓的意思是不要忙,不轻易下一个结论。如果没有缓的习惯,前面三个字都不容易做到。……缓,就是南方人说的"凉凉去

---

① 胡适.读书与治学[M].北京:生活·读书·新知三联书店,2013:99,380,395.

吧"。缓的意思,是要等着找到了充分的证据,然后根据事实来下判断。无论做学问、做事、做官、做议员,都是一样的。

"勤谨和缓"对于"趁早未出名"的语文教师特别有启发,请重温《庄子》说的"且夫水之积也不厚,则其负大舟也无力",还有不知哪一位最早说的"才华就像怀孕,时间长了总会看得出来的"吧。

二、自我沉淀、他人指点与突破

做教师的也需要"勤谨和缓",教学需要自我沉淀,语文教师尤然,"教师和语文课程同步发展"(《普通高中实验版》)、"实现教师与课程同步发展"(《普通高中2017年版》),似乎是语文课程标准所特有的表达,其理在此。

但也需要"突破",超越自己,形成自己的个人风格。教学作为一项专业,需要教师个人作出独立明智的判断、决策、革新和创造,维持一种能力感、效能感。别人的经验只有和教师个体的经验融合,才能被内化,才能形成自己的特色和风格。要开放自己,听取他人特别是名师的指点,但是"你如何对待他人对你的评价可能是一个主要问题,它可能会偏离你所做的事情"[1]。既要学会坚持,又要学会改变,这是生活和事业的辩证法,关键是"认识自己"。

然而,"认识你自己"并不容易,参与合作专业发展的各种活动,听取他人的指点殊为重要。无须多加阐述,用一个案例足以说明。

案例的主人,因为腿疾,尽管高考成绩傲人,但终被大学拒之门外,做代课教师的同时坚持自学电大课程,10多年后从陕西洛南闯荡到江苏无锡,最后成为江苏省特级教师、苏教版高中教材编写人、江苏省中学名校长。他,就是唐江澎老师。执着于语文教学,长期的自我沉淀,外加高人的指点,催生了他的"体悟教学"。下面的文字,来自他撰写的教历[2]:

> 无数次自问自己:教学究竟是什么?怎样教才是有效的?如何科学评价学生的学业成就?思考一次次陷于困惑,困惑又一次次触发思考。

---

[1] 黑恩,等.学会教学:教师专业发展导引[M].丰继平,等,译.上海:华东师范大学出版社,2009:179.

[2] 唐江澎.反思实践,超越自我:我的专业发展历程与"体悟教学"研究[DB/OL].([2008-03-18][2015-08-06])http://www.oldq.com.cn/blog/tangjiangpeng/200803/82805.html.

朦胧中意识到,仅在语文教学的圈子里打转,对上述问题的寻解是困难的。我需要课程论、教学论、学习论、教育评价学等教育理论的支撑,需要目及国际教育改革潮流的视野,需要搭建起教育科研方法的平台。桌上的读物变了类型,曾被鄙薄为"你不说我还明白,你越说我越糊涂"的艰涩的理论专著,重又捧起硬着头皮来读,并力图将其专业话语转译为我的经验话语,这样倒增添了兴味。尤其高兴的是,当与学者、教授们交流时,我的鲜活的案例可以准确注解他们的"概念",新一层次的"对话"从而实现。毋庸讳言,教育理论确有远离实践的痼疾,但实践工作者对理论的畏惧自疏和骨子里怀疑鄙薄的偏见,无疑更拉远了"两张皮"。实际上,尽力地靠拢、交流、对话,完全可以使双方获得更大的滋养。……

还应庆幸有了与大师、专家、学者对话、交流的机会。钱梦龙、于漪老师听课点评,誉不溢美,批及痛处;崔教授、王博士更是连续跟踪,录音摄影,晚来争吵,非得把你分析得七开八透、体无完肤不可。不必奢求专家们指点迷津,他们仅仅提供有关背景框架的坐标图,能回答该怎么走的还是自己。渐渐地,我研究的视角发生了转变:由研究分几个步骤来形成模式,用什么材料来构建体系,创设什么样的情境来显示特色,转向研究学生能否在这些形式中真正获得内部体验,能否对所教的内容产生富有个人意义的理解。同时,开始大量积累有关教学过程的事实性材料(教历)。在此基础上,提出了"体悟教学"的策略方法体系。

当某些人满足于自己的高学历,放弃"教师和语文课程同步发展"的时候,我们或许该想想语文教学最本质的素养来自何处,唐江澎老师是自学电大课程获大专学历起步的,钱梦龙老师、于漪老师等全国著名的特级教师,还不是语文科班出身的呢。持续的事业学习,方能无愧于自己一生的教学"旅行"。

读后反思

21世纪教育和教学的发展,给教师提出了更高的要求,教师的专业发展应谋求自我导向、合作分享、行动研究、研修培养等多种方式的综合磨砺。

读完本章,不知道你有哪些收获?还存在哪些疑问?把它们记录在空白处,并可与同伴分享你的收获和疑问。请你进一步思考下面的问题:

- 用本章提供的教师知识类型、职业周期等认知框架,分析自己的"长"与"短"、所处的职业周期、遭遇的困惑和挑战等。
- 可将已有的专业生活资料(各种载体的)整理、分类,建立一个教学/专业档案袋,尝试写一份传记或教历,制订一份专业发展规划。

经过一番深度思考与研究,也许你会更加清晰地认识自己的过去与现在,让未来的专业发展之路走得更稳更快!

建议进一步阅读的书目

[1] 郑金洲. 教师如何做研究[M]. 上海:华东师范大学出版社,2005.

[2] 郑慧琦,胡兴宏. 教师成为研究者[M]. 上海:上海教育出版社,2004.

[3] 科林·马什. 初任教师手册(第2版)[M]. 吴刚平,何立群,译. 北京:教育科学出版社,2005.

[4] 黑恩,等. 学会教学:教师专业发展导引[M]. 丰继平,等,译. 上海:华东师范大学出版社,2009.

[5] 小威廉姆·E. 多尔. 后现代课程观[M]. 王红宇,译. 北京:教育科学出版社,2000.

第六章

案例分享

本章提供的案例，是从"基于标准的语文教学"研究与实践中积累的大量案例中精选出来的。安排专章介绍有三个原因：一是我们需要引用一些案例来说明本书讨论的某些问题或现象；二是根据我们的经验，语文教师也非常希望有具体的例子来理解书中的观点和做法；三是不插入前五章论述，以避免行文的臃肿。但是，这些案例并不完美，也不足以表现"基于标准的语文教学"所有特征，因为我们正走在探索的路上。

这些案例，均为工具性案例，意在帮助读者借此获得对某一问题的普遍性理解。为简明起见，也考虑读者对象的专业性，均未采用案例的一般结构形式，案例之间的体例也不一致。另需说明的是，著者虽曾任初中、职业高中语文教师，也曾多次观察过小学语文课堂，但自课程标准颁布以来，一直是重点高中的语文教师，因而这些案例多为高中案例。所幸读者都是内行，必能基于学理而融通之。本章12个案例除特别标注外，均为本书作者。

案例1　语文版《〈论语〉选读》学程纲要　　　　　配合第一、二章
案例2　澳洲八年级诗歌单元起始课　　　　　　　配合第一、三、四章
案例3　蒋军晶"楼兰消失之谜"想象作文设计　　　配合第一、三、四章
案例4　大单元设计案例　　　　　　　　　　　　配合第一章
案例5　《老王》主旨的十种解读　　　　　　　　配合第二、三章
案例6　整本书阅读案例　　　　　　　　　　　　配合第三章
案例7　《论语》小论文的写作　　　　　　　　　配合第三章
案例8　写作评分规则的运用　　　　　　　　　　配合第四章
案例9　"表现性评价案例研究"课题申报书　　　　配合第五章
案例10　课堂小诗创作（课例）　　　　　　　　　配合第五章

案例 11　例说选修课程开发的程序（论文）　　　　　配合第五章
案例 12　《〈史记〉选读》校本课程纲要　　　　　　　　配合第一、五章

案例 1　语文版《〈论语〉选读》学程纲要

　　课程纲要的撰写，可参见崔允漷、周文胜、周文叶等主编的《基于标准的课程纲要和教案》（华东师范大学出版社，2014年版）。该书提供了课程纲要的一般格式以及义务教育阶段、普通高中阶段各科的样例。本案例呈现课程纲要的另一种架构，曾收入崔允漷主编的《有效教学》（华东师范大学出版社，2009年版）。因为是印发给学生的，故以"学程纲要"称之。

　　学完五个必修模块后，我们将进入选修 IA——《论语》选读、外国小说欣赏两个模块的学习。这两个模块分属文化论著研读、小说与戏剧系列，浙江省将选修 IA 列入高考命题范围。《论语》是用古代汉语记载下来的以语录式样呈现的中华文化的经典。研读《论语》，有助于进一步提高文言文阅读能力，有助于传承文化和提升个人精神品格。本模块学习36个课时，2学分。

【课程标准相关陈述】

　　关于"文化论著研读"的教学目标，《普通高中语文课程标准（实验）》表达为：

　　1. 选读古今中外文化论著，拓宽文化视野和思维空间，培养科学精神，提高文化修养。以发展的眼光和开放的心态看待传统文化和外来文化，关注当代文化生活，能通过多种途径，开展文化专题研讨。

　　2. 借助工具书、图书馆和互联网查找有关资料，了解论著作者情况、相关背景和论著中涉及的主要问题，排除阅读中遇到的障碍。在整体了解论著内容的基础上，选读其中的重点章节，有侧重地进行探究学习，把握论著的主要观点和基本倾向，了解用以支撑观点的关键材料。

　　3. 学习运用科学的思想方法发现问题、分析问题和解决问题，在阅读过程中注重反思，探究论著中的疑点和难点，敢于提出自己的见解，并乐于和他人交

流切磋,共同提高。

4.关注现实生活和社会的发展,对感兴趣的问题进行思考,参考有关论著,学习对当代社会生活中的问题和中外文化现象做出分析和解释,积极参与先进文化的传播和交流,提高自己的思考、交流能力和认识水平。

【课本】

《论语》是记载孔子言行、兼及部分弟子言行的一部典籍。"论(lún)"指"论纂"(编纂),"语"指言论,"论语"即经过整理编辑的言论。《论语》的组合形式是"篇"和"章"。所谓"章",即一个个相对独立的段落,而"篇"则是若干"章"的集合。全书二十篇512章(据杨伯峻《论语译注》),每篇取第一章开头的词语命名,如"学而""为政"等。

我们采用的是语文出版社的《〈论语〉选读》,选录了174章,占34%。编者不是简单地按《论语》二十篇做选录,而是按主题重新编排,设立政治、修身、学习与教育、哲学等四大主题,把本来散处在各篇中的相关内容,编写成15课,每课均由课文、课后练习(含"课文解读"和"文言练习")、相关链接三部分组成。除课文外,课本还包括以"孔子与现代化"为主题的体验与探究,两个附录——《史记·孔子世家》和朱自清的《经典常谈·四书》。

另外,浙江省教育厅教研室编写的《〈论语〉读本》,可以作为学习的拓展和延伸。其中提供的《史记·孔子世家》白话翻译、《孔子思想述略》和配合10个课内教读课文的资料汇编(含"仁者见仁""百家争鸣""学人谈片""资料卡片"等4个栏目),均可以作为我们研读的重要参考。

【学习目标】

1.仔细阅读原文、注释和参考译文,圈画重点字词;借助工具书或其他注释本等,校核若干字词或句段的今译,并作出自己的判断。

2.善于联系上下章和其他文献资料,正确理解课文内容,把握《论语》的思想内涵,运用点评法,表达对课文内容和章法技巧的欣赏。

3.结合作者经历、社会状况、文化背景、时代思潮及前人研究成果等,尝试形成关于孔子思想的历史意义与现实意义的观点。

4.尝试运用随笔、小论文、读书报告会等方式,有条理地表达并与同学分享自己的观点,体验小组合作学习的经历。

5.背诵和默写指定的篇章,感悟孔子对人生终极意义的思考和完美人格的追求,说出《论语》中最能影响你自己的三句话。

【学习活动】

这是一个很有文化内涵的选修模块。本课程的学习,可以采用多种方式。从课型看,有教师串讲型、专题讲座型、读书报告型、评点交流型、课题报告型、作业练习型;从学习主体看,有个人研读式、小组合作式、班级交流式、教师指导式;从成果外化形态看,有课本笔记类、知识整理类、阅读随笔类、学术小论文类、诵读默写类。鉴于重点中学学生良好语文素养和研究性学习基础,我们将36课时做如下安排。

第一阶段:导读(3—4课时)

1.教师介绍孔子和孔子思想的历史地位、解读"学习纲要"(教师讲座);

2.对照《〈论语〉读本》的译文和补充资料,自读《史记·孔子世家》《史记·仲尼弟子列传》,了解孔子、孔子弟子的基本情况,为研读打下基础。

第二阶段:分主题研读(24课时)

1.读懂和欣赏(逐课或分主题进行,课前要做好预习)

借助注释、译文、工具书和其他资料,读懂原文,做好课文后的"文言练习";善于联系上下章和其他文献资料(如《〈论语〉读本》),把握课文内涵;在课本的空白处,运用评点法,对课文内容、章法技巧等做分析、欣赏。

2.整理和背诵(课外进行)

分类整理重要的实词、虚词、文言句式,以及至今还流传使用的成语、熟语、格言;背诵和默写指定的篇章。

3.随笔和读书报告会。每一主题学习结束,选择最有感悟的篇章,写一篇800字左右的"论语随笔",班级组织一次读书报告会。

第1、2项要求,以个人研读、小组合作为主,班级交流、教师指导为辅;第3项要求,或集中组织读书报告会,或分散于课前演讲交流,让每个同学至少有一次报告机会。

第三阶段:课题研究(4课时)

1.确定课题。通读回顾《〈论语〉选读》,选择并确定一个课题研究范围,选择相似课题的4—6位同学,组成课题组,明确分工,也可由教师提供参考选题。

2.搜集资料,撰写论文。教师指导内容包括资料的搜集与整理、资料卡片的使用、论文框架的拟列、论文的格式与表达等。

3.论文答辩。提前一天,抽签决定各组汇报人、评价人,论文成绩为小组成员共享。

备选方案:也可采用个人撰写,书面评阅方式评定成绩;或书面评阅和小组推荐结合,选择优秀论文参与班级交流,分享课题研究成果。

第四阶段:总结与评价(3—4课时)

模块复习;朗诵或默写比赛(机动);整理有关作业,做好过程评价;参加年级组织的模块测试,确定本课程学习成绩和学分。

【作业和评价】

1.过程表现与作业。(1)课节学习表现,分 A、B、C、D、E(分别赋 5、4、3、1、0 分/课);(2)篇章背诵,每课(次)5 分;(3)《论语》随笔,4 篇 80 分;(4)论文,1 篇 50 分。其他语文学习常规作业也将纳入其中,随笔、小论文的评分规则如下:

《论语》随笔(20 分/篇)评分规则:(1)对所学篇章有正确的、比较深刻的理解(5 分);(2)随笔的主题明确、集中(5 分);(3)论述有理有据,言之有序,言之有文(5 分);(4)在 700 字以上(5 分)。

小论文满分 50 分,应符合:(1)选题理解,选题能切合《论语》选读内容,对选题有正确而有创意的理解;(2)观点提出,根据选题,基于切实的理解和分析,提出鲜明且有说服力的观点;(3)材料运用,能正确理解和运用《论语》选读的素材,还能使用浙江省《论语》读本及其他材料,论点和论据富有逻辑性;(4)结构安排,阐述观点有条有理,结构安排符合论题要求,层次清晰;(5)语言卷面,语言精练,文笔流畅,格式正确,书写工整,卷面整洁。

模块结束时累计总分,得分率 90% 及以上为 A(优秀),80—89% 的为 B(良好),70—79% 的为 C(合格),不足 70% 的为 D(需努力)。

2.课程测试。测试内容包括对课本中所选《论语》原文的字词句理解、内容理解和评价、章法技巧的欣赏点评、指定背诵篇章的默写。测试形式为闭卷笔试,题型有选择题、填空题、古文翻译题、简答题,满分 100 分。

3.学分认定。过程表现等级合格及以上,且模块测试在 60 分及以上,将获得模块预定学分。否则,须按学校规定补修或补考。

【资源推荐】

1. 研读要充分利用。(1)语文出版社的《〈论语〉选读》中的"相关链接""附录";(2)浙江省教研室的《〈论语〉读本》,这是人手一册的资料。

2. 参考书籍举例。

[1]杨伯峻.论语译注[M].北京:中华书局,1980.

[2]李泽厚.论语今读[M].合肥:安徽文艺出版社,1988.

[3]傅杰.论语一百句[M].上海:复旦大学出版社,2007.

[4]李零.丧家狗:我读《论语》[M].太原:山西人民出版社,2007.

[5]南怀瑾.论语别裁[M].上海:复旦大学出版社,2006.

另朱熹的《四书章句集注》、康有为的《论语注》、程树德的《论语集释》、杨树达的《论语疏证》、钱穆的《论语新解》,可为深度阅读和研究之参考。

案例 2　澳洲八年级诗歌单元起始课

本案例改编自《基础教育课程》2010 年第 11 期《中澳课堂教学评价对比》,作者为江苏省锡山高级中学张明子老师。文中记录了澳大利亚南悉尼公立中学八年级的一节英语(母语)课,学习内容为诗歌。本案例可以作为单元设计、阅读教学、综合性学习等的参考。

这是新单元的起始课,其教学流程为:教师布置任务—学生分组讨论—学生就任务提问—教师讲授诗歌相关背景知识。

仅从这节课的基本流程看,它与我们国内的课未必有大的差异,但文中记录了三张表,我们从中却可以见出澳洲母语教学的特色。

第一张表是单元学习和评价的任务单[①],见表 1。

---

① 引者曾见到张明子老师的初稿,初稿中的英文表名为"English Assessment Task Notification Year 8",直译为"八年级英语评价任务通知单"。《基础教育课程》的定稿略去了表名。从表格内容看,其中包含"学习任务"和"评价方法",故作了重译。该表引用时另作一些修正,下文不逐一说明。

表1　诗歌小集单元学习和评价任务单

任务8	诗歌小集
教学结果	1、4、11
评价方法	观点和表达10％，写作5％
时间	2010年第3学期第五周

澳大利亚没有全国统一的课程标准，但是各州均有一个独立的课程标准，各学校在具体的课程实施过程中对该课程标准进行了细致的划分，设定了适合自己学校具体学情的课程纲要的分解版。表1"教学结果"中1、4、11这三个数字，就是该校州课程标准的分解版的有关表述，即：

学生：

1.通过回答并创作，实现理解、解释、批判地分析文本并享受该过程。

4.描述且使用文本特定的语言形式、特征以及结构。

11.运用、反思并且评价学习过程中的个人学习和小组合作。

"教学结果"，其实就是"教学目标"，即课堂教学中学生通过学习活动要达到的预期的学习结果与标准。这三条目标，其实就是"任务8"这一教学项目（一周时间）的教学目标，可以理解为"单元目标"。

具体来看这三条目标，我们不难看出此处"文本"是指诗歌，第1条、第4条是诗歌欣赏的能力标准，第11条是经历与态度标准。为达成目标，学生需通过完成教师所赋予的一系列任务。这"一系列任务"被描述为：

在本项任务中你将会：

●小组合作（四人为佳）创作诗歌小集，该诗歌小集需包括6至10首适合七八年级学生使用的诗歌；

●确保你的诗歌小集有一个主题；

●创设适合七八年级学生的活动；

●完成下发的反馈表格。

看到这里，是否有些惊讶了——为达成第1条、第4条、第11条这三条目标，原来可以将单一的诗歌欣赏（我们就常是这样来处理的），变成有趣而又有难度的学习活动（表现性任务）——制作诗歌小集。为了制作诗歌小集，学生必须阅读一定量的诗歌，分析其语言特征，赏析其主题，从而挑选出适合七八年级学生阅读的诗歌。在这一过程中,学生阅读文本、理解文本且分析文本的能力能到了提升(目标1、4得到了实现),同时学生必须通过小组合作的方式来完成上述任务(目标11得到了实现)。

为确保活动的开展,澳洲教师又明确规定了任务和要求,提供了表2。

表2　诗歌小集单元评价量表(评价准则)

评价将基于你能多好地完成如下任务:
- 通过使用不同形式的诗歌来呈现主题;
- 标注各类诗歌中的技巧和手法;
- 构建与你所选诗歌使用的手法和技巧相关的活动;
- 呈现你的作品——你的作品必须干净整齐,否则无人能读懂也无人想读;
- 小组合作。

前述目标1,4,11(即州课程标准的解读部分)相对来说比较概括,是整体的描述,而评价量表则针对标准进行了细致的阐述,再次帮助学生明确自身任务,使得该活动更具实效。例如:在评价量表中提到"通过使用不同形式的诗歌来呈现主题",要求学生必须大量阅读各类诗歌,组内讨论分析诗歌的不同形式,然后再针对某一主题自主选择各类诗歌,有效且自然地实现了知识的内化、能力的形成。

在国内,小组合作这一学习方式为教师所熟悉并使用,但常被作为课堂教学的"点缀"。澳洲教师设计的"制作诗歌小集"也用到小组合作,但提出了具体可行的要求,这就是第三张表,见表3。

表3　诗歌小集反馈单

小组内的每位成员都应该有机会为小组做贡献。只有满足下述条件,小组才能运行良好:
- 每位成员分摊到均等的任务;
- 每位成员有机会讨论任务并分享看法;
- 每位成员互相支持以此确保任务圆满完成;
- 每位成员完成一项他所擅长的任务;
- 每位成员确保任务准时完成。

反馈问题
- 我们小组表现优秀的方面:_____
- 我们需要改进的方面:_____
- 对于将来要完成此项任务的同学的建议:_____

上述3张表,表1是总表,涉及教学目标、任务要求、评价方法、学习时间等四项内容,其中前两项都在表后做了较为具体的文字说明。表2、表3,其实是对表1的补充,虽名为"评价"和"反馈",实际上是对个人、小组的学习提出更具体、更明确的要求,任务完成的效度和信度由此得到了有力的保障。

尽管张明子老师只提供了这节单元起始课的三张表,未能窥见教学展开的全体,但从中我们不难见出澳洲母语教学的三个特色:一是关注"学生",站在学生的立场设计教学;二是设计学习活动,让学生通过"做中学",获得母语学习的多重体验;三是落实有关学习的评价,将评价镶嵌于学习活动中。

案例3 蒋军晶"楼兰消失之谜"想象作文设计

本设计选自蒋军晶老师《课堂打磨:蒋军晶小学语文典型课例》一书(北京师范大学出版社,2009年版),为想象作文系列设计之一。本书收入时,略做简化处理,并对其设计作简要评析,可为单元设计、写作、综合性学习等做参考。

1900年3月28日,瑞典探险家斯文·赫定的驼队在穿越中国罗布泊荒原时,无意中发现了一座废墟。斯文·赫定激动万分,因为他预感到,这座茫茫沙漠中的废墟将成为全世界关注的焦点……

确实,在此后一百年,许许多多历史学家、考古学家奔赴楼兰考察,挖掘出许多让世人震惊的文物,例如写满蝌蚪文的木简、大量汉魏和罗马的古钱币、木雕和精美的中原丝织品以及女性木乃伊"楼兰美女"等。所有的发现都表明楼兰曾是一座气势宏伟的古城,繁华一时。

但是在距今1000多年前,这座古城竟一下子从中国的所有史册中消失了。为什么会消失?怎样消失的?成为千古之谜。

【评析】这是一次想象作文,可以将上述材料理解为"情境设置"。想必小学生一经接触,就无比好奇。面对"为什么会消失""怎样消失的"等问题,他们一定先是短暂的沉思,继而就是让成人自愧不如的"奇想"。这就是《普遍高中2017年版》反复强调"真实的语言运用情境"。按理,展示这一情境后,可以组织形象思维、听说实践的训练,然而蒋老师却没有这样做。他会怎么做呢?

师:怎么样,"楼兰"是否引发了你的好奇心?如果你想进一步了解楼兰,你不妨自己想办法去寻找相关的资料来看。下面这些途径仅供参考。

- 到图书馆"中文社科类"书籍中寻找;
- 到图书馆"中文期刊"室找自然科学方面的杂志;
- 到图书馆的电脑查询处,打入关键字"楼兰"搜索;
- 到搜索网站打入关键字"楼兰"搜索。

希望找到类似下面的材料——

1979年和1980年,中国考古工作者对古楼兰遗址做了多次全面考察,对古楼兰的消亡之谜做了种种推测。第一种推测:丝绸之路的改道和汉族入侵导致楼兰衰败灭亡。但是史书上却没有任何相关的战争记载。第二种推测:塔里木河改道南行,致使古楼兰人离开家乡,寻找新的家园。但是在其他地方从没发现过古楼兰人的后裔。第三种推测:由于气候的变化,湖泊密布的古楼兰成了一个黄沙遍野的不毛之地。但是,又是什么原因导致古楼兰的气候发生了变化。到底哪一种推测正确,大家争论不休。

【评析】本环节,蒋老师搭建了"支架",将"写"的训练导向了"读",从课内导向了课外,从教师主体转向了学生主体。"搜索"行动蕴含的价值,可以从全球普遍提倡的"核心素养"角度去认知。2016年6月3日,世界教育创新峰会(WISE)与北京师范大学中国教育创新研究院联合发布《面向未来:21世纪核心素养教育的全球经验》,他们调查了世界六大洲24个国家和地区、六个国际组织,提出了被世界各国普遍重视的七大"核心素养":公民责任与社会参与、批判性思维、学会学习与终身学习、自我认识与自我调控、创造性与问题解决、沟通与合作素养、信息素养等。你看,蒋老师此举都与哪些素养有关?

师:怎么样,你有兴趣来"研究"这个问题吗?不妨做一次历史医生为"古楼兰"把把脉。

患者姓名	古楼兰	年龄		籍贯	
症状：					
病因：					
主治医师					

其他患者的就诊结果：

患者姓名	古埃及	年龄	5100岁左右	籍贯	
症状：土地贫瘠，田地荒芜，狂风携带着黄沙肆虐横行，侵蚀着所有的绿色。尼罗河内不是黑色的淤泥，而是黄色泥沙。浊浪滚滚。只有金字塔还在那儿絮絮叨叨，诉说着昔日的辉煌。					
病因：古埃及的统治者——法老，为了给自己建筑金字塔，驱赶着成千上万的奴隶，伐木采石，挖山铺路，以致尼罗河中含有大量有机质的黏粒土壤减少，泥沙增多。					
主治医师	李小刚				

（古希腊、古巴比伦的就诊结果，略）

【评析】这是由课外查找资料引发的一项任务——病例制作，很是巧妙。巧妙在不提"病例制作"（写作），却无痕地将阅读与思考结果外化、条理化，有效训练了学生的书面表达能力。不仅如此，还提供了三个写作样例。学生对样例的阅读、揣摩与模仿，有助于提高其参与活动的成效感，也确保后续想象作文的质量——不是天马行空、想怎么写就怎么写，而是需要以理性思维为内核。这就是蒋老师想象作文设计高于一般设计之处。

师："研究"了楼兰之后，你是否发现楼兰的兴衰足够写一篇小说，你可以试着写一写。下面是六年级的姚正阳根据他所查到的资料，写的小说的前半部分，有兴趣的话，你也可以接着往下写。

在辽阔的中国西部，有一个神秘的国度——楼兰国。楼兰国四周环水，烟波浩渺的罗布泊上，人们悠闲地荡起双桨，迎风唱起动听的渔歌。黑色的"大头鱼"在人们身边高高跃起，鳞片在夕阳的余晖中闪着亮光。

大片大片的胡杨林，芳草萋萋。色彩斑斓的罗布虎在林中悠闲地散步，踩在层层的落叶上，落地无声。野骆驼等各种各样的野生动物在这绿树成荫的森林中无忧无虑地生活着。

公元前77年,一位楼兰的王子准备从长安返回楼兰国继承王位。但是,当时的汉朝皇帝只派了一名姓陈的司马和40多名士兵护送。路途遥远,况且一路风吹雨打,豺狼虎豹出没,困难重重,要想把王子安全送到西域,这几乎是不可能完成的任务。幸亏,汉帝允许陈司马一路上招募平民,扩充他的护驾队伍。可是,那些生活安定的青年男子怎么可能丢下父母妻儿跟随他们到遥远神秘的西域呢!于是,陈司马就到囚牢中鼓动那些死到临头的犯人跟随他到西域建功立业。犯人当然求之不得,所以,陈司马到达楼兰时,队伍已经扩充到近500人。

陈司马哪里想到,在不为人知的遥远的西域,还有如此肥沃和美好的"世外桃源"。他决定留在这块神秘而美丽的土地上,并决定由自己当这块土地的最高统治者。他要在这里依照首都模样建造一座宫殿,于是,到处是高大挺拔的胡杨倒地的声音……

"尊敬的国王,或许你已经猜到了,那位姓陈的司马是你的祖先,这事离现在已经有400多年了。"先知阿布扎比的声音低沉而有力。

"尊敬的先知,我想知道,400年前,我们的国家真有那么美丽吗?"

"千真万确,那时人们的生活无忧无虑。"

年轻的国王最近心事重重,因此他来找先知聊天。这几天一连发生了好几件怪事。5天前,突然起了一阵大风沙,昏天黑地,人们都躲在屋子里不敢出来,老人们说,从没看到过这么大的风沙。昨天,请人挖水渠,刚挖了近两米深,下面竟然都是流沙,手指一捅,簌簌直流。今天上午,身材高大的老猎户又因为打不到猎物而饿死在胡杨林中。年轻的国王觉得事情很严重,先知的话给了他很大的启发,他已经知道该怎么做了。他把所有的士兵、百姓召集在一起,宣布了法规:如果树还活着,就不允许任何人砍伐。砍掉一棵树就罚马一匹,即使仅砍断树枝,也要罚母牛一头。但是这一切已经太晚了,风沙已经成了气候,那声势浩大、跌宕起伏的风龙沙虎扑打得你辨不清方向,厉害的时候,那铺天盖地的流沙会将一户人家、一个村落掩埋,人们从流沙中爬出来,充满恐惧。湖泊与河流渐渐干涸,有的已经完全枯竭,露出湖底,甚至泛起白花花的湖碱,刺人的眼睛,湖泊边波浪起伏的芦苇一大片一大片死去……

【评析】这是想象作文的样例,一般作为作文评分规则的组成部分。蒋老师本案例没有提供评分规则的信息,他在"沙漠探险七日谈"里是通过师生讨论确定的,即"我们编写的探险故事怎样才算精彩"(参见第三章第三节)。提供样例后,蒋老师提醒"写小说的前半部分,有兴趣的话,你也可以接着往下写"。这也巧妙,为不同学业水平的学生提供选择机会。

师:在这次"研究"楼兰的过程中,你一定有许多收获吧,不妨自我评价一下。

项目	内容	星级
收获	我知道了收集资料的方法	
	我了解了楼兰的历史	
	我写了一篇关于楼兰兴衰的"小说"	
	我学会了合作	

【评析】这是这次想象作文的终结性评价,评价主体是学生,体现了课程标准"注重评价主体的多元与互动"的评价建议。用"星级"(等级的一种方式)表示,也符合小学生的学习心理。

【总评】该案例没有陈述写作目标、训练时间等,但从设计容量看,时间跨度需要一周,其中课内需要2—3节课,可以视为一个学习项目。这个学习项目,具备情境、协同(自我评价里有"合作")、支架、任务、展示、反思等六个要素,设计思路是建构主义的,与教育技术学的思路(目标、教学、评价)区别开来。可为建构主义学习单元设计之参考。

本意是写"楼兰消失之谜"的想象作文,其实包括听、说、读、写多种方式的综合,其写作又以情境、任务为驱动,可为写作、综合性学习等设计做参考。另外,蒋老师的设计,是基于《义务教育2011年版》总体目标:"能主动进行探究性学习,激发想象力和创造潜能,在实践中学习和运用语文。"因而是基于标准的语文教学设计。

案例4　大单元设计案例

教材中的"单元"一般是内容单位,而不是学习单位。在倡导学科核心素养的课程背景下,有必要将单元作为课时计划的背景,以建构主义、深度学习、逆向设计的视点设计学习单元(简称大单元)并组织教学。下面呈现两个单元设计案例,为大单元设计提供参考。第一个案例,曾作为《单元设计的价值、视点与尝试性模板》的一部分发表于《语文建设》2019年第7期。

统编本八年级上册说明类文章

义务教育统编本六册36个单元,说明类文章单元仅占2个单元,分处八上第五单元(事物性说明)、八下第二单元(事理性说明)。八上的这个单元,阅读篇目包括《中国石拱桥》《苏州园林》《蝉》《梦回繁华》,写作训练为"说明事物要抓住特征",口语交际为"复述与转述",名著导读为"《昆虫记》——科普作品的阅读"。

【单元名称】事物性说明文的阅读与写作(6-8课时)

【单元目标】

1. 尽可能充分地利用教材的阅读材料,学习说明文阅读的基本技能。

2. 运用比较阅读、探究验证等方式,修正完善"说明文知识导图",并能运用相关知识写作、修改简单的说明性文章(事物类),做到明白清楚。

3. 培育说明文阅读与写作的兴趣,课内外阅读《昆虫记》等读物,分享阅读成果。

【情境与任务】

各位同学在小学或许学过《鲸》《松鼠》《新型玻璃》等说明性文章,进入初中,我们还是第一次接触。这里有一份"说明文知识导图"(略),其中有正有误有缺省。现在,让我们每个人扮演一位说明文读写研究的"准专家",以本单元的阅读材料为例,修订完善这幅导图,并能根据阅读所得,试着写一篇500字左右的说明文章,以表明你是名副其实的"准专家"。

【评估设计】

1. 贯穿整个单元的表现性评价:一是完善"说明文知识导图",二是作文提纲与成文,各课时技能性的表现性评价见各课时设计。

2. 一次单元综合性纸笔测试,涉及字词的音义、语段阅读分析、文段表达与修改等。

3. 对单元学习中阅读、笔记、作业、讨论等的表现做自评。

【学习计划】

第一课时:初识文体特点

【课时目标】比较阅读,初步感受说明性文章的文体特点。

【评价任务】说出三篇文章的异同,看表述的完整性、具体性、丰富性。

【学习过程】

预习《中国石拱桥》,要求:标注生字(如洨、鷟)的读音,注意注释的字词(如惟妙惟肖),朗读一遍。说一说,你从这篇课文中知道了有关"中国石拱桥"的哪些知识?

活动1:交流课前学习情况。字词方面的检查,可沿用传统方式。重点是"说一说",即单元"口语交际"中的"简要复述"。操作建议如下:

1. 先明确怎样"说一说"是好的,然后以"我知道了有关中国石拱桥这些知识"开头做简要复述,注意要对原文做选择、综合、概括,且用自己的语言;

2. 每个人在小组内先练习,小组推荐1人在班级说,安排2—4人,比较谁说得好,一则学习"简要复述",二则检查预习,三则梳理《中国石拱桥》的内容。

3. 问题探讨:阅读这篇文章,你有怎样的总体感觉?(注意,鼓励学生说,如"客观冷静""专家口吻",不一而足,重要的是适时地追问文本,让学生的判断建立于感觉唤起与文本分析之上。即使有错误,也不要直接否定学生,而应从"言语经验"角度爱护之,引导学生自己发现问题,修正答案。——括号内的文字供教师参考,下同)

(最后明确:这篇文章给人以"知",是说明性的文章,简称说明文。)

活动 2:阅读课后练习五的两篇材料,进一步明确文体特点。操作建议如下:

1.阅读《夜宿卢沟观晓月》,与《中国石拱桥》比较,两者写法上有何不同。(让学生畅所欲言,目的是比较说明性文章与记叙性文章,前者给人以"知",后者使人"感"。为便于学生得出结论,可引入前一单元《白杨礼赞》《昆明的雨》再作比较。)

2.阅读节选自《中国桥梁史料》中有关卢沟桥的文字,与《中国石拱桥》比较,说明内容、语言表达有什么不同?为什么会有所不同?(目的是让学生明白:说明内容、语言表达由读者对象、写作目的决定。)

活动 3:呈现"说明文知识导图",了解知识总体框架,借助《中国石拱桥》及课后例文重点辨析说明文及其特点。操作建议如下:

1.读图,然后回答:从一级关键词看,这幅图告诉我们哪些方面信息?(该项训练相当于图文转换或跨媒介阅读,也是一种复述训练的方式。)

2.图中说明文的定义是否恰当,要借助诸多例文材料来印证。先用《中国石拱桥》以及《中国桥梁史料》中有关卢沟桥的文字验证。

3.初步体会"说明文的特点"之一"内容上具有高度的科学性",并讨论《中国石拱桥》是否具备这个特点?高度的科学性来自何处?(查阅资料、实地考察、长期研究……)

4.注意导图中也有错误,有缺省,"说明文的语言"还未描述,本单元后面的学习,我们将作为一位"准专家",边读课文边验证这一导图。

阅读单元"写作实践一"有关坎儿井的材料,用最简明的词语归纳每一段(总 8 段)内容,如第①段课归纳为"目的",然后用"这些材料介绍了……"句式归纳全文内容。

第二课时:抓住特征,多方面说明

1.预习《苏州园林》,要求:画出各段的中心句(课后练习二),标注生字(如榭、鳌)的读音,注意注释的字词(如嶙峋),然后朗读一遍。

2.就文中标画的语句,小组交流课前学习成果、疑难或有争议的问题,完善书间笔记。注意:标画是否正确,可以从段落句间关系去辨析。

3. 这些中心句中,哪一句最能说明苏州园林的整体特征？为什么？试着画出《苏州园林》一文的结构提纲(思维导图)。

4. 画出《中国石拱桥》《蝉》《梦回繁华》三篇的结构提纲。

5. 交流第一课时"课后学习"作业,用最简明的词语归纳每一段(总8段)内容,然后用"这些材料介绍了……"句式归纳全文内容。

6. 辨析材料中呈现了坎儿井的哪些特点,抓住最突出的一点,以"＊＊的坎儿井"为题(＊＊即最突出的特点),以"新疆地区的坎儿井"开头,组织成不少于300字的说明文。

第三课时：说明方法,拟列提纲

1. 填写《中国石拱桥》课后练习一的表格,然后思考：你有哪些发现？重点研讨：以赵州桥、卢沟桥为例,旨在说明中国石拱桥哪些特点？《苏州园林》《蝉》《梦回繁华》是否运用了举例子的说明方法？这一说明方法有何作用？

2. 知识导图里呈现了10种说明方法,除"举例子"外,还有列数字、打比方、作比较、下定义、分类别、作解释、列图表、摹状貌、引言论等。看看,这些方法本单元四篇课文都运用了吗？每种方法有什么用处？

3. 验证知识导图之"说明方法",修订其中的错误(如"引言论"不如说"引资料")。

4. 交流第二课时"＊＊的坎儿井"的作业。

5. 从"写作实践"二、三中任选一题,拟列写作提纲。

第四、五课时：说明的语言,写作行文

1. 课前标注《蝉》《梦回繁华》生字的读音、注释的词语,不理解的词语查词典注在课文上,然后朗读一遍,概括说说两篇文章的语言特点。

2. 小组交流课前学习成果(《蝉》《梦回繁华》语言特点)、疑难或有争议的问题。

3. 说明文语言特点再探究,从课后相关练习开始,再进入课文补充正例或寻找反例,看这些归纳是否正确。

4. 补充知识导图中的"语言特点"的缺省。

5. 从说明对象、说明内容、说明目的、读者设定、语言表达等方面,审视第三课时拟列的提纲,特别要有"假想的读者"意识,以此寻找命题、开头及全文说明的口吻。

6. 安排一课时行文。可以安排在行文前,班级讨论制订、分享"明白清楚"的标准,如:(1)能把说明对象的特征说明白,不至于写甲物像乙物;(2)能围绕特征,多方面说明事物特征,让读者对事物有清楚的印象;(3)能运用2—3种说明方法,把对象的特征说明清楚;(4)语言严谨、准确,适合预想中的读者;(5)格式规范、文面清晰等常规要求。

第六、七课时:纸笔测试,单元总结

1. 自评、互评作文,最后比一比,谁的成果最好,为什么?(按"评价标准",如加入分等并细化,则为评分规则)

2. 纸笔测试。(测试题目应尽可能以具体的情境为载体,以典型任务为主要内容。时间控制在20分钟内)

3. 测试卷讲评,个人发现问题并补救。

4. 回顾学习经历和课文、笔记、作业,总结自己是怎样阅读说明文的,写100字左右的"课后反思";完善知识导图,视学情而定,如前几课时已妥善处理,可略。

第八课时:《昆虫记》阅读

班级商定课外阅读的阅读方式(全书通读或有选择性地跳读)、时间跨度。即使课内时间紧张,也要安排1—2课时,用于导读与阅读过程中的检查、阅读活动的总结,确保共读整本书活动的进行。根据全班商定的阅读方式,班级讨论确定过程评价、成果评价的任务。

苏教版必修二小说

苏教版必修二第四专题"慢慢走,欣赏啊"选入《祝福》《边城》《林黛玉进贾府》三篇小说,这里以此为教学材料,尝试以2017年版课标理念,按必修"文学阅读与写作"任务群设计单元。之前,学习苏教版的学生已接触《最后的常春藤叶》《说书人》《一个人的遭遇》《流浪人,你若到斯巴……》。一般而言,学生具有欣赏小说的基本经验,然而有必要深化深入。

【单元名称】走进小说的艺术世界:探究小说要素与主题关系,鉴赏人物刻

画艺术(6—8课时)

【单元目标】

1.整体感知《祝福》《边城》《林黛玉进贾府》,梳理其故事情节、环境设置,概括主要人物的形象特点,把握作品的主题。

2.运用比较阅读的方式,探究三篇小说情节、环境与主题的关系,以把握作品的内涵,理解创作意图;鉴赏其人物刻画艺术,发现作者独特的艺术创造。

3.学习运用图表、提纲、研究报告、文学评论等方式表达探究所得,并与人分享,发展写作、合作、讨论和报告等技能。

4.培育和保持积极欣赏、深入发现、多样表达、与人分享的兴趣。

【情境与任务】

学科认知情境。作为一个小说艺术的初级研究员,依次完成下列任务。

1.个人快速阅读三篇小说,用图或表梳理其情节、人物、环境与主题。

2.以"情节设置与主题表达""环境设置与主题表达"为题,研究三篇小说的情节与主题、环境与主题的关系,各写一份500字左右的研究小报告。

3.小组合作,比较三篇小说人物刻画艺术的同与异,准备口头报告提纲,并参与班级组织的报告会。

4.就"看"与"被看"关系,尽可能多地回顾已学小说,综合阐述这一范畴在环境描写、叙述视角、主题揭示、人物刻画等方面的价值,写一篇不少于800字的有关"看"与"被看"的文学评论。

5.在单元结束时,回顾学习经历和笔记、作业,总结自己是怎样阅读小说的、对主题的理解是如何逐步深入的。

【评估设计】

1.表现性评价:一份梳理三篇小说基本元素的图或表;一份研究要素关系的报告;一份揭示人物刻画艺术的口头报告提纲;一篇有关"看"与"被看"的文学评论。

2.一次单元综合性纸笔测试。对小说阅读及合作、报告和讨论的表现做自评。

【学习建议】

1.应关注的知识:传统小说的三要素,三要素与主题的关系,叙述视角,人物刻画角度、手法(如"背面敷粉"),研究报告、文学评论的知识,等等。

2.应关注的技能或能力:阅读策略,评点批注,图或表、研究报告、提纲、文学评论等的运用,合作、讨论、报告的技能等。

3.课外阅读:《林黛玉进贾府》选自《红楼梦》第三回,建议课外速读第一至六回;课文《边城》选录同名原著第三至六章,建议课外速读全书。

【学习计划】

第一课时:概括与梳理

【课时目标】整体感知《祝福》《边城》《林黛玉进贾府》,梳理其故事情节、环境设置,概括主要人物的形象特点,初步把握作品的主题。运用图或表梳理思考所得,并与人分享。

【评价任务】用一份图或表梳理三篇小说情节、人物、环境与主题,要求:(1)切合文本,表达简要;(2)概括情节能按照原文顺序,环境概括能适当归类,为主要人物做一分类并概括其主要特点,能从三要素出发思考归纳主题;(3)图或表的呈现清晰,力求一目了然。

【学习过程】

个人快速阅读三篇小说。要求:(1)编号段码,便于交流,《祝福》112段,《边城》93段,《林黛玉进贾府》16段(对联、《西江月》不计单独段);(2)阅读时,注意表示时间、地点转移的词句,以便快速而准确地把握情节;(3)随手标注词语以积累字词,划出你认为精彩的词句,可以在文旁写出自己的感觉;(4)每读完一篇,试着划分情节,并用简要的语句概括出来。

活动1:小组交流课前学习成果、疑难或有争议的问题,完善书间笔记。教师收集疑难或有争议的问题,是否提交班级讨论,由教师决定。

活动2:先独立思考讨论下面的问题,后参与小组、班级讨论。

1.情节是一系列具有前因后果的事件的展开,情节运行的基本模式包括发生、发展、高潮、结局,三篇小说(其中两篇是节选),是否都遵循这一基本模式?

2.小说的环境描写,不独是为人物活动提供背景,还能"烛照"特定的时代与社会。三篇小说各描写了怎样的环境?并借此表现了怎样的时代与社会?

3.传统小说的核心任务是塑造人物形象,小说人物有主要、次要之分,判断的依据有哪些?分析三篇小说中的人物,归纳若干条依据。

4."我认为倾向应当由场面和情节本身自然而然地吐露出来,而不应当有意地把它明白指点出来。"(恩格斯《致敏·考茨基》)请用简明的词句归纳三篇小说的主题。

活动3:选用图或表梳理三篇小说情节、人物、环境与主题。梳理后交与小组讨论,看谁的成果最符合"评估任务"的要求(评分规则另行制订,下同)。

在小组交流的基础上,完善自己的图表。

【附】本课时参考材料

1.红学家绘制的"荣国府平面图"(此略)。

2.红学家根据《红楼梦》第二回绘制"人物关系图"(此略)。

第二课时:情节与主题

【课时目标】比较阅读,探究三篇小说情节与主题的关系,以把握作品的内涵,理解作者的创作意图。学习运用研究报告表达研究所得,并与人分享。

【评价任务】以"情节设置与主题表达"为题,研究三篇小说情节与主题的关系,写一份500字左右的研究小报告。要求:(1)明确地提出观点;(2)结合三篇小说的分析,有力地阐述观点。

【学习过程】

1.课前学习。"故事是小说的基本面,没有故事就没有小说。这是所有小说都具有的最高因素。"(爱·摩·福斯特《小说面面观》)选择其中一篇,试着改变小说中的某一情节,然后展开想象,比如"假如祥林没有死……""如果不写柳妈……",写300字左右的故事概要,准备在课堂分享。

2.课堂伊始,分享三篇小说情节改编的想象。

3.除了局部情节的改写,情节设置上还可在叙述顺序(顺叙、倒叙、插叙、补叙、分叙)、叙述视角(全知视角、有限视角)、详略处理、线索安排等方面做改写,这样的改写是否也会影响主题表达呢?能否从整体上对情节设置做出改变?试着做些探究。

4.写一份500字左右的研究小报告。行文参考结构:(1)简单介绍一下话题；(2)提出假设；(3)通过对三篇小说"情节与主题"的分析验证这一假设；(4)得出结论。写作后交与小组传阅，看谁的成果最符合"评估任务"的要求。

第三课时：环境与主题

【课时目标】比较阅读，探究三篇小说环境与主题的关系，以把握作品的内涵，理解作者的创作意图，修正原本对主题的理解。继续学习运用研究报告表达研究所得，并与人分享。

【评价任务】以"环境设置与主题表达"为题，研究三篇小说环境与主题的关系，写一份500字左右的研究小报告。要求：(1)明确地提出观点；(2)结合三篇小说的分析，有力地阐述观点。

【学习过程】

1.课前学习。小说的环境包括自然环境和社会环境。前者包括人物活动的地点、时间、季节、气候以及景物等，后者包括人物活动的历史背景、时代气氛、人情风俗等。重读三篇小说，自制表格，分类概括这两类环境，并标注文本所在段落。

2.课堂伊始，小组分享课前制表，完善自己的概括，然后讨论：填表时，你遇到哪些问题？在具体的小说中，自然环境、社会环境是否泾渭分明？试分析三篇小说的自然环境和社会环境，给出一个结论。

3.先独立思考讨论下面的问题，后参与小组、班级讨论。

(1)《祝福》中几次写到"祝福"场景？几次写到"飞雪"？几次写到"钱"？找出这些描写，分析这些描写的多重作用。

(2)找出《边城》中"端午""新年"的描写，分析这些描写的多重作用。

(3)依据《林黛玉进贾府》的描写，在红学家绘制的"荣国府平面图"上用直线与箭头标注林黛玉的行踪，用☆标注重点描写，然后探究这些描写的手法、作用等。

(4)未进府之前，"林黛玉常听得母亲说过，他外祖母家与别家不同"。或以为，这"不同"不仅表现在"硬件"(宏伟的外观、讲究的布局、华贵的陈设)上，还表现在"软件"(非凡的服饰、森严的等级、烦琐的礼节)上。你可以选择某一方面探究其描写的特点。

4.写一份500字左右的研究小报告。标题统一为"环境设置与主题表达"

(话题),行文结构参考"情节设置与主题表达",但内容表述不求全,要通过具体实例的分析,揭示小说环境与主题的基本关系。

5.课后学习。(1)写作后交与小组传阅,看谁的成果最符合"评估任务"的要求;(2)课外速读《边城》全书,体会作品的风景美、风俗美与人情美,也感受"作品背后隐伏的悲痛"。

第四课时:人物刻画艺术

【课时目标】比较阅读,鉴赏其人物刻画艺术,发现作者独特的艺术创造。小组讨论、合作撰写口头报告提纲,并与人分享。

【评价任务】小组合作,比较三篇小说人物刻画艺术的同与异,准备口头报告提纲,并参与班级组织的报告会。要求:清晰列示同与异,并附简要例证。

【学习过程】

1.课前学习。小说通过故事情节来展现人物性格、表现主题。刻画人物手段包括概括介绍、具体描写;而描写又有正面、侧面之别,前者包括肖像、语言、行动、心理(内心独白、梦境和幻觉描写)、细节等,后者包括环境衬托、类比、对比等。这些手法无高下之分,重要是"贴着人物写"(沈从文语),即尊重人物的身份与性格,遵循人物自身的生活逻辑和情感走向。小组分工合作,每人选一组两个人物,找出小说中相关的段落,评点其人物刻画的方法:(1)祥林嫂、四叔;(2)柳妈、翠翠;(3)爷爷、贾宝玉;(4)林黛玉、王熙凤。

2.课堂伊始,分享课前学习成果,完善对人物的评点,总结某一人物刻画方法。操作要求:(1)同选一组人物的同学坐在一起;(2)先分享、完善评点成果,再逐一总结某一人物的刻画方法。

3.自然小组活动,比较三篇小说人物刻画方法的同与异,准备口头报告提纲。操作步骤:(1)每人简要汇报某一人物的刻画方法;(2)讨论刻画方法的同与异,组长做好记录整理;(3)深入一步,讨论这三篇小说中的"细节描写"(如祥林嫂的肖像、服饰、微笑、眼睛)、"人物出场"(重点讨论祥林嫂、傩送、王熙凤、贾宝玉),丰富之前的思考;(4)小组形成口头报告提纲,列示简要例证,并推荐一人在班级交流。班级口头汇报,分享研讨成果。汇报人数视课堂时间而定,一般不少于4人;倾听、记录、纠正、补充等。

4.课外快速阅读《红楼梦》第一至六回,体会作者聚焦贾府的宏观安排,即从冷子兴的"演说"、贾雨村的"耳闻"到借林黛玉的"俊眼"。

第五课时:"看"与"被看"

【课时目标】进一步深入研究三篇小说,学习运用文学评论表达自己的见解,与他人分享。

【评价任务】就"看"与"被看"关系,尽可能多地回顾已学小说,综合阐述这一范畴在环境描写、叙述视角、主题揭示、人物刻画等多方面的价值,写一篇不少于800字的有关"看"与"被看"的文学评论。要求:(1)明确地提出观点;(2)选择典型例证,有力地阐述观点。

【学习过程】

1.课前学习。"看"与"被看"是文学评价界分析鲁迅作品的范畴。鲁迅在哪些作品中描写了"看客"? "看客"是谁? 被"看"是谁? 列表整理鲁迅小说中"看客"的异与同。

2.课堂伊始,分享课前学习成果,归纳鲁迅笔下"看客"的异与同。操作要求:前三个问题是过程性的,只需分享最后一问,体会这一范畴对于认识鲁迅作品意义的价值,答案不求统一。

3.先独立思考讨论下面的问题,后参与小组、班级讨论。

(1)鲁迅小说中的"看"与"被看"关系,除了其主题表现的价值,是否还有环境描写、叙述视角、人物刻画等方面的价值? 试以《祝福》为例做具体分析。

(2)《边城》《林黛玉进贾府》中是否有"看"与"被看"关系? 如有,这些"看"与"被看"关系又具有怎样的美学价值?

4.尽可能多地回顾已学小说,阐述"看"与"被看"范畴在环境描写、叙述视角、主题揭示、人物刻画等多方面的价值,写一篇不少于800字的文学评论。是否占用1课时,由师生商定。写作后交与小组传阅,看谁的成果最符合"评估任务"的要求,班级可以安排一次自评、互评活动。

第六、七课时:综合测试与总结

【课时目标】纸笔测试,检测本单元三篇小说的语言积累、思维发展与审美鉴赏;回顾学习经历(阅读探究、写作表达、自读共享、测试等)和课文、笔记、作业,总结自己是怎样阅读小说的、对主题的理解是如何逐步深入的。

【评价任务】测试,依据试题意图评价,发现问题并补救;写200字左右的总结性文字,梳理单元学习的收获与问题。

【学习过程】

1. 回顾课文、笔记、作业,选择作品中的片段朗读,或就疑难问题与同学交流等。

2. 课堂纸笔测试。测试基于2017年版课程标准"学业水平"2命题,测试题目应尽可能以具体的情境为载体,以典型任务为主要内容。时间控制在40分钟内。

3. 单元总结。测试卷讲评,学生发现问题并补救;回顾学习经历(阅读探究、写作表达、自读共享、测试等)和课文、笔记、作业,总结自己是怎样阅读小说的、对主题的理解是如何逐步深入的。写200字左右的总结性文字,梳理单元学习的收获与问题。

案例5 《老王》主旨的十种解读

《老王》全文不足两千字,作者为现代作家、戏剧家、翻译家杨绛(1911—2016),对其主旨的解读众说纷纭。这里先概括十种不同的解读,然后就"视界融合""解读视角"做些评述,借此可体会文本解读如何影响学习目标的确定,表明语文教师文本解读能力的重要性。

解读一:老王和"我"的"善良"

人教社收录于八年级上册,其"课前导读"是这样的:

在我们周围,有一些像老王这样生活艰难的人。他们不被人重视,却有一颗金子般的心。你体悟到这些人的善良了吗?你是怎样对待他们的?读一读这篇课文吧,也许你会有不少感触。

其"研讨与练习一"是这样的:

以善良去体察善良。在这篇课文中,作者的善良表现在哪里?老王的善良又表现在哪里?对课文结尾的最后一句话,应该怎样理解?

看来,教材意在强调《老王》一文所表现的老王和"我"的"善良"。虽提及文末一句的理解,但"愧怍"不在强调之列。

解读二:"底层""不幸者"的"光芒"

苏教版把《老王》与高尔斯华绥的《品质》置于普通高中必修3"底层的光芒"板块上,其"文本研习2"题为:

格斯拉是鞋匠,老王是人力车夫,按世俗的观念,都属于"底层"人物。结合作品内容,说说两篇作品是把人物放在什么样的环境中描写的,在他们身上体现了怎样的性格特点?《老王》一文结尾写"那是一个幸运的人对一个不幸者的愧怍",格斯拉和老王是不是"不幸者"? 请谈谈你的看法。

由此推测,苏教版教材编者心中,该文的主旨是"底层人物"老王是"不幸者",但自有其"光芒"(包括但不限于"善良")。

解读三:老王的"善"与"苦"

人教社配套的教参在坚持老王和"我"都"善良"这一解读的同时,"教学建议"之一却提出既要注意老王的"善",又要注意老王的"苦":

课文写老王,可以概括为两个方面,概括起来就是两个字,一曰"善",二曰"苦"。文章的精神是说,这样好的人却这样苦,幸运者应该感到"愧怍"。

人教版教材为何只强调老王的"善",而不提老王的"苦",教材就是学材,为何要将"苦"瞒着学生呢? 这是另一个值得讨论的问题,这里从略。可以明确的是,人教版教参的编者聚焦"老王"的"苦"与"善",以此理解关键句"那是一个幸运的人对不幸者的愧怍",归纳"关爱不幸者"这一主题。

解读四:"我"对老王关爱不够的"愧怍"

人教版对教参"研讨与练习一"的"练习说明"是这样表述的:

结尾一句话,应该这样理解:一个社会总有幸运者和不幸者,幸运者有责任关爱不幸者,关注他们的命运,让他们也过上好日子,帮助改善他们的处境。作者回想起来,对老王的关爱还很不够,所以感到"愧怍"。

诸多论者对"关爱还不够,所以感到愧怍"这一说法质疑,但否定之后的重建却各个不同。

解读五:"愧怍"不是关爱不够,而是源自道德法则

汪昌友的《难以自圆其说的"愧怍"》一文认为"不是关爱不够,而是关爱有加"。通过文本分析杨绛一家对老王的"关爱",揭示文本隐含的两个"不对等"

209

("我"的最小付出与老王的最大回报,身份与地位)得出结论:

作者之所以"愧怍"正是源自内心崇高的道德法则。她崇高的道德法则就是——"人性向善""老吾老及人之老""达则兼济天下"等等。

吴宁亚在《背景、文本与拓展:〈老王〉课例随想》(《中学语文》2007年第27期)一文中认为"愧怍"来自杨绛内心的平等观念、人道精神,与汪说相近。

解读六:"多吃多占"而来的"灵魂的拷问"

怀宁的《是人物的颂歌,更是灵魂的拷问》(《语文建设》2006年第9期)。从《老王》原稿中"多吃多占的人"改为"幸运的人"切入分析,认为:

有许多东西是可以用金钱来衡量的,但那个特殊时期的真挚的感情是无法用金钱来量化的!……若干年之后终于得以省悟当年对老王的"侮辱"与"不公平",终于有了胆量将它"公之于众",从而使自己的灵魂得到一次洗涤。

胡卓学在《也谈对〈老王〉主旨的探索与思考——兼同怀宁先生商榷》(《语文建设》2007年第1期)中虽不同意怀宁的分析,但结论是一致的。郑力乔的《命运宰制下人性良善光辉的闪烁》(《作家》2015年第2期)也认为,杨绛的"愧怍",与鲁迅《一件小事》榨出"小"一样,审视自我,拷问灵魂,这是"中国先进的知识分子,历来重视心灵世界的'忏悔'"的一种传统。

解读七:以"抱愧"求"无愧",以获得精神自救。

秦晓华的《〈老王〉的另一种读法》(《中学语文教学》2012年第3期),通过对文本中似无实有的一组矛盾("我"把老王当熟人,而老王把"我"当亲人)和举重若轻的四个字("渐渐明白")的细读,再结合钱锺书"我觉得她漏写了一篇,篇名小妨暂定为《运动记愧》"等背景分析,认为:

杨绛继承了鲁迅的自我批判精神,《老王》的写作是杨绛的一次自我解剖、精神救赎。……"无愧怍于心"是一种价值观,杨绛的"内疚抱愧"也是一种价值观。她不断地让老王在自己的心中复活,乃至在更多人的心中成为一种永恒的存在,以"抱愧"求"无愧",这也许才是她的价值观,这也许才是她写作本文的真实意图。

孙绍振《贴近发现"愧怍"的自我》(《语文学习》2007年第4期)持相近的观点,通过分本细读,认为:"杨绛在文章里面隐藏着一条思绪的转折:同情、宽容不幸者,是俯视的姿态;而最后的'愧怍'却变成仰视的姿态。这是自我解剖,也是自我批判。"

解读八:作者对逝去的时代、社会的反思

鄂冠中的《绘出一个特定时代的影子》(《中学课程辅导》2009年第24期),则比较了"老王之死"与"祥林嫂之死"写法与情感上的惊人相似,又从20世纪80年代伤痕、反思文学的写作背景分析,提出:

《老王》不是仅仅要展示底层劳动者的"光辉",而是通过对一些小事的平静似水的叙说,有意无意之间带出了一个时代的影子,让我们去反思社会、反思历史、反思自我,让我们关注人的物质生活的同时更关注精神生存的空间。

鲁松娥的《杂谈杨绛〈老王〉的"愧怍"》、陈日亮的《〈老王〉与时代的伤痕和隐痛》(收入《如是我读》,华东师范大学出版社2011年版)持与鄂文相似的观点。鲁文侧重于文本的分析,陈文则创作意图、风格分析与文本细读兼重。

解读九:为自己、为社会、为时代而"愧怍"

王亚林的《为草根阶层的不幸愧怍》认为,《老王》一文委实是抒愧怍之情,但其愧怍来自三个方面:个人的、社会的、时代的:

从个人来说,我们并没有真正从心灵深处去理解、去关心老王;而就社会而言,一个待人如此真诚、善良、勤劳俭朴又乐于助人,且善解人意、知恩图报的老人,就这样寂寞孤独地死去,这让我们每个人都禁不住心生几分哀伤。……面对老王,杨绛她既是在替自己感到愧怍,更是在替那个时代感到愧怍,替那个时代的所有的人感到愧怍。

解读十:对人格尊严的真情呼唤

景小建的《尊严,一个遥不可及的梦想》(《中学语文》2011年第24期)通过分析文本的明线(老王的故事)和暗线("我"的一家),认为老王因为思想觉悟不高和因残疾被歧视,失去尊严,"我"的一家则因为政治而失去尊严。按道理说,"我"应懂得给别人以尊严是多么可贵。然而在那个时代,"我",一个同样失去尊严的人,却因为虚无的自尊而伤害了别人的尊严!所谓"我"的愧怍,实际上是对那个时代的反思和自我的内心忏悔。结论是:

对老王而言,尊严成了一个遥不可及的梦想。但对于生者,学会反思自己,学会与他人平视,尊重别人,是获得尊严的最好的方法。让尊严不再是遥不可及的梦想,这就是杨绛先生想告诉我们的。

如此说来,颜敏在《梦魂长逐漫漫絮,身骨终拼寸寸灰》(《名作欣赏》2009年第28期)中认为,苏教版把《老王》放在必修三"底层的光芒"板块,不如放到必修五"直面人生"专题的"苦难中的尊严"板块。

杨绛先生的《老王》表现了什么?作者通过《老王》想告诉我们什么?读者从《老王》中感悟到什么?这是三个具有不同侧重点的问题,显示了不同层面的"意义":文本意义、作者意义、读者意义。

理想的解读,是实现文本、作者、读者的视界融合,上述每一种解读,都在力求接近这一理想。但从解读的情况看,似乎都还在"接近的路上"。自《老王》进入教材十多年,有关主旨的讨论就没有停止过,参与讨论的有一线教师,也有大学教授,谁的观点都有"粉丝",但谁也无法下"定论"。

其实,下"定论"既不可能(《老王》一文意脉的潜隐和丰富)也没有必要,重要的是我们从各种解读中探寻解读之道,丰富我们的解读知识。从上述十种解读,我们便可窥见解读视角的多样性:语义学、文体论、社会学、文化学、作品原型分析、互文性解读、接受美学等等。

语义学解读,即当今特别流行的"文本细读"。十种解读都力图从文本外在的字词句段,去开掘其深层的主题内涵。相对之下前四种解读浅了点,那是因为教材和教参的编者考虑了学情,因而"浅有浅的好处"。

文体论解读,"定体然后可以言工拙",散文是"有我"的艺术,不会追求"零度写作"。因而解读五、六、七更多在于作者意义的挖掘,且开掘都颇深,已到达孙绍振教授所说的第三层次"文学的规范形式"(参见孙绍振的《文论危机与文学文本的有效解读》,《中学社会科学》2012年第5期)。

社会学解读,强调具体作品与文章作者、社会环境的关系,即"知人论世"。解读八、九、十偏重于这种方法的运用,其解读结论也许最易被"文革"那个时代的过来人接受,某种意义上说这种解读是成功的。

文化学解读,《老王》解读最易关注的是"愧怍",这是杨绛"个人"的愧怍。其实也是有良知的知识分子"集体"的愧怍。解读六、七从知识分子文化心态切入分析,就是这种解读法的运用。

在《老王》主旨的解读中,不少解读者借助鲁迅的《一件小事》《祝福》和杨绛的《林奶奶》等做互文性解读、文学原型（文学史上不断反复重现的文学形式化单位，如"弑父娶母"）分析，也是文本解读另辟蹊径的方式。

此外，在文本、作者规定性下运用"接受美学"，注重意义空白或不确定性（伊瑟尔之"召唤结构"）的创造，都是有价值的。从黄厚江的《〈老王〉教学实录及反思》（《语文教学通讯》2012年第9期）看，由"读老王"到"读杨绛"从而读出老王的呼告和"我"的精神愧疚，未为不可。

要开阔文本解读的视野，可阅读王先霈《文学文本细读法讲演录》、孙绍振《名作细读：微观分析个案研究（修订版）》、钱理群等《解读语文》、陈日亮《如是我读：语文教学文本解读个案》、陈思和《中国现当代文学名篇十五讲》等。

案例6　整本书阅读案例

整本书阅读的重要性，随着2017年版普高课标"整本书阅读与研讨"任务群的设置更其凸显。既为课程，自然离不开设计。这里提供三本书的阅读设计，以呈现整本书阅读的三类典型：(1)余华的《活着》，中国小说，易读；(2)加西亚·马尔克斯的《百年孤独》，外国小说，难懂；(3)费孝通的《乡土中国》，学术著作。限于篇幅，案例不求周全，形式也不求统一，旨在呈现设计难点问题的解决。

《活着》阅读任务单

《活着》的作者是余华，1960年4月3日生于浙江杭州，祖籍山东高唐。后来随当医生的父亲华自治、母亲余佩文（父母的姓，是余华名字的来源）迁居海盐县。书的《自序》，落款是"海盐，一九九三年七月二十七日"。你可以上网查询。根据查询情况，做一个200字的作者简介，其中应包括其文学成就。

小说，是讲故事的。被讲述的事情，凡有情节、有头有尾的皆称故事。请你打开小说，倾听余华讲关于"福贵"的故事吧？请你分四天来听——

D1:第1—40页;D2:第41—75页;D3:第76—139页;D4:第139—201页。

阅读时,请你:(1)保持专注;(2)在书边概括情节(疏密随意);(3)随手画出精彩之处,是否注明精彩缘由随意;(4)随手画出疑问处,是否注明疑点也随意。阅读后,请你完成下面两项任务:

1.画出情节发展图。像下面的这样,线下概括现实中"我"听福贵讲述的场景,线上概括福贵讲述的内容。内容多了,就拐弯。每天一画,四天读完也就画成了。

（情节发展图：线上标注"我爹村口如厕"，线下标注"我下乡收集歌谣,遇到福贵,充满阳光的下午,听他树下讲述"）

2.写出故事梗概。每天300字,4天1200字,就是全书的梗概了。

选择下面任一话题,跳读《活着》,读后写出你的看法,字数不限。
1.说说小说双线安排之妙。(请参考情节发展图)
2.说说小说叙述视角之妙。(请查阅网络有关的知识,看书后面《日文版自序》)
3.说说小说人物设计之妙。(最好先画出人物关系图,再来欣赏其妙)
4.分析初读时画出的精彩处,选同一方面的精彩点来写,比如精彩的景物描写等。
5.作品的开头(第8页)和结尾(第201页)都出现歌谣,有何妙处?

选择下面任一话题,采用跳读的方式三读《活着》,读后写出探究结果,字数不限。
1.分析初读时画出的疑问处,说说通过三读你是否解决。将问题及回答整理出来。
2.作者在《韩文版自序》说"《活着》也讲述了我们中国人这几十年是如何熬

过来的"。这篇小说不是历史,但有着清晰的历史影子。请为本书做一个对照性的历史年表。

3. 作者在书前《自序》中,曾多处提到"高尚"。作者如何定义"高尚"？书中哪些情节表达了这种"高尚"？

4. 书中多次提到"命"(如第75、116、145、148、171页),你如何理解小说人物对"命"的认知？

5. 作者书前《自序》与书后《英文版自序》都提及美国民歌《老黑奴》。请网络搜索美国民歌《老黑奴》,然后比较、判断作者之说是否成立。

《百年孤独》阅读设计

【课程标准】

一般纳入"整本书阅读与研讨"或"文学阅读与写作"任务群。如以"孤独""魔幻"等为母题,将《百年孤独》与拉美其他作家、后现代主义等作品作专题阅读,则可纳入"外国作家作品研习""跨文化专题研讨"等任务群。本设计,主要基于"整本书阅读与研讨",适用于高一或高二年级,且为非集中阅读,时间跨度安排在30—40天之间。

【单元目标】

《百年孤独》的阅读定位,可以是乱伦、孤独、美洲家族史与社会史等,也可以是悲剧、魔幻和后现代手法等。然而,对于中国的高中学生来说,重要的是要破解本书"人人都说好,我却读不下去"的难题,通读26万字长篇文字并借此获得全方位阅读小说经典的感受。

《百年孤独》具有概括情节、分析人物、把握主题、欣赏语言、理解异域文化、把握艺术特质等整本书阅读与文学阅读的价值,还能通过班级阅读与交流的平台,发展讨论、合作、分享、写作与口语交际等核心技能。

【情境与任务】

个人体验情境。根据自己的爱好,从剧本改编者(将长篇小说改编为电影剧本)、作品研究者(从推荐课题中选择或自定课题研究)两种阅读角色中任选一种阅读。

一、不管何种角色，分章阅读与研讨是共同基础。选择范晔译本《百年孤独》(为避免交流障碍)，分 20 天阅读全书 360 页 26.2 万字，任务包括：(1)每天看一章，以自己能基本把握情节的速度；(2)读完全章，对照书本口述该章场景，再写 200 字左右的情节概要；(3)说说该章情节安排的特点。除此之外，还有第(4)项任务，各章有异：

第一章(p1—16)："魔幻"是与"现实"相对的东西。请找出本章中具有"魔幻"的句段，体会"魔幻"是怎样实现的？有怎样的效果？选择若干这样的段落，朗读分享。

第二章(p17—32)：本章三处出现"孤独"，分析其内涵。以后各章出现的"孤独"也请标记出来，并体会。

第三章(p33—51)：书中有大量的隐喻与象征，失眠与健忘就是其中之一。本章浓墨重彩描写了"失眠症"。请对此做出赏析，角度不限。

第四章(p52—70)：本章对梅尔基亚德斯之死、何塞·阿尔卡蒂奥·布恩迪亚之谵妄写得如何，请加以欣赏。

第五章(p71—91)：联系前四章的描写，就奥雷里亚诺·布恩迪亚参与军事的合理性作出分析。

第六章(p92—107)：如何看待阿玛兰妲的拒绝，她为何又要烧伤自己的手？可联系前几章对阿玛兰妲的描写，分析这个人物。

第七章(p108—125)：如何看待何塞·阿尔卡蒂奥之死？联系第五章写其归来、第六章写其改恶从善，分析何塞·阿尔卡蒂奥这一人物。

第八章(p126—142)：本章最后写奥雷里亚诺·布恩迪亚上校去牢房探望何塞·拉克尔·蒙卡达将军，其中有全书不多见的对话描写，请悉心体会对话中蕴含的人物内心世界。最末两段有些费解，你是如何理解的。

第九章(p143—160)：本章对奥雷里亚诺·布恩迪亚上校的孤独展开细腻的描写，请选择停战与回家前后的相关描写段落做赏析。

第十章(p161—179)：比较本章开头与第一章开头的描写，你能发现多少相同之处？

第十一章(p180—197)：本章对费尔南达·德尔·卡皮奥(女王)有大笔墨的描写。重读有关段落，分析这一人物设置的妙处。

第六章 案例分享

第十二章(p198—215)：本章奥雷里亚诺上校筹划发动一场战争的描写，与第九章对其停战与回家前后的描写，一样令人怦然心动，你可选择相关描写段落做赏析。书中第 207 页，对种植园"寂静"的描写别出心裁，你可选择中国古代诗中写"寂静"的诗句与之比较赏析，体会马尔克斯的精彩语言艺术。

第十三章(p216—234)：本章开头，对一百多岁且已失明的乌尔苏拉有极为精彩的描写。重读第 216—218 页，说说精彩表现在哪些地方。或者你可就本章写上校之死的部分作一赏析。

第十四章(p235—254)：你如何看待梅梅与其母亲费尔南达的冲突？

第十五章(p255—272)：本章费尔南达送走梅梅的部分，借助费尔南达的"眼睛"表现马孔多之外的环境，所写与马尔克斯短篇小说《礼拜二午睡时刻》风情极为相似。请问，有哪些相似？

第十六章(p273—288)：作者用夸张手法，以魔幻的笔调，写大雨中的景象、人物的心情与行动。既有宏观的描写，又有细节的展示，给人切身切实的感受。

第十七章(p289—306)：本章对乌尔苏拉、丽贝卡、第四代双胞胎的死描写有哪些异同？请作比较分析。

第十八章(p307—324)：本章对加泰罗尼亚智者书店的描写（第 308、316 页）笔墨不多，却不乏精彩。请重读相关段落，并赏析。

第十九章(p325—343)：第 341 页写奥雷里亚诺见到高祖母，向她倾诉自己的爱情："对她而言，布恩迪亚家男人的心里没有看不穿的秘密，因为一个世纪的牌戏与阅历已经教会她这个家族的历史不过是一系列无可改变的重复，若不是车轴在进程中必不可免地磨损，这旋转的车轮将永远滚动下去。"请联系本书前面的情节，对这句话的含义作些解释。

第二十章(p344—360)：本章有两处对整个家族历史的回顾，分别见于第 355 页、第 359—360 页。请回视全书的人物关系图，并赏析破译羊皮卷时的惊心动魄。

以上任务，可写在书上，也可以写在笔记本或学习日志上。当然，每章阅读时产生的问题，均可以记录，并在小组、班级里安排讨论。

二、分章阅读与研讨之后,两种阅读角色需要"分道扬镳"。

(一)如果选择电影剧本改编者,先后相续的任务则为:

1. 每个学生整体回顾人物关系图、情节概要,在人物关系图上圈定应在电影剧本中出现的主要人物。这些主要人物(如乌尔苏拉、奥雷里亚诺上校),具有小说原著人物塑造的典型性和主题表现力,能承载小说宏大的叙事场景。

2. 以小组为单位,讨论确定主要人物,一般不多于10人。小组成员分工,为每个主要人物撰写200字左右的人物小传,罗列其主要行事,请尊重原著。

3. 阅读相关文献(如下)后,小组讨论剧本的主线(如马孔多的建立到毁灭)、全剧的主要场景、每个场景的主要人物及极简行事,可以用列表的方式呈现讨论结果——剧情大纲。剧情大纲应在尊重原著的基础上做调整,以使场景更集中、矛盾冲突更激烈、人物性格更典型、画面感与动作性更强。写后提交班级交流,评选出或综合形成最佳剧情大纲。

4. 根据班级确定的最佳剧情大纲,班级分工合作,选择若干小场景创作剧本;如果参与的人多,甚至可以写出一整套。动笔前,大家需要了解有关的知识、阅读专业的剧本(网络有很多专业剧本资源,如《红高粱》)。

参考文献:

1. 战玉冰的《魔幻与"魔环":浅析〈百年孤独〉中的"环形结构"》等。

2. [美]威廉·M·埃克斯(William M. Akers)的《你的剧本逊毙了》第二场(人物)、第三场(结构)、第四场(场景),梅峰的《编剧的自修课:解读美国电影剧作》第13章等。

(二)如果选择作品研究者,任务则为:

1. 回顾、分析你的学习笔记(在书上的或笔记本上的),哪些你最有感觉或最感兴趣的,哪些是你没有解决的问题而又很想解决的。梳理后,形成自己感兴趣的研究课题。

分章阅读与研讨的四项任务,都可以收缩或扩展成为课题。比如:

第一章阅读时,提示了"魔幻"。"魔幻"并非马尔克斯首创,但《百年孤独》展现了丰富奇幻的"魔幻世界"。阅读中标记"魔幻"段落,如果感兴趣,你可以就《百年孤独》"魔幻手法"做一整理。

第二章阅读时,曾提醒标记文中出现"孤独"的词句。读完全书,你可对"百年孤独"书名中的"孤独"有较为全面的理解。当然,你要深入理解"孤独",还可参看马尔克斯在诺贝尔文学奖受奖时的演讲词《拉丁美洲的孤独》。

第七章开头(第 108 页),作者曾就人物的重名做了简要的说明。作品还描述了书中人物对人物重名的隐忧,有关于此,你如何看待作者的设计与隐喻。

自从吉卜赛人来到马孔多,马孔多并非绝然与世隔绝的小镇,注意跳读并标记与"外界"有关的词句。跳读后,请搜索有关拉美的历史资料,体会《百年孤独》中"现实"的一面,就作品的主题发表你的观点。

2. 阅读一批他人阅读研究《百年孤独》的论文(举例如下),揣摩他人是如何写作的:如何选定一个研究点,如何分析作品相关资料,如何吸收借鉴他人成果,如何表达自己的研究所得。然后写一篇有关《百年孤独》的小论文,字数 1500 字左右。

参考文献:

1. 高玉满的《浅析〈百年孤独〉中的"他者"》;
2. 赵前明的《论马尔克斯〈百年孤独〉中的叙事解读》;
3. 马秀月和刘斌的《〈百年孤独〉:密码写就的现实》。

(三)下面任务,只供选择性使用,前提是感兴趣或学有余力:

1. 据说,在出版前,马尔克斯为了检验作品,曾请朋友们到自己墨西哥的家里,在他们面前高声朗读自己的作品。阅读时,哪些你认为精彩的段落,可以与同学朗读分享。

2. 美国文艺理论家 M. H. 艾布拉姆斯《镜与灯:浪漫主义文论及批评传统》中,提出了文学实践的四个要素,即作品及其创造者、读者与世界。阅读马尔克斯谈话录《番石榴飘香》,看作品表达与作者意图的"一致性"与"背离"。如作者在《番石榴飘香》中曾说:"妇女以铁的手腕维持着人类的秩序,而男子们则一味地以种种狂热鲁莽的行动来闯荡世界,推动历史。这使我产生了这样的想法:妇女不具备历史感。而事实上,如果不是这样,她们就不能完成使人类延续下去的首要使命。"请以"《百年孤独》中的男人与女人"为题,抓取若干主要人物,看上述主张与《百年孤独》所表现的是否一致?

3. 拓展阅读马尔克斯和其他拉美作家的作品,或比较阅读曹雪芹《红楼梦》、莫言《红高粱》、陈忠实《白鹿原》、余华《活着》、阿来《尘埃落定》等作品,尝试探讨不同民族文学之间的共同话题和文化差异,尊重文化多样性,提升文化鉴别力。此项宜安排于"外国作家作品研习"或"跨文化专题研讨"等任务群。

【评估设计】

1. 过程评估:分章阅读与研讨的笔记(书中的或学习日志),评分规则另订。

2. 结果评估:如果选择电影剧本改编,评估项目为小组的人物小传、剧情大纲、小场景剧本;如果选择作品研究者,评估项目为小论文。评分规则另订。

【教学时序/学习计划】

第一天:导读并分享第一章。课前自读《百年孤独》第一章。课堂讨论以分享阅读感受开始。简要介绍《百年孤独》的故事及名人对其评价,激发阅读兴趣。介绍"情境与任务"的粗略设想,学生明确"分章阅读与研讨"阶段的任务。课堂示例操作第一章阅读任务,如果时间允许,下面的问题或学生阅读时产生的问题都可安排讨论:

问题1:说说第1页首句"多年之后……遥远的下午"、第8页末行"何塞·阿尔卡蒂奥·布恩迪亚当初建功立业的雄心……不修边幅的男人"的阅读感觉。

问题2:第一章并未按时间顺序展开故事,而是运用多次穿插。请问本章的叙述主线是什么?有多少次穿插?这样的安排有何好处?(叙事艺术)

问题3:吉卜赛人与梅尔基亚德斯,从本章环境塑造的角度,有怎样的作用?

第二天到第二十天:课前阅读第二章到第二十章,课堂安排5—10分钟的时间,用于交流"分章阅读与研讨"的每章四项任务,并分享与解决阅读中的问题。

第二十一天:明确后期阅读者角色(剧本改编者、作品研究者),根据学生选择分小组、布置任务并提供相应的文献索引与文本。

第二十二天到第三十天:根据学情安排时间,一般不少于一周时间,有关任务的小组会商,宜占用课堂时间,为避免互相干扰,场地也当考虑。两种角色阅读的成果,也应安排1—2课时班级分享,剧情大纲、小论文还可以安排答辩活动。最后,可以将书面成果的结集展示或网络交流等。

《乡土中国》阅读设计

【课程标准】

与"整本书阅读与研讨""当代文化参与""思辨性阅读与表达""科学与文化论著研习""学术论著专题研讨"等任务群均相关。本设计主要定位于"整本书阅读与研讨",兼及"当代文化参与",适用于高一年级。

【单元目标】

运用思辨性阅读的方式,通读全书,勾画圈点,了解论著的基本概念和观点,感受作者的科学态度和研究方法;辨析观点与材料之间的联系,理清每个论题的结构脉络,学做思维导图,增强思维的逻辑性和深刻性;就阅读中生成的关注点、质疑点等做必要的研讨,联系当今中国社会生发相关思考,发展实证、发现与批评的能力。此外,通过班级阅读与交流的平台,还可发展讨论、合作、分享、口语交际等核心技能。

【情境与任务】

一、作为阅读者。如《序言》《后记》所说,《乡土中国》是作者20世纪40年代根据在西南联大和云南大学所讲"乡村社会学"课程内容的整理。阅读《乡土中国》,犹如倾听年轻时的费孝通先生上课,你可以运用圈点勾画、思维导图等方式,听他说什么、怎么说的,然后就"听讲"中的疑问(你听不懂的或你认为值得商榷的)提问或做评论。

全书含1篇《重刊序言》、1篇《后记》和14篇文章。建议先读《后记》再读《重刊序言》,然后依序阅读文章。每篇阅读,完成三项任务:(1)通读,随手标记重点词句(特别是段落首句)和疑问;(2)思考作者每篇试图回答的问题是什么,是怎么回答的,然后做好所读篇目的思维导图;(3)小组或班级分享思维导图,研讨阅读中的疑问,已能解决与未能解决的分别做好笔记(书上或学习日志上)。

读完全书后,请完成三项任务:(1)14篇文章之间的关系是怎样的,试以思维导图显示篇章之间的逻辑关系;(2)举出本书中你认为最重要的三个概念,重读与这些概念相关的篇章,在读书笔记(或学习日志)上做出解释或者图示;(3)梳理篇章阅读时研讨而未能解决的疑问,看哪些疑问读完全书得以解答,哪些疑问无法解决。

二、作为初学研究者,任选下列话题之一开展研究。

1. 分析哪些无法解决的疑问,选择其中一个,在教师指导、同伴合作下开展研究。研究前需要看看这个疑问是否有精力、能力、方法等确保研究,研究后写出研究成果。

2. "要将一本社会科学的书列出纲要架构不是什么大问题,但是要与作者达成共识,就像我们所说的,这可是极为困难的事。"(莫提默·J.艾德勒等的《如何阅读一本书》,第261页)作者的某一观点,你很不赞同或不很赞同,为什么?不断追问,并通过各种方式寻找、补充材料,写一篇与费孝通先生商榷的文章。

3. 作为一本学术著作,《乡土中国》的语言通俗自然,深入浅出,把一些比较复杂的学术问题讲得透彻明了,得到普通读者的认可和欢迎。请以"《乡土中国》的语言艺术"为话题,结合典型语句、语段的分析评述,写一篇书评式的文章。

4. 论述类文章或论著,总要借助可靠的材料(理论、事实、数据等)来说理。说理的方法有援事说理、引用说理、比喻说理、比较(对比/类比)说理、因果说理、辩证说理等。请选择若干篇重读,看作者如何选择材料阐释观点,如何运用多种方法增强观点的说服力。然后,写一篇赏析性的文章。

5. 《乡土中国》批判了一些人认为中国农村"愚、贫、弱、私"的观点。其实,这种观点一直影响到现在的城市人。分析、学习《乡土中国》的批判方式,结合当今情况,就此做出发展性的思考,写一篇论述类的文章。

6. 将当今社会与作者笔下的基层社会状貌做个比较,看哪个方面变化最大?是什么原因导致这些变化?结合必要的观察、调查与访问,然后就某一方面变化做出回答。可以学习《乡土中国》"杂话"的方式,用概念去归纳某些"现象",或从理论高度解释这些"现象"。

7. 《乡土中国》提出"从基层上看去,中国社会是乡土性的"(《乡土本色》),"乡土中国"是对传统中国抽象的概括。然而,当今社会,正处在从农业文明向工业文明转型的关键时期。你如何看待"打工潮"、春节"返乡潮"、"农村城镇化"的进程等社会现实?选择其中一个话题,从"乡土性"角度对此做出讨论,注意实证材料的搜集与运用。

8.分析自己的阅读,或调查他人的阅读,以"如何阅读学术类著作"为话题,就关键词句的筛选、概念的理解、思维导图的运用、疑问的提出与解决、笔记的形态等的某一方面,写一篇学习指导类的文章。

9."我们在阅读社会科学时,主要的着眼点在一个特殊的事件或问题上,而非一个特殊的作品或一本书。"(莫提默·J.艾德勒等的《如何阅读一本书》,第262页)拓展阅读郑也夫的《评〈乡土中国〉与费孝通》后,选定一个议题(如"文字下乡:需求与供应"),再阅读陈心想的《走出乡土:对话费孝通〈乡土中国〉》相关章节,就这一议题做一辨析讨论,提出你的观点并用可靠的材料做出阐释。

10.观看一部影视作品(《秋菊打官司》《我不是潘金莲》《白鹿原》等),运用《乡土中国》《走出乡土:对话费孝通〈乡土中国〉》,对影视作品中某一现象做出分析。建议阅读吴雪丽的《"乡土中国"向"现代中国"转换的美学困境》一文。

【评估设计】

1.全书阅读,以思维导图提出疑问,作为阅读质量评价的依据,评分规则另订。

2.选题研究,从话题的发现、研究的展开、成果的表达等方面,依据不同的选题、成果给予评价。评分规则另订。

【教学时序/学习计划】

一般用四周时间。全书阅读,是基于"整本书阅读与研讨"任务群设计的,基本保持每天阅读1篇的量;选题研究,主要基于"当代文化参与"任务群设计,至少留出10天时间。

全书阅读,从《后记》《重刊序言》开始,然后依序阅读文章。遵循先扶后放的原则,《后记》《重刊序言》及第一篇《乡土本色》均可要求课前阅读、课堂交流与答疑,指点学术著作的阅读方法,培育阅读感觉和兴趣。

第一节课目标:了解检视阅读并初步实践;了解思维导图和相关软件,并初步尝试阅读《后记》与《重刊序言》,基本把握《乡土中国》的写作、出版缘由及大致内容。

任务1:在十分钟内,检视阅读书名页、序和后记、目录页,选正文若干段落阅读,然后小组内说明你得到哪些资讯?看谁得到的资讯最多,为什么?

任务2：阅读《后记》，概括每一自然段的内容，然后根据内在关系，制作《后记》的思维导图并交流。用同样的方法阅读《重刊序言》。（思维导图手绘或软件制作，视条件而定，不求一致，但力求符合评价准则：内容完整、概括精练、逻辑清晰、图形清晰）

任务3：第一课时学习，你有怎样反思与收获？（作者的研究精神，读书方法的收获，思维导图的学习，讨论交流的必要等）

第二节课目标：共读第1篇《乡土本色》，讨论阅读中的问题并画出思维导图。

阅读中可以借助引导性问题，如：第2段列举了哪些材料，旨在阐述什么观点？第3段为何要说到《一曲难忘》这部电影？第4段，用的是什么说理方法？第5段，为说明"直接靠农业来谋生的人是黏着在土地上的"，举张北为例，其中说到张北一带的语言没有受蒙古话影响，是否合适？第6段，为阐述"我并不是说中国乡村人口是固定的"，作者用了什么方法？第7段首句，"不流动是从人和空间的关系上说的，从人和人在空间的排列关系上说就是孤立和隔膜"，是怎样的一个句子？在阅读与写作中有何作用？第7—10段是如何阐述"孤立和隔膜"的？第11—16段，阐述了什么？与前文阐述"孤立和隔膜"是怎样的关系？第17段与第1段、第2段开头，存在怎样关系？

在分段阅读的基础上，综观《乡土社会》的全文，可以分几部分？每一部分的观点是什么？是运用哪些材料阐述每一部分观点的？据此回答，画出本篇的思维导图。

这种课堂共读持续的时间，基础薄弱或时间充裕的，可以到全书结束。若分散阅读，则有两种安排。第一种：规定每周的阅读量，让学生提前阅读，每周安排一节课交流、答疑，教师指导的重点随学生问题而定。第二种：规定每天的阅读量，学生课前阅读，次日语文课安排5分钟左右时间用于小组分享、答疑，教师随机点拨。

选题研究，最理想的是学生能基于《乡土中国》的阅读，自己提出商榷性的课题，学习作者田野研究、概念表达等方法，做力所能及的研究与表达；次之，能联系当今社会现实（如返乡潮、大学生村官、三农问题等），提出发展性的课题并加以研究；再次之，就是提供类似"情境与任务"中选题（包括释疑、商榷、书评、赏析、拓展、迁移、方法总结、主题拓展、跨领域学习等),供学生选择或借鉴。要在学生感兴趣研究、有能力研究。

【参考文献】

[1] 欧阳辉纯.伦理学视野中的"乡土中国"[J].理论月刊,2011(12).

[2] 徐新建."乡土中国"的文化困境:关于"乡土传统"的百年论说[J].中南民族大学学报(社会科学版),2006(4).

[3] 吴雪丽."乡土中国"向"现代中国"转换的美学困境:从"五四"到"文化寻根"的"现代性"体验[J].兰州学刊,2013(2).

[4] 郑也夫.评《乡土中国》与费孝通[N].中华读书报,2015-09-16(5).

[5] 陈心想.走出乡土:对话费孝通《乡土中国》[M].北京:三联书店,2017.

[6] 熊培云.一个村庄里的中国[M].北京:新星出版社,2011.

[7] 费孝通的《江村经济》《生育制度》《乡土重建》等。

案例7 《论语》小论文的写作

这是一个普通高中选修课程的案例,也是综合性学习的案例,由陈叶珍、林荣凑两位老师合作完成。案例收入林荣凑主编的《高中语文学习活动的设计与实施》(科学出版社,2014年版)。这里仅录其核心部分。

【活动目标】在学完《〈论语〉选读》后,能围绕一个话题开展文献研究,然后将研究所得用小论文的方式表达出来。

【表现性任务】选择一个话题,围绕该话题,研读《论语》的有关章句,结合作者经历、社会状况、文化背景、时代思潮及前人研究成果等,尝试形成关于该话题的观点,用小论文的方式,有条理地表达并与同学分享自己的观点。字数在1000字以上。

【评分规则】提供给学生的是表格式的分项分等评分规则,其项目(权重)为:选题理解(5分)、观点提出(15分)、材料运用(15分)、结构安排(10分)、语言卷面(5分),满分50分,计入《〈论语〉选读》模块成绩。

下面展示的是 A 等小论文的具体标准：

- 选题理解：选题能切合《论语》选读内容，对其具有自己的理解。
- 观点提出：能根据选题，基于切实的理解和分析，提出鲜明且有说服力的观点。
- 材料运用：能正确理解和运用《论语》选读的素材，还能使用浙江省《论语》读本及其他材料，论点和论据之间富有逻辑性。
- 结构安排：阐述观点有条有理，结构安排符合论题要求，层次清晰。
- 语言卷面：错别字3个以内，语言精练，文笔流畅，格式正确。

说明：(1)提供小论文的样例(这是规则的组成部分)2—3篇，请仔细揣摩(此略)；(2)小论文字数要求在1000字以上，每少100字降5分处理；(3)小论文没有按时上交，又不能提供合理的延时理由的，按0分处理；(4)虽按时上交，但论文离题或大段抄袭别人文章的，按0分处理。

【活动策略】

1. 在课程学习开始时，通过《〈论语〉选读》学程纲要和课程解读等方式，告知小论文写作的任务。

2. 在课程学习过程中做好铺垫。一是写点评，每课学习时，在书上空白处写下点滴思考和联想；二是写感悟，每一课学完后，就此课整体内容或选择最有感悟的章节，写一段300字左右的《论语》感悟；三是写随笔，每一主题(共4个主题)学习后，围绕主题写一篇不少于500字的随笔。

3. 课程临近结束时，印发《〈论语〉小论文的写作》学案，按"选题—阅读与摘录—整理与归纳—拟题、拟列提纲—论文写作—交流与互评—讲评与展示"的流程，课内和课外结合，在教师的指导下展开活动。

【写作流程】下面"写作流程"简版，呈现学生活动和教师指导内容。

1. 选题：就是确定研究方向和范围。选题是小论文写作的第一步，选题不明、选题太大或太难，都将导致无法完成小论文。

2. 阅读与摘录：阅读课本、《读本》的相关内容和其他文献，开展相关的研究。最好的方法是用小卡片纸摘录有关材料(注明章节、页码等)，或摘录原文，或者写下阅读的点滴思考、感悟。

3. 整理与归纳：将摘录的卡片进行分类整理，梳理并归纳自己的观点。有了丰富的材料之后,必须将摘录的卡片进行分类整理。只有通过整理材料,才能从整理中提炼小论文的观点,正确地运用占有的材料。

4. 拟题、拟列提纲:一是为写作做准备,二是不断完善自己的研究。题目是小论文的眼睛,可以有论题式、论点式两大类。提纲尽量详细一点,围绕题目准备写哪几点,每一点怎样铺展论述,论点与论据如何有机结合等,做到胸有成竹,写起来才能一气呵成。当然,提纲还只是论文的初步构思,随着写作中对材料与观点的运用,还会做某些修改或调整。

5. 论文写作。论文最少应包括题目、作者、正文(引出话题、阐述观点并举例证明、总结)、参考文献,字数在 1000 字以上,对"摘要""关键词"暂不做要求。可以先打草稿,然后输入电脑传给教师。

6. 交流与互评。教师收齐稿子后,抹去姓名打印,两个班级交换匿名评分。设定的评分程序为:(1)初评,分小组评阅若干篇,合议形成各篇得分;(2)二评,每大组均衡评分,如有不当,做适当调整;(3)三评,由语文科代表、学习委员并四个大组长 6 人,就全部小论文做出最后评分;(4)终评,由语文老师最后确定得分,并公布。

7. 讲评与展示。所有小论文由教师终评后,教师要准备好讲评。教师应就学生在小论文写作、评分活动中优秀表现给予充分的肯定,同时也应结合具体作品指出问题所在。讲评后,要组织交流展示:一是张贴优秀小论文或把优秀小论文装订成册在班级传阅(时间紧时比较适合),二是优秀小论文报告会或论文答辩(时间充裕时可以考虑这种方式)。

案例 8　写作评分规则的运用

本案例以说明文的写作为例,说明评分规则可以运用于写作教学的全程。案例的全文曾以《评分规则:运用于写作教学的全程》为题,发表于《基础教育课程》2012 年第 4 期,这里仅录其部分。

苏教版必修 1—5,共安排 19 次写作实践,说明文写作 1 次,安排在必修 5

第一专题中。说明文的写作训练不为初高中语文教学所重视,这是有目共睹的。通过达尔文《〈物种起源〉绪论》、贾祖璋《南州六月荔枝丹》等6篇典范说明文的阅读教学,学生基本了解说明文的有关特点。

教师采用评分规则技术,组织了这一次必修课程唯一的说明文写作训练。"训练目标"和"作文题"(表现性任务)是教师根据课程标准、教科书、浙江省《语文学科教学指导意见》和教师对学生状况的基本判断确定的,如下:

【训练目标】准确把握说明对象的特征,并能抓住说明对象的特征确定说明的顺序;根据说明的需要,选用恰当的说明方法,运用适当的语言作清楚的说明。

【作文题】写一篇800字以上的说明文,你可从教科书提供的三道"写作实践"(奇妙的实验/自然现象、家用电器介绍、小创造或小发明的构想)中选择,或从你学过的物理学、化学、生物学中选择一个能产生可视现象又易于理解的小知识作介绍,也可介绍你的学校(班级/书房)、一项小制作的制作过程、家乡的一种特产。

评分规则的运用,就是在这样的情境下展开的。

1.写作准备。教师印发指导学案,于写作前3天发给学生,内容包括:(1)训练目标;(2)作文题;(3)选题要求;(4)评分规则(讨论稿);(5)样例三个,出于补充专题阅读篇目的需要,收录刘叙杰的《巍巍中山陵》、丰子恺的《庐山游记》(节选"婴孩用的坐车"部分)和往届学生习作《塘栖五月枇杷香》。

学生在3天内,确定选题,搜集选题相关资料,做资料卡片,阅读评分规则(讨论稿),并根据自己的选题,阅读与选题最接近的课文、样例,有所得或有所惑可记录在学案上。

2.课堂讨论。采用小组讨论、全班讨论,就"怎么写这篇文章""规则可做哪些修改"两大问题讨论。"怎么写"的讨论,意在借同伴之力完成动笔前的构思,讨论的问题包括:(1)这篇说明文的读者是谁;(2)要突出说明对象的什么特征;(3)写哪些内容来表现特征,才能让读者清楚明白;(4)采用怎样的说明顺序来说明;(5)运用哪些说明方法;(6)用怎样的语言来说明。最后,要求将讨论结果,用提纲或思维图的方式表现出来。

"规则"的讨论,是为了检验规则(讨论稿)是否能为学生所理解,更重要的是让学生明了最后作品的评分标准,成为学生在整个写作过程中的"脚手架"。"规则"的讨论要与样例的讨论结合在一起。朱迪恩·阿特(Judith. Arter)等提供了"把表现性准则教给学生"的七个策略,第二个策略是"阅读和评价匿名作文的样例"。匿名的样例可以避免"先入为主",为此,我们结合《塘栖五月枇杷香》讨论"规则",以帮助学生了解说明文写作技能的要素以及其不同的表现特征,知道他们的作品将被怎样评价。

3.写作。课堂讨论的成果是写作的提纲或图表等。写作时,调整在所难免。调整时,学生势必会借助评分规则(包括样例)。学生通过规则和样例,建立对作品表现的良好期待,又有着行文时的自我评价。这样,写作和评价能同时执行,评价牢固地镶嵌在写作之中,有效地培养了学生的自我调控能力,获得修订的布卢姆目标分类学中所说的反省认知知识。

4.学生自改、互改。写作时的自我评价是隐性的。与之相比,写作后的自改、互改则可以是显性的。义务教育课程标准第二学段(3—4年级)开始就有"学习修改"的要求,普通高中则"能独立修改自己的文章"。为培养学生的修改能力,针对不同的训练目标和评分规则,我们会提出不同的要求。本次"说明文的写作"所提的要求有:

自改:(1)用双下划线划出文中点明说明对象特征的词句;(2)用单下划线划出每段的中心句,在文旁用简明的语句注明说明内容、所采用的说明方法;(3)修改格式、常规问题。

互改:(1)格式、常规的修改;(2)眉批,就其说明内容、说明方法、说明顺序、说明语言等方面做局部点评;(3)对照评分量表,总评其成功之处;(4)如有问题,请写出主要问题并给出修改方案;(5)在作文本上制作量表,选择符合习作的水平等次,累计总分。

这可以说是评分规则的组成部分,为规则执行提供程序的支持。有学者说:"如果行为是自我决定的,即使反馈的结果不愉快,学生学习起来也会有强大的动力。对于学生来说,反馈是积极主动的参与。因此有必要大力提倡学生自评和互评。"

自评和互评是实现自主反馈的重要方式,但学生自评和互评并非易事。有研究指出,学习优秀的学生趋向于过低评价自己的学习,而学习低劣的学生则往往过高评价自己的学习。如果不借助评分规则，评价将会是浮泛的、刻板的，评分规则和修改程序为学生提供了有针对性的概念和话语体系，可以有效地提高修改的效度和信度。

5. 教师评改。学生自改、互改将教师从作业批改的大山中解放出来，而学生则从评分规则的运用中，成为学习的主体。但是，这并不意味着教师就要放弃评改。尽管评分规则为学生提供了评改的脚手架，但不是每一个学生都能登上脚手架的，误读误批的情况经常发生。

如果有明确的训练目标、有效的评分规则，教师评改的重点应聚焦于两方面：一是训练目标达成的整体情况，梳理达成、未达成的情况，为讲评选择典型的样例；二是评分规则运用的情况，特别是纠正误读误批的地方，误读误批频率高的，在讲评时集中指导。误读误批有学生的原因，也有评分规则的问题。如果是后者，应适时修订规则，以备下一轮使用。这样的评改，比起传统的批改，用时省，效率高，一般 4—6 小时可评改两班百本习作。

本次说明文写作，在训练目标上存在的问题有：

文体特征上：说明文使人"知"（即让不知者知，知之不多者知之较多），但有 1/5 的学生习作，重心却在于记叙和抒情，写成了散文，特别是说明"樱花"的作品。（这很出乎教师意料，看来评分规则应列入"文体特征"这个要素）。

内容与特征上：约有 2/5 的学生，或掌握的资料不足，习作内容空泛，不能让读者"多知"；或有很多资料，却不善于围绕抓住特征作选择，以致读者对习作说明的事物"印象模糊"。

说明顺序上：学生能根据说明对象选择空间顺序、时间顺序、逻辑顺序之一种，但约有 1/5 的学生，全文缺少主体顺序，东拉西扯。这是写作应付态度造成的。

说明方法上：学生能较好地运用，但个别学生使用的"打比方"与说明格调不太吻合。

说明语言上：有读者意识，但用词不准确的现象较普遍。

评分规则（含程序）的运用情况：

最大的误读是，有的学生以为说明方法越多越好，评语中出现"用的说明方法太少"。看来，规则说"选用适当的说明方法"，而不是"选用多样的说明方法"

需要提醒学生注意。

约有1/5学生习作、自改、互改和互改后的评分存在问题。据课后调查,学生归因于"很不习惯,批改的量太大,其他作业又多"。

学生升入高二后重新编班,这是他们第一次使用评分规则,对大多数学生来说确实"很不习惯"。这次说明文的评分规则,训练点和评分点太多,学生无法一一顾及,故有"批改的量太大"的说法。解决之策是:朱迪恩·阿特所说的"练习有侧重的修改"。因为学习评改需要一个过程,朱迪恩·阿特说:"根据我们的经验,六年级学生可以在一个学年内(一周上几个小时课)掌握所有的六个要素(指'写作分析的6+1要素评分规则'——引者注)。高中生完成这个任务需要一个学期(同样,一周上几个小时课)。成人则只需18个小时。"

由于学生首次评改的问题,在教师讲评后,安排1节课,让学生完成下列任务:(1)阅读《雨樱花》习作和眉批、总评、评分,把你想的说出来(写下来),与人交流;(2)选择《笛韵绿绕贯古今》《可口南瓜饼》中的一篇,在空白处做些眉批,最后做个总评,并用量表评分;(3)浏览《日啖百节胜抹蜜》《家乡"节节高"》《樱花树下》,请根据评分量表,各用一句话写出其优点、问题;(4)结合自己的作文,为本次习作活动写一段感悟。

6.教师讲评。要让学生获得及时的反馈。评分规则的运用解放了教师,评改应尽快完成,讲评也应及时进行。学生的自改、互改可以满足及时反馈的部分需要,但教师提供的反馈也不应拖延。这样,学生才能在习作的分析、反馈、再分析、再反馈等环节,获得多方的学习反馈。

教师的反馈不仅要及时,而且要全面、清晰、有启发性。"全面"指的是对目标达成情况、评分规则运用情况都应反馈。"清晰"指的是要抓住典型,有条理地做分析。要做到"清晰",对教师的信息收集、筛选、整合能力是个考验。此外,还要选用适当的反馈方式,条件许可的,可印发讲评用的样例(习作样例+学生或教师的评改样例),运用PPT投影也是不错的选择。"有启发性",要求教师的讲评,能围绕"训练目标"和"评分规则",针对习作和评改中的困惑,并充分利用演示(如PPT等)、展示(张贴于教室或网络)等手段。这样说来,讲评环节就不只是教师的事情,学生也可积极地参与进来。

7.反思和重作。传统的写作教学,在讲评后要布置适量的作业,比如认真阅读教师的批改、订正错别字、修改病句、修改补充写作提纲、写作文后记等。基于评分规则的写作教学，围绕"训练目标"和"评分规则"，学生的后续跟进将更积极，评分规则为学生的自我调整、改进和发展提供的概念和话语的支持。

下面是一位男生的感悟：

写说明文看似容易，其实不易。首先是选材，不能写自己不了解的，要写自己熟知的，而我们往往都忽略了一些重要细节，写起来很费劲。二是怎样把对象介绍清楚，列提纲时就要考虑文章结构，既不能太平淡，也不能太花哨。三是详略的把握，有些东西不重要，但事实是所占篇幅很大，要压缩又有困难，犹豫不决。四是说明方法的运用，老师讲评后我才意识到说明方法是为文章服务的，说明文不能刻意追求说明方法越多越好。

当然，写作是一种复杂的知识与技能的表现，学生很难通过一两次训练就达到课程目标。如果基于同一评分规则，在时间允许的情况下让学生重作和重改，在累积性的评价、持续性的反馈中，写作的有效性便能呈现，学生畏惧作文的心态可望得以改变。

案例9　"表现性评价案例研究"课题申报书

该课题全称为"高中语文教学表现性评价的案例研究"，申请杭州市第二轮"名师工程"课题立项，得到了浙江省教育厅教研室胡勤老师、杭州师范大学王光龙教授的一致好评，后被立为首批重点课题（MSZ2009001）。结题成果为杭州市第二轮"名师工程"课题答辩优秀级，后参加浙江省余杭区第十九届教育科研成果评审获一等奖，并收入《余杭区第十九届教育科研成果汇编》。

一、课题论证

（一）概念界定

1.表现：指通过姿势动作和语言等媒体表露自己的认识和感受。美国著名评价专家威金斯将学生的活动表现分为口头类（如演讲/背诵/报告/扮演/讨论/辩论）、书面类（如短文/分析/描述/诗歌/日志/评论/书面报告）、展示类（如演示/图解/图表/表格/电子媒介/展览）等三类。（威金斯，《教育性评价》，中国

轻工业出版社 2005 年版)

2.学生评价:是对学生学习进展与行为变化的评价。按照功能不同可以分为对学习的评价(assessment of learning)和促进学习的评价(assessment for learning)。对学习的评价是指为选拔、认证、监测或问责等目的在学习之后对学生个体或小组进行的评价。促进学习的评价是指发现、收集和解释有关学生学习的信息的过程,而这些信息被学习者和教师等用来做出下一步的学习决策。

3.表现性评价(performance assessment):是指在尽量合乎真实的情境中,运用评分规则对学生完成复杂任务的过程表现或结果做出判断。它强调评价应知、能会的过程观察和基于对创造成果的评价,强调评价情境的真实性,注重评价与课程、教学的一体化,关注学生参与互动和对学生学习的促进作用。

(二)研究现状述评

1.表现性评价自从 20 世纪 80 年代末在国外兴起至今,成为美国、英国、澳大利亚等国家教育领域的热门话题。美国斯蒂金斯(Stiggins R.)和威金斯(Wiggins G.)是该领域最早且最具思想深度的两位先锋,代表作品分别为《促进学习的学生参与式课堂评价》和《教育性评价》。

2.表现性评价在我国的教育领域也一直被探索,如语言教学中的写作评价,音乐、美术等艺术类课程的评价等。但实践层面多为随意、经验式的运用,缺乏扎实理论支撑和专家引领。

3.理论层面多为国外相关研究论著的翻译和引介,如"促进教师发展和学生成长的评价研究"项目组译的有关学生评价的论著等。2008 年 9 月,我国第一本"基于标准的学业评价"著作《基于标准的学生学业成就评价》(崔允漷等,华东师范大学出版社,2008 年版)面世,"表现性评价""评分规则""超越评价:基于标准的教学"为该书提出的七大重要课题之三,显示了有关表现性评价在学科实践上的空间和取径。

(三)选题意义和研究价值

1.理论佐证。华东师大课程与教学研究所崔允漷教授领导的团队,对国外有关"表现性评价"的理论和实践已有基本的梳理,并正在构建本土化的表现性评价体系。本研究意在其理论和实践视野下,通过研究和实践高中语文教学的表现性评价,为其研究提供的语文学科案例。

2.改进现行的评价。当前中小学评价的问题表现为:(1)评价方式的单一,忽视观察、交流、表现等多种评价的应用;(2)评价内容的狭窄,忽视了较高层次的认知能力和情感领域的全面考察;(3)评价标准的单一,忽视学生个体的差异、必修课和选修课的异同;(4)学生主体的缺失;(5)评价功能的剥离,缺少"促进学习的评价";(6)与教/学的分离。

3.落实课标的要求。《普通高中语文课程标准(实验)》提出的三维全面考察、面向全体学生、多样评价方式、促进学习功能、多元评价主体、必修选修的差异等原则,亟待实践、丰富和完善。

(四)研究目标和研究内容

1.研究目标:开发若干典型的高中语文表现性评价案例。

2.预期开发的案例包括:(1)现代文阅读:文学类、实用类文本;(2)古诗文阅读:古代诗歌、文言文文本;(3)表达与交流:写作、口语交际;(4)选修课程:《论语》选读、外国小说欣赏。

3.预期开发的案例要求:(1)认知能力层级上,主要涉及分析综合、鉴赏评价、表达应用与探究等;(2)表现性评价类型上,尽可能涉及纸笔的、辨认的、结构化的、模拟情境的、真实样本的等类别;(3)体现标准、教材、教/学、评价的一体化,表现目标、表现任务和评分规则的逻辑关联。

(五)研究假设和拟创新点

假设一:表现性评价能适用于语文课程的"必修"(阅读与鉴赏——现代文/古诗文、表达与交流——写作/口语交际)、"选修"等内容主题领域。

假设二:语文表现性评价的运用,具有认知层级/表现目标、表现任务类型、评分规则的广泛性。

基于以上假设,开发覆盖各种内容主题领域的、具有典型意义的表现性评价案例,从而证明表现性评价在高中语文教学中的适用性,这是本研究的创新所在。特别说明的是,尽管现行"高考作文评分细则"具有表现性评价的特质,但并不适用于教学。因此,即使是"写作"的表现性评价也是创新点。

(六)研究思路和技术路线

研究逻辑	研究内容概述
理论学习	·收集表现性评价的有关理论基础知识,把握理论与实践精华 ·收集、研读国内外实践案例,汲取适用于高中语文教学的材料
实践运作	·现代文阅读:文学类、实用类文本 ·古诗文阅读:古代诗歌、文言文文本 ·表达与交流:写作、口语交际 ·选修课程:《论语》选读、外国小说欣赏
案例研究	·按内容主题领域、表现目标、任务类型、评分规则四维研究 ·梳理、分析案例,并归纳语文学科表现性评价运用的基本经验

(七)研究方法

序号	研究方法	适用范围
1	文献法	·收集并分析国内外有关"表现性评价"的理论与实践 ·汲取其适用于语文学科的涵养,确保实践的正确取径
2	案例研究法	·按内容主题领域积累案例,确保案例的覆盖面、典型性 ·从积累的案例出发,寻找高中语文表现性评价的基本经验
3	行动研究法	·贯穿案例的收集、整理、验证等整个过程 ·实现课程标准、教材、教/学、评价的一体化

(八)实施步骤

阶段	起讫时间	预期研究概要
1	2009.11—2010.02	·用文献法收集、分析已有的理论和实践 ·了解案例研究法,确定各个典型案例的负责人
2	2010.03—2010.11	·表现性评价之写作、口语交际、文学类阅读案例
3	2010.12—2011.07	·实用类文本、《论语》选读、外国小说欣赏案例
4	2011.08—2012.02	·古代诗歌文本案例、文言文文本案例
5	2012.03—2012.08	·结题:研究报告、相关论文、典型案例

二、完成课题的可行性分析

（一）已取得的相关研究成果

1.有关语文课程与教学的研究

《新课程教学:从制订"模块学程纲要"开始》,《教学月刊(中学版)》2008年第1期。

《专题计划:模块纲要与课时教案的桥梁》,《教学月刊(中学版)》2009年第1期。

《课时教案:基于课程标准的教学设计》,待发。

2.有关语文学习评价的研究

《过程表现评分规则(试行稿)》,方案业经2007—2009年尝试,待改进。

《评分规则:用于模块过程评价》,论文参与区、市两级论文评比,均获奖。

《基于课程标准的教学设计》,"评价"在课时教案中找到最基本的陈述方式。

《评分规则:用于写作指导与评改》,业经一学期尝试,师生感觉效果明显。

（二）主要参加者的学术背景和人员结构

1.负责人

任职:曾在两所中学担任教科室主任,实际主持多项集体课题研究,现为学校学术委员会主任。

兼职:区教科所兼职教科员、区教科研评审专家库成员。

荣誉:杭州市教科研先进个人(2008)、全国教育科研优秀教师(2008)。

著作:个人专著《十八春秋》《学生古诗词欣赏指津》,与崔允漷教授等合编《校本课程开发·课程故事》《课堂观察:走向专业的听评课》等。

2.参与者

均为负责人的专业同侪,具有中学高级职称的2人(林友珠、陈耀清)、一级职称的1人(陈叶珍)。课题立项后,还可以扩大成员招募,让更多的志愿者参与到研究中来。参与者均就职于省一级重点中学,省三十所样本学校之一。

（三）完成课题的保障条件(如研究资料、实验仪器设备、配套经费、研究时间及所在单位条件等)

1.主要参考资料

[1]崔允漷,等.基于标准的学生学业成就评价[M].上海:华东师范大学出

版社,2008.

[2]崔允漷.有效教学[M].上海:华东师范大学出版社,2009.

[3]朱迪思·阿特,杰伊·麦克塔尔.课堂教学评分规则——用表现性评价准则提高学生成绩[M]."促进教师发展与学生成长的评价研究"项目组,译.北京:中国轻工业出版社,2005.

[4]威金斯.教育性评价[M].促进教师发展与学生成长的评价研究项目组,译.北京:中国轻工业出版社,2005.

[5]波斯纳.学程设计:教师课程开发指南[M].赵中建,等,译.上海:华东师范大学出版社,2003.

[6]周文叶.学生表现性评价研究[D].华东师范大学博士论文,2008.

2. 专家支持

华东师大课程与教学研究所崔允漷教授所领导的团队。他们正在研究教育部哲学人文社会科学重点基地重大项目《基于标准的学生学业成就评价研究》(课题编号:05JJD880010)。

3. 所在单位:省一级重点中学,省三十所样本学校之一。

案例10 课堂小诗创作(课例)

本课例有六千多字,收入莫银火和林荣凑主编的《基于"基地模式"的名师培养及高中语文教学探索》(科学出版社,2015年版)、胡勤的《语文认识论》(浙江教育出版社,2014年版)。有关该课的叙事文本《诗意在课堂流淌》,曾发表于"杭州教师教育网"(http://yun.zjer.cn/)。这里节录课例部分。

【教学背景】

名师工程杭州四中基地班导师和学员共19人,2011年4月参加由长沙教育科学研究院主办、田家炳实验中学承办的"杭州—长沙"的语文研讨交流会,活动包括课堂展示、教学讲座、问题研讨等。

时间:2011年4月14日上午10:00—10:55。

地点:湖南省长沙市田家炳实验中学艺术楼阶梯教室。

主题:有关樱花的小诗创作。

教学对象:田家炳实验中学G1013班(高一,48名学生)。

目标定位:欣赏樱花图片,激发诗心诗情,即兴创作、交流有关樱花的小诗。

设计理念:生活需要诗意的栖居,青少年又是人生的诗歌季节,通过课堂小诗的创作和分享,勾连生活、诗意、真情、创作,发现和表达生活中的诗美。

【课堂实录片段】

借着承办方PPT上的"淡浓皆宜西子姿,沉浮谁主润之心",执教者从两地两校的共同点与学生对话入手,以拉近师生距离。由湖、山、名人,到学校校徽、诗社,最后及于两校的樱花。以下片段为根据田家炳实验中学提供的录像整理,时间9分钟。

师:我还发现两校有一极为相似之处。这相似之处在哪儿呢?(稍顿)是一种花,樱花。(点击PPT,樱花)这就是我们学校的樱花。

师(点击PPT,配以旁白):这两天,我们的学生已经送别这个春天炫舞登场的樱花,淡淡的樱花。樱花之美,不是我的语言能描述的,请允许我用图片向大家介绍。樱花长在枝上(图片:树干上的一丛樱花),这一丛樱花却长到了树干上,有点儿调皮吧。身着校服的学生,就穿行于樱花树下。

(图片:学生坐在樱花树下。学生惊讶)

师:鲁迅在《藤野先生》中写道,"上野的樱花烂漫的时节,望去确也像绯红的轻云,但花下也缺不了成群结队的'清国留学生'的速成班"。余高的学生也是幸福地享受着樱花的美景。(图片:学生用手机拍樱花)学生用手机拍着樱花。平时学校是不让带手机的,樱花时节让同学们带,允许他们用手机拍樱花。

师(出示图片:学生俯身拾樱花花瓣):他们拾的是樱花落下的花瓣,但他们捡的是属于自己的那份诗意。

师(出示图片:亭子顶上的花瓣):我们两校都有一个亭子。我们的亭子是西式的,田家炳校园的亭子是中式的,各有各的美。如果一个学校,有这样两座亭子,两亭对望,那也有着无限的诗意。

师(出示图片:飘落的樱花动画):前一阵子,樱花点点飘落,离开了她的树枝。我们学校,举行了第三届樱花节诗歌比赛。(图片:樱花节诗赛获奖名单)

这是获得一、二等奖的诗歌题目、班级、姓名。我们有个诗社叫"颢羽诗社",获奖人多为颢羽诗社的成员。我们田家炳中学,也有一个诗社,叫"湖畔诗社"。这湖畔诗社,它取名于杭州的湖畔诗社,中国现代文学史上著名的诗歌流派。

师:获奖的诗歌我也带来了,但我现在不想拿出来给大家欣赏。我需要等待你们的诗歌出来,再拿出来做一个两地诗歌的交流。

师(点击PPT):下面是我早上走进田家炳校园拍的照片,我所感受到的田家炳中学的春天。(图片:田家炳中学的主教学楼,文字为"田家炳中学的春天,诗意潺潺地流淌")多气派的教学楼啊。作为田家炳的学生,你们有没有自豪的感觉啊?

生(大声齐答):有。

师:我们的学生也是这样,穿着校服,走在街上,一脸的神气,没有低着头的,只有昂着胸的。我想你们也是这样的。走出田家炳中学的校门,也会非常自豪的。

师:(图片:樱花掩映的亭子)这是我们田家炳的亭子。(图片:水面,垂柳,远处的体育馆)有没有注意到这一张。(稍顿)这开的是什么花?

生:樱花。

师:哦,樱花,你们都知道。刚才我在拍照片的时候,边上有个老师。我问他:"这是什么花?"老师告诉我:"可能是樱花。"

(学生微笑)……

师:然而,我还真吃不准。因为我们余高校园的樱花不是这样的。今天坐在后面的一位老师明确地告诉我,这是樱花,重瓣樱花,比起单瓣樱花,开花迟,花期长。两种樱花,我不敢说哪个好,哪个不好,都很美。

师(继续点击樱花图片):有感觉吗?

生(齐答):有!

师(出示图片:水中的倒影,有樱花、教学楼):你在教学楼上学习,你有没有看到你在水中的倒影?

生(部分学生轻答):没有。

师:我似乎看到你们正陶醉在那一湾浅浅的水湾中。(教师点击图片3张樱花特写,不再配以旁白)

师(出示组合图片,包括全景、特写,两边为对联):这是亭柱上的一副对联。请一位同学来念念。(教师离座,目视全场)就请刘一锋同学吧。(该生进入教室时,教师与其简短聊天)

刘一锋(离座到中间过道,声音响亮,连贯地):"郁树红花竞芬芳,幽亭碧水交相映,迎夏送春,何其秀也;良师益友齐荟萃,宋韵唐风得益彰,咏志抒怀,岂不乐哉?"

(学生鼓掌,刘回座)

师:念得多好啊。上下联没有念倒,停顿没有错误,还能融入情感。(教师借势诵读)"何其秀也","岂不乐哉"。

师:这一次,我希望能带回你们写的重瓣樱花的诗。如果你们写出好诗,我把我带来的余高樱花诗留下来。大家有没有信心啊?

(部分学生答):有!

师:行,拿出纸笔,用5—8分钟的时间,把你们心中那份最纯真的感觉,写在纸上。

在轻音乐的伴奏下,学生快速动笔,诗语汩汩而出。大约10分钟后,不待教师催交,孙心怡等三五学生离座将诗歌交至教师手中。稍等片刻,教师借助实物投影仪,组织了诗作的诵读、交流和修改,并履约展示了余高学生的樱花诗。下课前,收集48名学生写的49首诗(郑皓中同学写了2首七绝),答应学生回余杭后编一期小报寄给他们。当年五一节前,《樱花诗意田家炳》诗刊PDF版就发给了G1013班的语文教师王老师。

【自我反思】(略)

【胡勤老师点评】

林老师的这堂课是很值得回味的。当时杭州市名师班学员要到长沙与当地同仁交流,林老师代表杭州市名师,上一堂示范课。从杭州到长沙的火车上,我和林老师坐在一起,一路上讨论这堂课的设计,这是我们之间的很有意思的对话过程,也是一个扬弃的过程。

之前,他有一个精确的设计,在我的印象中,原先的设计,前半节课更多的时间用来铺垫,主要讨论了怎么拟写标题,怎么写诗,怎么样的诗是好诗,好标题和好诗的标准。引用了兰波的名言"生活在别处",罗丹经典言论"生活中不是缺少美,而是缺少发现美的眼睛";还引了艾青的《礁石》来说明一首好诗标准:具有象征性,是诗人人格的写照;要由实而虚,由外而内;格律上要押韵;等等。这些内容在实际的教学中都没有了,而且时隔两年,我的回忆也未必准确和完整,之所以把它呈现出来,是因为它折射出多数名师在写作教学上所经历的认识过程。

写作教学的目标和内容,是来自学生自身的经验和学生自身经验中对社会对知识的认识,还是来自权威、专家或教师?我认为应该来自前者。前者关注学生"写什么",后者更关注外在的"应该怎么写"的知识。教学"写什么"重要,还是教学"怎么写"重要?过去,我经常就这个问题问周边的特级教师和教研员,几乎所有人都告诉我教师就是教学生"怎么写",认为"写什么"是无法教的。其实这种认识与课程观和对语文教学特点的认识有关。语文课程不是教师制定目标、确定内容、设计流程所构成的框架,而是一门师生之间、生生之间分享语言的实践性课程。我认为内容是可以通过交流获得的。一段情可以碰出另一段情,一个思想可以碰出另一个思想,一句话可以碰出另一句话,一首诗可以碰出另一首诗,一篇文章可以碰出另一篇文章,一种形式可以碰出另一种形式。

林老师这堂课是成功的,值得我们反思和借鉴。他只用了三五分钟时间,渲染气氛,营造情境,要求每一位学生在课堂上写一首。学生大约用了8分钟时间完成了写作,之后交流、欣赏作品,林老师拿出了他余杭高级中学学生写的诗与在场的学生交流,学生互相讨论、修改。课后学生还围着林老师交流。下面是学生课堂上写出来的诗:

《樱花情》(长沙市田家炳实验中学1013班,湖畔诗社成员,陈心怡)

打着旋儿,/一片,一片/散落

落在石子路上,/铺成花路通往远方

落在水里,/溢出淡淡清香/落在心里

因田家炳中学而自豪

跳着舞儿/一朵,一朵/摇曳

变成一丝丝情愫/连接着你我,/走向未来。

《无题》(长沙市田家炳实验中学1013班,徐雪晴)

樱花开了,/花满枝头,沉静幽香

那一树繁花载满了春的生机

淡然地在风中摇曳/然而，岁月不待人

衰败，/凋零/落红化尘

转眼　又是轮回/花开　花谢

不过是生命不同时期的表现

它始终是，那一树/淡然的樱

前一首诗节奏感、旋律很好，第二首诗很成熟，蕴含人生生命的轮回。林老师的欣赏把握很到位。读到"因田家炳中学而自豪"一句，林老师迟疑了一下，当时我心里也咯噔了一下。这句写得太直白，我不认为是好句子，琢磨着改成"荡漾起暮春的涟漪"，但又像是老年人心理，不如把"暮"字去掉。林老师意识到这句诗的可商榷之处。怎么写？怎么改？在这时候需要老师给以指导，需要交流、对话、碰撞，从而生出新的更好的内容和形式。

案例11　例说选修课程开发的程序（论文）

《例说选修课程开发的程序》曾获2015年浙江省高中语文教学论文评比一等奖。收入本书是基于两方面考虑：一作为论文写作的样例，二补本书之缺。本书所谈的是国家课程校本化实施的问题，因而未及"选修课程（校本课程）的开发"问题，而实际上校本课程开发是语文教师的难点问题。原文长达六千多字，收入时尽最大可能做了压缩。

【内容摘要】要开发高质量的选修课程，离不开科学的程序支持。借鉴拉尔夫·泰勒、乔治·J.波斯纳等的课程设计思想，我们构建了一套由课题初拟、价值观反思、学习结果预期（课程目标叙写）、教学单元编制、实施策略开发、课程评价规划、课程文本制作等步骤依次展开的选修课程开发程序。本文以"余杭古诗文精华选读"和"我读《老子》"两个选修课程为例，对该程序的学理和操作做出说明。

【关键词】高中语文　选修课程　开发程序

浙江省深化课程改革,增加选修课程。此举明智,却大大困扰了学校和教师。单就一线教师来说,抓耳挠腮想一个课程,绞尽脑汁写一个课程文本,手忙脚乱对付每周一次的选修课,是不难遇见的"风景"。为何自2006年9月新课程实施至今,还有不少语文教师没能拥有一两个成熟的选修课程。个中原因是多方面的,缺乏开发程序的支撑就是其中之一。

笔者自浙江省新课程改革开始,或独立或合作开发,并成功开设了多个校本课程。在开发和开设过程中,借鉴了拉尔夫·泰勒的《课程与教学的基本原理》(以下简称《课程原理》)、乔治·J.波斯纳等著《学程设计——教师课程开发指南》[1](以下简称《学程设计》)课程设计思想,根据我国的国情、语文学科的特点和笔者多年的实践经验,进行重构,形成了一套七个环节构成的开发程序。本文结合实例,对该程序的学理和操作作出说明。

一、课题初拟

波斯纳"学程设计"的第一步是列出"初步观点"(initial ideas)的目录:"这一目录可以采取任何的形式,并由单词、短语或句子所组成。"[2]将此类比我们的选修课程开发,其实就是初拟课题。

那么,如何初拟一个课题呢?需要深思熟虑,有时也离不开"灵光一闪"。不管哪一种情况,"开放我们的视野"很是重要。下面的途径,供你参考:

- 从《普通高中语文课程标准(实验)》(以下简称《课程标准》)中;
- 从浙江省有关选修课程的文件规定中;
- 从学校提供的课程开发目录中;
- 从兄弟学校、同行开发的选修课程中;
- 从自己专长、兴趣中;
- 从与同行、同事正式或非正式的交流中;
- 从与学生正式或非正式的交流中。

笔者"余杭古诗文精华选读"的开发初衷如下[3]:

---

[1] 乔治·J.波斯纳,等.学程设计:教师课程开发指南[M].赵中建,等,译.上海:华东师范大学出版社,2003.

[2] 乔治·J.波斯纳,等.学程设计:教师课程开发指南[M].赵中建,等,译.上海:华东师范大学出版社,2003:22.

[3] 林荣凑.余杭古诗文精华120篇注析[M].杭州:杭州出版社,2010:183.

2003年，由于出版《学生古诗词欣赏指津》一书，结识了北京大学中文系毕业、时任浙江古籍出版社副编审的尚佐文先生。晤谈日久，道及学生与乡土文化传承的话题。有感于乡土文化教材多为今人依据史料的转写，即或文笔能及，也必原汁原味不再。为此，期望搜集有关余杭的古诗古文并略加注析。

"余杭古诗文精华选读"课程的雏形，是"余杭区历代文学精品的发掘与欣赏"这一研究性学习，经由教师、学生对余杭历代文学精品的发掘，且经大小范围不等的选修课程开发、开设，历经寒暑六载，最后才形成完整的教材。

二、价值观反思

在初拟课题后，你可以将泰勒的五个目标来源（学习者、社会、学科专家、哲学、学习心理学）作为"筛子"，以此反思"课题"的课程价值，甚至反复"初拟"，最后确定课题。相关的反思支架是：

• 学生维度：这个课程能满足学生怎样的发展需要？能适合学生的兴趣、能力吗？哪些学生会喜欢，哪些学生会排斥？

• 社会维度：这个课程对社会发展、人才培养有价值吗？符合当代学生的价值观吗？与当地社区的价值观和期望冲突吗？能得到社会、学校环境的支持吗？

• 学科专家维度：这个课程有自己的知识、技能、经验结构吗？具有怎样的课程功能？与必修课程的学习有怎样的关系？

• 教育哲学维度：这个课程是培养学生适应现实存在的社会，还是侧重于培养改造社会的年轻人？符合学校的办学宗旨、办学特色吗？

• 学习心理学维度：这个课程能适应学生现有的知识、技能和素质背景吗？学生能学好这个课程吗？

价值观反思，是每一个成功的选修课程开发者都会思考的，但未必是理性的，因而实践中，会形成不同的课程取向，大致有六种：

• 满足学生需要、兴趣的取向；

• 增加学生知识、能力的取向；

• 适应社会需求、人才培养的取向；

• 基于学科拓展、知识补充的取向；

• 符合学校办学宗旨、特色创建的取向；

・发挥教师个人特长、兴趣的取向。

当然,在实践中,还有一种"得过且过"取向,拣最少费力的课程开发,以应付学校的检查。这不是正道。另外,不恰当地、过分强调某一方面,会使选修课程遭遇更多的实施问题,如变异成大学课、必修课、试题课、自读课、识记课等类型。此外,影视欣赏课只播放影视不组织欣赏,将小说、散文阅读欣赏变成高考题求解等,都与价值观反思欠缺、取向偏执和行动怠惰有关。

笔者开设"我读《老子》",其价值观反思,是出于三方面考虑:一是文言文阅读能力提升的需要,毕竟《老子》提供了大量的文言词语、句式,有助于学生丰富学生的文言文语感;二是在《论语》之外,让学生了解我们祖先另一种世界观;三是《课程标准》"读好书,读整本书,丰富自己的精神世界,提高文化品位"的要求。

对此,朱自清先生在《经典常谈》的序、《中等学校国文教学的几个问题》和《再论中学生的国文程度》等文章中都有精到的论述[①]:

现在的中学生,其实不但是中学生,似乎都不爱读文言文,特别是所谓古文,乃至古书。他们想着读文言文是没有用的。……我可还主张中学生应该诵读相当分量的文言文,特别是所谓古文,乃至古书。这是古典的训练,文化的教育。一个受教育的中国人,至少必得经过这种古典的训练,才成其为一个受教育的中国人。

三、学习结果预期(课程目标的叙写)

学习结果,就是学习的目标。因此,学习结果预期,与课程目标的叙写,其实是一个问题的两个侧面。前者重在实质,后者重在形式。实践中,常有教师轻视学习结果的预期,在提交课程开发申请时,应付性地叙写目标。然而,在课程论专家眼中,这种结果的预期,或目标的叙写是十分重要的。施良方曾说:"我们今天对课程目标所做出的抉择,其结果将在二十年后同我们见面。"[②]

波斯纳的《学程设计》把预期的学习结果分为四大类:认知、认知技能、心理

---

① 朱自清.朱自清语文教学经验[M].北京:教育科学出版社,2007:70-71.
② 施良方.课程理论:课程的基础、原理与问题[M].北京:教育科学出版社,1996:101.

运动—知觉技能以及情感,并有比较详细的分类解说[①]。我们这里不做转引,我们只需简单地以《课程标准》提出"三维"来思考,做适切的表达。下面是笔者开发"余杭古诗文精华选读"的课程目标:

1.选读余杭古诗文,了解余杭的自然、历史和文化,积累有关余杭的历史文化知识,传承余杭的历史文化遗产,丰富自己的情感世界,增加文化底蕴。

2.能借助注释和工具书,理解词句含义,读懂诗文内容,感受其思想、艺术魅力,拓展古诗文阅读视野,增强古诗文阅读能力。

3.通过合作采风,增进对余杭历史、民俗、文物、古迹等文化资源的了解,培养探究能力,养成严谨求实、互相切磋的习惯,提高语文综合应用能力。

四、教学单元编制

把预期的学习结果,组织为教学的单元,以便教学的规划与实施。这一环节,要思考三个问题:课程的重心,确定单元的组成,内容的呈现。

不同的选修课程,有其不同的课程重心。课程重心,波斯纳称之为"中心问题"(central questions),并列举了七种导向和中心问题[②]:

• 认知导向:知识的拓展,中心问题:X是什么?

• 探究导向:培养理解力,中心问题:X是什么?X暗示着什么?

• 鉴赏性导向:培养鉴赏力,通过阅读、观看、倾听或参与艺术创造而体验艺术,发展学生的品位,并学到了专家评判一件艺术作品所采取的标准。中心问题:我喜欢什么?我为什么喜欢它?

• 问题导向:注重发展学生解决问题的能力,中心问题:一个人是如何解决X、Y和Z这样的问题的?

• 决策力导向:提供决策基础、框架和能力训练机会,中心问题如"采取何种保护能源的措施?""如何对待这一棘手的道德问题?"

• 技能导向:改进从事各种体能任务的表现,强调"如何做这件事"。

• 个人成长导向:确定目标并开拓途径,中心问题:我的目标是什么?我应

[①] 乔治·J.波斯纳,等.学程设计:教师课程开发指南[M].赵中建,等,译.上海:华东师范大学出版社,2003:83,106-112.

[②] 乔治·J.波斯纳,等.学程设计:教师课程开发指南[M].赵中建,等,译.上海:华东师范大学出版社,2003:45-49.

该如何朝这些目标努力？

从语文的选修课程看,前三种导向的课程是比较多的。而从其顺序性观察,单元的结构大而言之有两种形态,一是强结构类的,如省网络平台选修课程中的"汉语知识及运用",其介绍古今汉语的异同,势必要从语言、语汇、语法这语言三要素切入;二是弱结构类的,如省网络平台选修课程中的"嘉兴乡土文学"。笔者开发的"余杭古诗文精华选读"也属于后者,是先按散文、小说分专题的,然后按地域分单元的。

有的课程,不同的编制会产生不同的结果。如"我读《老子》",简单的处理是从第一章读到最后的第八十一章。这样的处理是基于"认知导向",固然简单,但学习过程易产生疲劳,也无助于对《老子》思想的综合性认知。笔者基于"探究导向"的中心问题定位,确立"善于联系相关章和其他文献资料,基本把握各章的主要观点"学习目标,建构了道之体、道之赞、天道论、辩证法、玄德论、现实论、政治论、君主论、战争论、人生论等十个专题。

内容呈现。从文本材料制作的角度,就是教师给的资料如何展示;从课堂的操作来说,就是课堂教与学的内容的展开方式。后者不多说,这里仅说说前者。要防止材料的堆砌,就是说,不要太满,要留下生成空间。这一点,人教版《语言文字运用》可以为戒。

五、实施策略开发

波斯纳说:"教学是由教师的各种有目的活动构成,这些活动旨在生成、激励或促进学生的学习。教学关系到使用什么方法、教材、策略、任务和激励措施来鼓励学习和如何使用它们。"[①]实施策略要解决的问题,就是"如何实施"的问题,其准则包括,一是方法与目标匹配;二是围绕学生的学习表现;三是创造丰富的、促进的情境;四是提供多样化的支持等。

具体来说,应思考课程资源,教学方式,学习方式,实施手段,课时安排,练习(活动)安排等。这些都是教师的基本功,不再赘述,只说练习设计。

练习分广义和狭义的,广义的练习包括听、说、读、写的所有活动,这是语文选修课程必备的。如演讲课程,必有学生演讲的实践活动,并且这类活动应该

---

① 乔治·J.波斯纳,等.学程设计:教师课程开发指南[M].赵中建,等,译.上海:华东师范大学出版社,2003:152.

成为课程的主体。笔者的"余杭古诗文精华选读""我读《老子》"等属于鉴赏类的,鉴赏活动是课程展开的主体,本身就是"练习"。狭义的练习(即作业),则指巩固性、评估性的课堂或课外练习,则不是每一个选修课程的必备项目,当然作为评价的作业除外。

练习设计要围绕目标,难易适中。"余杭古诗文精华选读"课程的诗歌部分,设计了"欣赏与实践",包括选择最喜欢的一首写200字以上的品赏文章,搜集其他诗词并作注释等;而散文部分则设计"思考与探究",除了欣赏自选作品,还包括游赏名胜古迹,并与写作结合起来。课程最后,还有一个"合作采风""成果分享"的综合练习。

六、课程评价规划

广义的"课程评价"包括学习评价(对学生的学习)、教学评价(对教师的教学)、方案评价(对课程本身的)。我们这里指的是学习评价。从学理来说,课程评价必须与模块的"课程目标"匹配,实现目标、内容、实施、评估的一致性。评价与课程目标的内容主题要一致,我们总不能让学生完成素描作品来检测他们的色彩感。

如前所述,不同的选修课程有不同的中心问题(导向),评价方式的选用要与其匹配。评价规划设计时,要依据这一选修课程的重心,分析学生可观察的表现行为与作业,确定主要的和辅助的评价方式,为开发的选修课程准备一个多元的、平衡的评价规划。评价规划要与学校的选修课考核办法、与省学籍管理平台关联。下面是"余杭古诗文精华选读"的评价规划:

【评价指标】

1.过程评价包括:(1)出勤;(2)课堂学习状态(倾听、表达);(3)合作情况(课堂分享、课外采风)。结果评价包括:(1)合作欣赏成果;(2)课外采风成果。

2.过程评价与结果评价的5项指标,均分优秀(A)、良好(B)、合格(C)、不合格(D)四等。得分依据另订评分规则。

【评价结果的处理】

将过程评价、结果评价的数据汇总,分 A、P、E 三级,E 为不合格,不给予学分。具体认定办法如下:

A(优秀):过程评价3项、结果评价2项均为优秀(A)的;

E(不合格):过程评价任 2 项、结果评价任 1 项为 D 的;

P(合格):除 A、E 外的。

七、课程文本制作

在选修课程的开发阶段,需要教师借助一些文本与学校、学生进行信息的交流。这些文本,大致而言有三种:课程介绍、课程纲要和课程广告词。

课程介绍。向学校课程审议委员会提交,目的是说清楚自己开发或拟开发的课程名称及其简介,便于委员会审议、确定是否开发。一般是格式文档,填写难度不大。

课程纲要。这是选修课程开发最重要的、必备的文本,选修课程可以没有教材,但不能没有课程纲要。课程纲要是教师对自己开发课程的一种设计,它以提纲的形式,一致性地回答一门课程的四个基本问题。

课程广告词。这是向学生推介课程的文本,以帮助学生更好地了解教师所要开设的选修课程,理性地选择课程。广告词要尽量突出课程的价值,以及内容与活动安排的特点,使学生一目了然,增强课程的吸引力。下面是"我读《老子》"的广告词。

《老子》是先秦诸子的重要典籍,文约义丰,人誉为"哲学诗"。以类似诗歌的笔法论哲理,号称"难读"!

《老子》博大而精深,包含哲学、美学、历史文学、宇宙学、人体科学等内容。对之解读,代有殊异,堪称"玄妙"!

"我读《老子》"课程,通过道之体、道之赞、天道论、辩证法、玄德论、现实论、政治论、君主论、战争论、人生论等十个专题的个人阅读、共同探究,攻破"难读",领略"玄妙"。让我们一起走进《老子》吧!

最后要说明的是,广义的"课程开发",按开发的程度大体包括选用、改编、新编等三种类型。本文所谈,是"课程新编"一类。这类课程开发,对教师的要求最高。它需要教师"愿为",即具有强烈的课程意识,能积极投身学校选修课程的建设中去。它需要教师"有为",即具有开阔的课程视野,敏锐地识别、开发校内与校外、教师与学生等方面蕴涵的丰富的课程资源。它需要教师"能为",即具有良好的课程运作能力,能熟练地设计课程目标、课程内容、课程实施和课程评价,制作符合规范的文本。选修课程的开发和实施,考验着当今教师的专业态度、专业知识和专业技能，并表征着教师的人生品位。

案例12　《〈史记〉选读》校本课程纲要

　　本案例，既可作为校本/选修课程纲要的样例，也可为"整本书阅读与研讨"之古代文化经典著作阅读的设计做参考。本纲要及相关的校本教材，曾在杭州市余杭高级中学2017级保送生3班、4班使用，用时72课时，课程结束后形成"单元优秀作业集""《史记》选读成果集"各一种；论文《校本课程〈史记选读〉开发与实施的多元考量》曾获杭州市2017年度中学语文教学论文评比一等奖、2018年度中小学教学专题论文一等奖。

【课程标准相关陈述】

　　本课程相关的学科核心素养：与《普通高中语文课程标准（2017年版）》提出的"语言建构与运用""思维发展与提升""审美鉴赏与创造""文化传承与理解"等均相关。本课程相关的学习任务群：(1)语言积累、梳理与探究；(2)整本书阅读与研讨；(3)文学阅读与写作；(4)传统文化经典研习；(5)传统文化专题研讨。

　　本课程相关的学习方式：以语文核心素养为纲，以学生的语文实践为主线，以自主学习、合作学习、体验探究性学习为主要学习方式，……力求避免陷入教师大量讲解分析的教学模式，追求语言、知识、技能和思想情感、文化修养等多方面、多层次目标发展的综合效应。

【课程目标】

　　1.借助工具书通读《史记》的精读篇目与自读篇目，综合运用精读、略读与浏览等阅读方法，读懂所选篇目，并能流畅朗读。

　　2.及时整理重要的实词、虚词、文言句式和至今还流传使用的成语、典故，不断丰富对文言、文化知识的理解和积累，积累阅读文言文的经验。

　　3.根据精读篇目特点，就《史记》的人物塑造、场景表现、叙事艺术、语言艺术等方面做出鉴赏，培养高雅的审美情趣、高尚的审美品位。

　　4.运用质疑、梳理、辨析、探究等方法，就阅读中的各种问题作深度的研讨，尝试运用内容提要、阅读感悟、鉴赏小品、文学评论、小论文等方式表达,与他人交流分享。

5.理清人物关系,探究传记人物的精神世界,领会作者的理想人格、情感倾向、实录精神与卓越史识,丰富自己的生活经历和情感体验,完善自我人格。

【学习材料】

《史记》是西汉著名史学家司马迁撰写的一部纪传体史书。该书运用政治、经济、民族、文化等各种知识的综合纂史方法,从传说中的黄帝开始,一直写到汉武帝末年,记载了我国三千年左右的历史,是我国第一部规模宏大、贯通古今、内容广博的百科全书式的通史,被列为"二十四史"之首。

为达成课程目标,选用中华书局中华书局"中华经典普及文库"之《史记》。该版本以1959年著名史学家顾颉刚先生主持点校的《史记》为底本,收录《史记》130篇(除"表文"外),无译文,无注释,无拼音,无绍介,无鉴赏,足以培养阅读者的意志力。

【评价任务】

1.过程作业:(1)借助工具书,在《史记》空白处标注阅读中必要的拼音、注释;(2)运用多种方法读懂原文;(3)能流畅朗读;(4)及时整理重要的实词、虚词、文言句式、文化常识和成语、典故;(5)根据篇目特点,撰写内容提要(必做)以及阅读感悟、鉴赏小品、文学小评论、研究小论文等(四选一);(6)课前演讲,报告读书所得,与他人交流分享。

2.结果作业:(1)自选一个课题研究,写一篇2000－3000字的小论文;(2)参与论文答辩会;(3)以小组为单位,围绕《史记》设计、组织活动并展示成果。

【学习活动】

第一单元:司马迁其人(10课时)

学习目标:(1)通过原文阅读,了解司马迁的生平;(2)学习利用工具书精读文本,做书间笔记;(3)学做知识整理、内容提要、阅读感悟、课前演讲。

精读篇目:《太史公自序》(节选)、《汉书·司马迁传》(印发)。

自读篇目:《悲士不遇赋》(印发)。

链接:(1)司马迁年谱(应方生编,印发);(2)知识整理的方法(印发);(3)电影《汉武大帝》(播放)。

书面作业：(1)采用学习日志方式，按天记录：知识整理、内容提要；(2)某一精读篇目学习结束，撰写一篇阅读感悟(500字以上)，共2篇。

其他要求：(1)定量预习，做好书间笔记(拼音、注释、疑问)；(2)早晚读，与预习、复习内容同步进行，确保所学文本能流畅朗读；(3)课前演讲，与学习日志同步进行，作为成果交流、分享的主要方式。(第二至第八单元同此)

第二单元：《史记》体例(8课时)

学习目标：(1)目录分析与精读、自读结合，理解《史记》体例；(2)学习浏览自读篇目的方法；(3)继续学做知识整理、内容提要、阅读感悟、课前演讲。

精读篇目：《三代世表》(表文印发)、《河渠书》。

自读篇目：《夏本纪》(节选)、《赵世家》。

链接：(1)历代名家评《史记》(印发)；(2)电影《赵氏孤儿》(播放)。

书面作业：(1)采用学习日志方式，按天记录：知识整理、内容提要；(2)某一精读篇目学习结束，撰写一篇阅读感悟(600字以上)，共2篇。

第三单元：仁君贤臣(10课时)

学习目标：(1)精读、自读结合，归纳司马迁笔下的仁君、贤臣形象，体会《史记》的实录精神；(2)继续学习浏览自读篇目的方法；(3)学做鉴赏小品。

精读篇目：《五帝本纪》、《高祖本纪》(节选)、《管晏列传》、《萧相国世家》。

自读篇目：《曹相国世家》、《留侯世家》。

链接：《史记》的实录精神(印发)。

书面作业：(1)采用学习日志方式，按天记录：知识整理、内容提要；(2)某一精读篇目学习结束，撰写一篇鉴赏小品(600字以上)，共4篇。

第四单元：理想人格(8课时)

学习目标：(1)精读、自读结合，归纳司马迁追求的理想人格；(2)结合《太史公自序》、《汉书·司马迁传》，学做文学小评论。

精读篇目：《伯夷列传》、《屈原贾生列传》。

自读篇目：《孔子世家》、《仲尼弟子列传》(节选)。

链接：(1)《史记》的理想人格(印发)；(2)电影《孔子》(播放)。

书面作业：(1)采用学习日志方式，按天记录：知识整理、内容提要；(2)精读、自读篇目学习结束，各撰写一篇文学小评论(600字以上)，共2篇。

第五单元:英雄悲歌(8 课时)

学习目标:(1)精读、自读结合,探究传记人物的内心世界,体会司马迁流露的情感倾向;(2)比较阅读第三、四、五单元的有关篇目,了解《史记》的"互见法",学写研究小论文。

精读篇目:《项羽本纪》、《李将军列传》。

自读篇目:《伍子胥列传》、《淮阴侯列传》。

链接:(1)《史记》的感情倾向(印发);(2)电影《霸王别姬》(播放)。

书面作业:(1)采用学习日志方式,按天记录:知识整理、内容提要;(2)全部精读、自读篇目学习结束,撰写一篇研究小论文(800 字以上),共 1 篇。

第六单元:风流人物(8 课时)

学习目标:(1)精读、自读结合,归纳传记人物的行事脉络,体会《史记》的叙事艺术;(2)梳理战国时代的政治、文化、社会信息,撰写研究小论文。

精读篇目:《苏秦列传》、《孟尝君列传》、《魏公子列传》。

自读篇目:《张仪列传》、《平原君虞卿列传》、《春申君列传》(节选)。

链接:《史记》的叙事艺术。

书面作业:(1)采用学习日志方式,按天记录:知识整理、内容提要;(2)全部精读、自读篇目学习结束,各撰写一篇研究小论文(1000 字以上),共 2 篇。

第七单元:卿本布衣(8 课时)

学习目标:(1)精读、自读结合,感受欣赏人物形象,体会司马迁撰史的平民立场和多样化的人物刻画手法;(2)根据篇目特点,灵活运用阅读感悟、鉴赏小品、文学小评论、研究小论文等,选择两种写作并交流。精读篇目:《鲁仲连邹阳列传》(节选)、《刺客列传》、《游侠列传》。

自读篇目:《陈涉世家》、《滑稽列传》。

链接:(1)《史记》的人物刻画(印发);(2)电影《英雄》(播放)。

书面作业:(1)采用学习日志方式,按天记录:知识整理、内容提要;(2)任选篇目、书面表达方式,撰写 2 篇,每篇不少于 1000 字。

第八单元:卓越史识(8 课时)

学习目标:(1)精读、自读结合,体会司马迁在经济、民族关系上的卓越史识;(2)根据篇目特点和表达内容,自创自用一种笔记方式。

精读篇目:《平准书》、《朝鲜列传》、《西南夷列传》。

自读篇目:《货殖列传》(节选)、《匈奴列传》。

链接:《史记》的卓越史识(印发)。

书面作业:(1)采用学习日志方式,按天记录:知识整理、内容提要;(2)结合前七单元所学,就"卓越史识",写一篇读书报告,不少于1000字。

第九单元:成果展示(4课时)

学习目标:展示各种学习成果,总结与评价本课程学习。

活动内容:(1)个人确立小课题并研究,撰写小论文(课外),小论文答辩;(2)小组合作,选择某一篇目设计、准备、展示"风追司马"活动(课本剧、演讲、辩论、网页、小报等);(3)课程总结与评价。

链接:(1)研究小论文之例文(印发);(2)《史记》中的成语与名句(印发)。

书面作业:(1)个人研究小论文,3000字以上,电子稿;(2)小组活动成果也可用书面文稿、电子媒介及其他展示方式展示。

【学习评价】

1.评价指标。(1)书间笔记,课程结束总评分,满分10分;(2)学习日志(知识整理、内容提要),5分/次,共14次满分70分;(3)阅读感悟、鉴赏小品、文学小评论、研究小论文等,10分/次,共16次满分160分;(4)课前演讲,满分5分;(5)3000字以上的小论文并论文答辩,满分30分;(6)小组成果展示,满分20分;(7)课堂参与,满分5分。

2.学分认定。满分300分,据此划分这门课程的等级为:270分及以上为A,240−269分为B,210−239分为C,180−209分为D,179分以下为E。依次给予4、3、2、1、0个学分。学分为0分的,不安排重修。

【资源推荐】

[1]李长之.司马迁之人格与风格[M].北京:三联书店,1984.

[2]韩兆琦.史记(评注本)[M].长沙:岳麓书社,2012.

[3]周啸天,尤其.史记全文导读辞典[M].成都:四川辞书出版社,1997.

[4][清]姚苎田.史记菁华录[M].上海:上海古籍出版社,1988.

参考文献

CANKAO WENXIAN

【中文著者】

[1]中华人民共和国教育部.全日制义务教育语文课程标准(实验稿)[M].北京:北京师范大学出版社,2001.

[2]中华人民共和国教育部.普通高中语文课程标准(实验)[M].北京:人民教育出版社,2003.

[3]中华人民共和国教育部.义务教育语文课程标准(2011年版)[M].北京:北京师范大学出版社,2012.

[4]中华人民共和国教育部.普通高中语文课程标准(2017年版)[M].北京:人民教育出版社,2018.

[5]巢宗祺,雷实,陆志平.《普通高中语文课程标准(实验)》解读[M].武汉:湖北教育出版社,2004.

[6]温儒敏,巢宗祺.《义务教育语文课程标准(2011年版)》解读[M].北京:高等教育出版社,2012.

[7]王宁,巢宗祺.《普通高中语文课程标准(2017年版)》解读[M].北京:高等教育出版社,2018.

[8]陈桂生."课程"辨[J].课程·教材·教法,1994(11).

[9]陈日亮.如是我读:语文教学文本解读个案[M].上海:华东师范大学出版社,2011.

[10]陈思和.中国现当代文学名篇十五讲[M].北京:北京大学出版社,2003.

[11]陈叶珍.《论语》小论文写作指导例说[N].中学语文报,2010－05－24(3).

[12]陈叶珍.语文教学目标叙写模式探索[J].中学语文教学参考.2010(4).

[13]程红兵,胡根林.高中语文质量目标手册[M].桂林:漓江出版社,2013.

[14]程红兵.基于核心素养的语文课程改革[J].高中语文教与学,2018(4).

[15]程翔.简述中学语文课堂阅读教学内容的三个层级[J].现代语文,2004(1,2).

[16]程翔.试论语文课堂阅读教学的原则[J].中学语文教与学,2005(1).

[17]程永超.关于高中"立体式"作文教学的尝试[J].语文教学与研究,2005(10).

[18]程永超.为自己写一本"书"[J].中国教师,2006(9).

[19]褚树荣.《普通高中语文课程标准》亮点管窥[J].语文学习,2018(1).

[20]崔允漷,王少非,夏雪梅.基于标准的学生学业成就评价[M].上海:华东师范大学出版社,2008.

[21]崔允漷,周文胜,周文叶.基于标准的课程纲要和教案[M].上海:华东师范大学出版社,2014.

[22]崔允漷.基于课程标准:让教学"回家"[J].基础教育课程,2011(12).

[23]崔允漷.课程与教学[J].华东师范大学学报,1997(1).

[24]崔允漷.有效教学[M].上海:华东师范大学出版社,2009.

[25]董蓓菲.作文教学的症结何在[J].语文学习,2012(2).

[26]方帆.我在美国教中学[M].上海:华东师范大学出版社,2005.

[27]傅道春,徐长江.新课程与教师角色转变[M].北京:教育科学出版社,2001.

[28]管然荣.语文学科的核心能力究竟应该是什么[J].中学语文教学,2013(1).

[29]韩军.韩军与新语文教育[M].北京:北京师范大学出版社,2006.

[30]韩雪屏.中国当代阅读理论与阅读教学[M].成都:四川教育出版社,2000.

[31]胡根林.创意写作过程指导:内容与方法[J].语文建设,2019(8).

[32]胡勤.语文认识论[M].杭州:浙江教育出版社,2014.

[33]胡适.读书与治学[M].北京:生活·读书·新知三联书店,2013.

[34]胡小萍.表现性评价的设计与实施[J].江西教育,2004(23).

[35]黄朝霞.语文综合性学习的类型与指导方法[J].中小学教师培训,214(2).

[36]黄厚江.还课堂语文本色[M].北京:教育科学出版社,2012.

[37]蒋军晶.课堂打磨[M].北京:北京师范大学出版社,2009.

[38]雷实.语文学科目标的再认识[J].教育研究与实践,1998(1).

[39]黎加厚.新教育目标分类学概论[M].上海:上海教育出版社,2010.

[40]李锋.基于标准的教学设计:理论、实践与案例[M].上海:华东师范大学出版社,2013.

[41]李海林.如何构建一个可用的阅读教学内容体系[J].中学语文教学,2010(11).

[42]李海林.言语教学论(第2版)[M].上海:上海教育出版社,2006.

[43]李镜流.教育心理学新论[M].北京:光明日报出版社,1987.

[44]李茂.彼岸的教育[M].上海:华东师范大学出版社,2006.

[45]李振村,杨文华.教语文,其实很简单:小学语文名师讲演录[M].福州:福建教育出版社,2012.

[46]林崇德.21世纪学生发展核心素养研究[M].北京:北京师范大学出版社,2016.

[47]林崇德.中国学生核心素养研究[J].心理与行为研究,2017(2).

[48]林荣凑.随笔功用与写作指导[J].中学语文教学,2000(7).

[49]林荣凑.抓住语文"四感"特征,实现真实的语文教学[J].太原:教学与管理,2000(10).

[50]林荣凑.新课程教学:从制订"模块学程纲要"开始[J].教学月刊,2008(1).

[51]林荣凑.语文学习共同体研究[J].浙江教育学院学报,2009(1).

[52]林荣凑.专题计划:模块纲要与课时教案的桥梁[J].教学月刊,2009(1).

[53]林荣凑.评分规则:运用于写作教学的全程[J].基础教育课程,2012(4).

[54]林荣凑.语文教学目标叙写的三种模式[J].语文教学与研究,2013(2).

[55]林荣凑.写作教学需要"导航系统"[J].语文教学通讯,2013(4).

[56]林荣凑.阅读教学目标的定位艺术[J].语文教学与研究,2013(8).

[57]林荣凑.守正出新:文学文本的个性化解读[J].江苏教育,2014(9).

[58]林荣凑.高中语文学习活动的设计与实施[M].北京:科学出版社,2014.

[59]林荣凑.论述文写作16课[M].杭州:浙江工商大学出版社,2018.

[60]林荣凑.单元设计的价值、视点与尝试性模板[J].语文建设,2019(7).

[61]林荣凑.高中论述文写作知识体系的尝试性构建[J].语文教学通讯,2020(1A).

[62]刘永康.语文课程与教学新论[M].北京:高等教育出版社,2011.

[63]龙剑明.中学生阅读能力层级体系及评定系统[J].贵阳学院学报(社会科学版),2010(3).

[64]卢明,崔允漷.教案的革命:基于课程标准的学历案[M].上海:华东师范大学出版社,2016.

[65]莫银火,林荣凑.基于"基地模式"的名师培养及高中语文教学探索[M].北京:科学出版社,2015.

[66]倪文锦,谢锡金.新编语文课程与教学论[M].上海:华东师范大学出版社,2006.

[67]裴新宁.面向学习者的教学设计[M].北京:教育科学出版社,2005.

[68]彭小明.语文课程与教学新论[M].杭州:浙江大学出版社,2009.

[69]皮连生.学与教的心理学(第5版)[M].上海:华东师范大学出版社,2009.

[70]钱理群,孙绍振,王富仁.解读语文[M].福州:福建人民出版社,2010.

[71]荣维东.交际语境写作[M].北京:语文出版社,2016.

[72]荣维东.谈写作教学的三大范式[J].课程·教材·教法,2010(5).

[73]荣维东.重建写作课程的概念、类型与内容体系[J].语文教学通讯,2019(6A).

[74]邵朝友.基于学科能力的表现标准研究[D].华东师范大学,2014.

[75]申宣成.表现性评价在语文综合性学习中的应用[D].华东师范大学,2011.

[76]沈毅,崔允漷.课堂观察:走向专业的听评课[M].上海:华东师范大学出版社,2008.

[77]施良方.课程理论:课程的基础、原理与问题[M].北京:教育科学出版社,1996.

[78]施良方.学习论[M].北京:人民教育出版社,2001.

[79]孙绍振.名作细读:微观分析个案研究(修订版)[M].上海:上海教育出版社,2009.

[80]唐劲松.点击中美课堂:中美教学模式操作性比较[M].北京:教育科学出版社,2010.

[81]陶瑾.知识分类理论指导下的文言文阅读能力培养研究[D].浙江师范大学,2012.

[82]王爱娣.美国语文教育[M].桂林:广西师范大学出版社,2007.

[83]王宁.谈谈语言建构与运用[J].语文学习,2018(1).

[84]王荣生,高晶."课例研究":本土经验及多种形态[J].教育发展研究,2012(9,10).

[85]王荣生.写作教学教什么[M].上海:华东师范大学出版社,2014.

[86]王荣生.以"学的活动"为基点的教学[J].教育科学论坛,2009(12).

[87]王荣生.语文科课程论基础(第2版)[M].上海:上海教育出版社,2005.

[88]王少非.新课程背景下的教师专业发展[M].上海:华东师范大学出版社,2005.

[89]王先霈.文学文本细读讲演录[M].桂林:广西师范大学出版社,2006.

[90]魏本亚.关于中学语文课程标准建构实践的研究[J].当代教育论坛,2004(4).

[91]温儒敏.北大生眼中的中学语文[J].语文学习,2009(1).

[92]夏丏尊.夏丏尊教育名篇[M].北京:教育科学出版社,2007.

[93]肖锋.五种课堂教学目标编写模式述评[J].杭州师范学院学报,2000(4).

[94]谢澹.笔墨正年华:基于创作的写作学习[M].杭州:浙江教育出版社,2013.

[95]熊梅.当代综合课程的新范式:综合性学习的理论和实践[M].北京:教育科学出版社,2001.

[96]徐贲.明亮的对话:公共说理十八讲[M].北京:中信出版社,2014.

[97]严莉.信息技术环境下的学习活动设计研究[D].武汉:华中师范大学,2011.

[98]杨慧莲.高中语文教师课程意识的现状与对策[D].广西师范大学,2011.

[99]杨世碧.语文综合性学习的类型[J].语文建设,2004(10).

[100]杨向东.指向学科核心素养的考试命题[J].全球教育展望,2018(10).

[101]叶澜,白益民,王枬,陶志琼.教师角色与教师专业发展新探[M].北京:教育科学出版社,2001.

[102]于璐.恩格斯托姆的活动理论[J].北方文学,2012(1).

[103]于燕.NAEP阅读评价体系述评[J].中学语文教学,2006(1).

[104]于漪.于漪与教育教学求索[M].北京:北京师范大学出版社,2006.

[105]余党绪.说理与思辨:高考议论文写作指津[M].上海:上海教育出版社,2017.

[106]余文森.有效教学十讲[M].上海:华东师范大学出版社,2009.

[107]余映潮.余映潮的中学语文教学主张[M].北京:中国轻工业出版社,2013.

[108]余映潮.这样教语文:余映潮创新教学设计40篇[M].北京:教育科学出版社,2012.

[109]俞向军,宋乃庆,王雁玲.PISA2018阅读素养测试内容变化与对我国语文阅读教学的借鉴[J].比较教育研究,2017.

[110]章熊.中国当代写作与阅读测试[M].成都:四川教育出版社,2000.

[111]赵健.学习共同体:关于学习的社会文化分析[M].上海:华东师范大学出版社,2006.

[112]郑东辉.中小学教师评价素养状况:来自Z省的报告[J].全球教育展望,2010(2).

[113]郑桂华.理解并开展"积极的语言实践活动"[J].语文学习,2018(1).

[114]郑桂华.罗马在哪里:语文教师不可回避的追问[J].语文学习,2012(6).

[115]郑桂华.听郑桂华老师讲课[M].上海:华东师范大学出版社,2007.

[116]郑桂华.写作教学研究[M].南宁:广西教育出版社,2018:318.

[117]郑桂华.中学语文教学设计[M].北京:高等教育出版社,2019.

[118]郑慧琦,胡兴宏.教师成为研究者[M].上海:上海教育出版社.2004.

[119]郑金洲.教师如何做研究[M].上海:华东师范大学出版社.2005.

[120]郑太年.学校学习的反思与重构:知识意义的视角[M].上海:上海教育出版社,2006.

[121]钟启泉,崔允漷.新课程的理念与创新:师范生读本(第2版)[M].北京:高等教育出版社,2008.

[122]钟启泉.读懂课堂[M].上海:华东师范大学出版社,2015.

[123]钟启泉.课堂研究[M].上海:华东师范大学出版社,2016.

[124]钟启泉.培育"核心素养"的教学设计[J].基础教育课程,2017(11).

[125]钟启泉.学科教学论基础[M].上海:华东师范大学出版社,2001.

[126]周庆元.语文教育研究概论[M].长沙:湖南人民出版社,2005.

[127]周文叶.中小学表现性评价的理论与技术[M].上海:华东师范大学出版社,2014.

[128]朱虹.表现性评价研究[D].河南大学,2009.

[129]朱绍禹.中学语文课程与教学论[M].北京:高等教育出版社,2002.

[130]朱自清.朱自清语文教学经验[M].北京:教育科学出版社,2007.

【外文著者】

[1]科林·马什.吴刚平,初任教师手册(第2版)[M].何立群,译.北京:教育科学出版社,2005.

[2]易克萨维耶·罗日叶.学校与评估:为了评估学生能力的情境[M].汪凌,周振平,译.上海:华东师范大学出版社,2011.

[3]卢梭.爱弥儿[M].李平沤,译.北京:商务印书馆,2015.

[4]董毓.批判性思维原理和方法:走向新的认知和实践(第2版)[M].北京:高等教育出版社,2017.

[5]夸美纽斯.大教学论[M].傅任敢,译.北京:教育科学出版社,1999.

[6]E·W·艾斯纳.教育想象:学校课程设计与评价.李雁冰,主译.北京:教育科学出版社,2008.

[7]L·H·布拉德利.课程领导:超越统一的课程标准[M].吕立杰,等,译.北京:中国轻工业出版社,2007.

[8]L·W·安德森,等.学习、教学和评估的分类学:布卢姆教育目标分类学修订版[M].皮连生,主译.上海:华东师范大学出版社,2008.

[9]M·尼尔·布朗,斯图尔特·M·基利.走出思维的误区[M].张晓辉,王全杰,译.北京:中央编译出版社,1994.

[10]R·M·加涅,等.教学设计原理(第5版)[M].王小明,等,译.上海:华东师范大学出版社,2007.

[11]W·迪克,L·凯瑞,J·凯瑞.系统化教学设计(第6版)[M].庞维国,等,译.上海:华东师范大学出版社,2007.

[12]戴维·H·乔纳森.学习环境的理论基础[M].郑太年,任友群,译.上海:华东师范大学出版社,2002.

[13]格兰特·威金斯,杰伊·麦克泰格.理解力培养与课程设计:一种教学和评价的新实践[M].么加利,译.北京:中国轻工业出版社,2003.

[14]格兰特·威金斯.教育性评价[M].促进教师发展与学生成长的评价研究项目组,译.北京:中国轻工业出版社,2005.

[15]格兰特·威金斯,杰伊·麦克泰格.追求理解的教学设计(第2版)[M].闫寒冰,等,译.上海:华东师范大学出版社,2017.

[16]拉尔夫·泰勒.课程与教学的基本原理[M].罗康,张阅,译.北京:中国轻工业出版社,2014.

[17]理查德·I·阿兰兹.学会教学(第6版)[M].丛立新,等,译.上海:华东师范大学出版社,2007.

[18]理查德·J·斯蒂金斯.促进学习的学生参与式课堂评价(第4版)[M].促进教师发展与学生成长的评价研究项目组,译.北京:中国轻工业出版社,2005.

[19]理查德·保罗,琳达·埃尔德.批判性思维工具(修订扩展版)[M].焦方芳,译.北京:人民邮电出版社,2014.

[20]琳达·达林—哈蒙德,等.高效学习:我们所知道的理解性教学[M].冯锐,等,译.上海:华东师范大学出版社,2010.

[21]罗伯特·J·马扎诺,等.有效的课堂教学手册.杨永华,周佳萍,译.北京:教育科学出版社,2009.

[22]莫提默·J·艾德勒,查尔斯·范多伦.如何阅读一本书[M].郝明义,朱衣,译.北京:商务印书馆,2004.

[23]乔纳森.学习环境的理论基础[M].郑太年,任友群,等,译.上海:华东师范大学出版社,2002.

[24]乔治·J·波斯纳,等.学程设计:教师课程开发指南[M].赵中健,等,译.上海:华东师范大学出版社,2003.

[25]莎伦·白琳,马克·巴特斯比.权衡:批判性思维之探究途径[M].仲海霞,译.北京:中国人民大学出版社,2014.

[26]小威廉姆·E·多尔.后现代课程观[M].王红宇,译.北京:教育科学出版社,2000.

[27]伊莱恩·沃尔克.创意写作教学:实用方法50例[M].吕永林,等,译.北京:中国人民大学出版社,2014.

[28]约翰·D·布兰思福特,等.人是如何学习的:大脑、心理、经验及学校(扩展版)[M].程可拉,等,译.上海:华东师范大学出版社,2013.

[29]约翰·杜威.人的问题[M].傅统先,邱椿,译.南京:江苏教育出版社,2006.

[30]约翰·杜威.民主主义与教育[M].王承绪,译.北京:人民教育出版社,1990.

[31]约翰·杜威.我们如何思维[M].伍中友,译.北京:新华出版社,2014.

[32]约翰·杜威.学校与社会·明日之学校[M].赵祥麟,等,译.北京:人民教育出版社,2005.

[33]朱迪思·阿特,杰伊·麦克塔尔.课堂教学评分规则:用表现性评价准则提高学生成绩[M].促进教师发展与学生成长的评价研究项目组,译.北京:中国轻工业出版社,2005.

[34]佐藤学.静悄悄的革命[M].李季湄,译.长春:长春出版社.2003.

[35]佐藤学.学习的快乐:走向对话[M].钟启泉,译.北京:教育科学出版社.2004.

[36]M·H·斯卡特金.现代教学论问题[M].张天恩,译.北京:教育科学出版社,1982.

[37]阿·尼·列昂捷夫.活动·意识·个性[M].李沂,等,译.上海:上海译文出版社,1980.

[38]苏霍姆林斯基.给教师的一百条建议[M].周蕖,等,译.天津:天津人民出版社,1981.

[39]黑恩,杰塞尔,格里菲思.学会教学:教师专业发展导引[M].丰继平,徐爱英,译.上海:华东师范大学出版社,2009.

[40]怀特海.教育的目的[M].徐汝舟,译.北京:三联书店,2002.

[41]国际21世纪教育委员会报告.教育:财富蕴藏其中[M].联合国教科文组织总部中文科,译.北京:教育科学出版社,1996.

[42]国际教育发展委员会报告.学会生存:教育世界的今天和明天[M].华东师范大学比较教育研究所,译.北京:教育科学出版社,1996.

[43]欧洲理事会文化合作教育委员会.欧洲语言共同体参考框架:学习、教学、评估[M].刘骏,傅荣,主译.北京:外语教学与研究出版社,2008.

后记
HOUJI

这是我的第七本专著,一本写给中小学语文教师同行的书。有几句话,不便于在拙著的正文里说,又不能不说,就放这里了。

第一句话:课程标准并非完美,"基于"之上还当"超越"。

本书名为"基于标准的语文教学",其中"基于"一词,除正文所述"操作"层面含义之外,还表明一种"尊重"的态度。即便是《普通高中2017年版》,在标准制定技术、内容表达、现实操作等方面,也还存在诸多问题的。比如"写作"的本体知识、文体序列等,有待课程标准制定与实施各方的研究与解决。作为一线教师,当拥有一定话语权。话语权的获得,不仅仅是外在的行政赋予,还需要"基于"之后的"超越"行动。

不独课程标准需要不断完善,其下位的课程标准解读、教材编撰也是需要完善的。比如2003年《普通高中实验版》提出"论述类、实用类、文学类"等概念,但课程标准解读、教材体现都很单薄,以致时隔十六七年,大多数教师对这些概念内涵与外延的理解,还是模糊的。美国、澳大利亚都没有全国统一的课程标准,但各州均有独立的课程标准,在具体的课程实施过程中,各学区乃至有的学校会对课程标准进行细致的分解,如本书第六章案例2所述。我国的课程标准解读是缺乏操作性的,各省的"教学指导意见"也仅仅是某一教材的教学实施建议而已,两者被诸多老师束之高阁是必然的。

鉴于课程标准及其解读、教材编撰的现状,需要一线教师在"基于"之上有"超越"的胆识与行动。我们坚信,许许多多"基于"之上的"超越"行动,将极大促使课程标准、标准解读、语文教材的不断完善,也将助力更多的一线教师获得课程标准编制和教材编写的话语权。

第二句话:善待语文课程与教学,不仅仅是伦理的需要。

语文课程在中学不被重视,不是近年的事,20世纪二三十年代便有。夏丏尊先生《我的中小学时代》一文中写道:

各种学科中,最被人看不起的是国文,上课与否可以随便,最注重的是英文。时间表很简单,每日上午全读英文,下午第一时板定是算学,其余各科则配搭在数学以后。

——《夏丏尊教育名篇》,教育科学出版社2007年版,第39页

朱自清先生在《怎样学习国文》中说:

国文这科,在学校里是一种重要的功课,与英算居同等的地位。可是现在呢?国文只是名义上的重要了,其主要的原因,就是一般学生存着错误的观念,以为我们是中国人,学中国文,当然是容易的,于是多半对这门功课不很用功。

——《朱自清语文教学经验》,教育科学出版社2007年版,第185页

语文的重要性无须多说,语文教学存在的价值也无须怀疑。在依然重复着近百年前"国文只是名义上的重要"的当今,我们依然需要夏、朱两位先生的情怀,相信这不是语文本身的问题,而是我们语文教学的问题。"在语文教育方面,我们今天对其规律的了解,比起一百年前、五十年前,无疑是多得多,然而我们距离打开语文教育规律暗箱的日子还很遥远。"(巢宗祺等《〈普通高中语文课程标准(实验)〉解读》,湖北教育出版社2004年版,前言页)

探寻语文教育的规律,广大一线教师理应成为主力。善待语文教学,不仅仅是教学伦理的需要,还是探寻规律、实现"基于标准的语文教学"的需要。

第三句话:在谈语文教学"艺术"时,请别忽略"技术"。

法国哲学家孔德说:"理论发展一般经历神学、玄学、科学三个阶段。"试看一百多年来本土的语文教学研究,多的是经验主义、神秘主义、玄学思辨,缺的是基于实证的、科学的研究。我们是否离科学尚远?

与此相应的是,冠以"艺术"的语文教学言说,似乎总是比"技术"来得高雅、

深厚。不排除"艺术"云者,来自时间与经验的淬炼,一如庖丁解牛,自非朝夕之功。然而,且听莫提默·J.艾德勒等的忠告:

所谓艺术或技巧,只属于那个能养成习惯,而且能依照规则来运作的人。这也是艺术家或任何领域的工匠与众不同之处。……如果你不知道规则是什么,就根本不可能照规则来行事了。而你不能照规则来做,就不可能养成一种艺术,或任何技能的习惯。……并不是每个人都清楚做一个艺术家是要照规则不断练习的。人们会指着一个具有高度原创性的画作或雕塑说:"他不按规矩来。他的作品原创性非常高,这是前人从没有做过的东西,根本没有规矩可循。"其实这些人是没有看出这个艺术家所遵循的规则而已。

——《如何阅读一本书》,商务印书馆2004年版,第48—49页

本书立足于"基于标准的语文教学",提供了确定学习目标、设计实施学习活动、开展促进学习的评价等一系列的"技术",所谓"梓匠轮舆能与人规矩,不能使人巧"(《孟子·尽心下》)。著者以为,对于初涉语文的教学者,还是先重"技术"为佳。请读者莫以拙著没有"使人巧"而轻视之。

第四句话:注意"后现代课程观"的观点。

我国第八次课程改革,其课程论的基础主要是泰勒《课程与教学的基本原理》(1949年)阐述的课程原理(通常被人称为"目标模式")。泰勒课程原理影响着世界各国的课程专家。但是自20世纪七十年代以来,泰勒的目标模式便受到各种挑战,如英国学者斯滕豪斯的"过程模式"、美国学者施瓦布的"实践模式",以及西方学者从不同角度提出的"批判模式"。

当今关于教育转型的研究中产生了一种"后现代课程观"。尽管这方面的理论还远没有成熟,难以将其课程观直接体现于教学领域,从而获得"教学范式"的突破和转换,但它确乎提供了比"目标模式"更开阔的视野、更灵动的智慧,比较适合语文这一充满感受和体验的学科。建议语文教师选读美国学者小威廉姆·E.多尔的《后现代课程观》,定会"心有戚戚焉"。

下面的话,来自该书"导言",可视为后现代课程观的"广告词":

我相信在新的课程概念中将出现一种新的教育秩序,并形成一种新的师生关系。今日主导教育领域的线性的、序列性的、易于量化的秩序系统——侧重

于清晰的起点和明确的终点——将让位于更为复杂的、多元的、不可预测的系统或网络。

——《后现代课程观》，教育科学出版社2000年版，第5页

拙著的课程论基础也是泰勒原理。正如泰勒原理正在被超越一样，作者也期待着读者的批判和超越。批判和超越的一条路径便是"后现代课程观"。

第五句话：让自己的实践拥有学理。

程翔老师，是一位从山东走向北京、现任北京一〇一中学副校长的语文特级教师。拜读其书其课例，敬佩其扎实学识、课改勇气与人文情怀。

本书稿自2014初撰，历经五次修订。第四次修订期间，恰遇"正道语文"微信公众号第907期（2018－02－23）发布"程翔专栏"，其中写道：

我站在三尺讲台已有35年，这是一个不断反思、不断成长的35年。回顾自己走过的道路，我有过缺乏学理的语文教学经历，仅凭热情，根据好恶、感觉和经验教学。对教师和学生的任务分不清楚，常有教师越俎代庖的行为；教学实施缺乏逻辑起点，确定教学目标时不知功能定位；面对学生提问，有时不能给出满意的解答；面对专家质疑，经常感到底气不足。从缺乏学理到拥有学理，这是我35年教学生涯中质的变化。

是的，有底气的教学，是需要拥有学理的。但愿本书稿能为你提供学理增长方面的帮助。后现代主义的先驱、丹麦哲学家索伦·克尔凯戈尔（Soren Kierkegaard,1813—1855）在其1847年日记中曾深情告白："我们时代真正需要的是教育。以此为目的，上帝拣选了一个自己需要接受教育的人，提高他的个人力量，使他也能够向其他人传授他所学到的。"（《克尔凯戈尔日记选》，上海社会科学院出版社2002年版，第74页）拥有学理，是课程辩护的需要，也是语文课程与教学规律追寻的需要。谁让我们是教育者，又是受教育者呢？

第六句话：拙著或可为"手册"之用。

作为一本写给语文同行的书，著者心中的成书样本，是澳大利亚学者科林·马什的《初任教师手册》。

十多年前读到这本书时，便暗暗敦促自己：当效而行之，为语文亦为语文同行。由此出发，蒙课程专家、学科专家的指导，得以执着于语文课程与教学的学理研究与实践，最后梳理结成眼前这本书。

全书六章。第一章总论，从指陈实践中"非课程"现象出发，介绍课程的基

本知识,概述"基于标准的语文教学"的基本面貌。

第二章、第三章、第四章,按照现代课程论的核心主题,就语文课程的目标、内容、实施、评价展开论述。如崔允漷教授所说,在课程改革的语境下,需要中小学教师"像专家一样思考",思考标准、教学、评价的一致性问题。这三章虽分而论之,但希望读者在实践中,能作全局的、系统的观照。

第五章,可视为"外篇",非本书的有机组成部分,却亦表明"基于标准的语文教学"所需凭借的前提——教师素养与修炼。

第六章,乃前五章之附录,皆为课程实施之实例。

最后要说的:有无限的期待,无尽的感谢。

书稿既成,油然而生的是期待:期待获得读者你的首肯,期待你的批评与超越。虽不奢求其能获得久远的生命,亦终是祈愿其不会被时间的流水、记忆的泥沙瞬间吞没,湮灭无闻。

期待本书能为语文同行的课程实施提供最基本的理论与实践引导。这不是一本"即读即用"的书,本书更多的是提供思考与实践的方向、路径和视野,而不是确定的结论。能引发读者你的思考与实践,此乃著者之愿,亦著者之乐。

书成之际,沛然而至的,还有无尽的感谢。感谢一线教学三十四年间,与著者相伴的语文教学前辈、同事与学生;感谢近二十年来,以各种方式引领和影响著者学术磨砺与进步的导师、同学与朋友。

书成2015年暑假,其后兜兜转转,春秋五度。行将付梓,尤当特别感谢:

坦诚相见,助力拙著印行的西南师大出版社领导与编辑老师;

热心推荐出版社,亲撰推荐语的西南大学文学院荣维东老师;

亦师亦友,为拙著作序的杭州四中特级教师莫银火老师;

一见如故,给予书稿以专业判断与推荐的上海师大郑桂华老师。

要感谢的人还有很多,在此无法逐一具名。感念永是在心,前行从不寂寞。一直很喜欢冰心先生的那段话,引之以为结语:

爱在左,情在右,在生命的两旁,随时撒种,随时开花,将这一径长途点缀得花香弥漫,使得穿花拂叶的行人,踏着荆棘,不觉痛苦,有泪可挥,不觉悲凉!

著者　林荣凑

2015年8月8日初稿　2020年1月6日改定